지구본 — 수업1

지구본 수업1
- 아시아, 아프리카, 오세아니아

초판 1쇄 발행 2024년 9월 10일
2쇄 발행 2024년 10월 25일

기획 김흥식
저자 박정주 황동하 김재인
그림·디자인 위수연
편집·진행 박세경
마케팅 정혜영 김민수
펴낸이 김연희

펴낸곳 그림씨
출판등록 2016년 10월 25일
(제406-2510020160001136호)
주소 경기도 파주시 광인사길 217
(파주출판도시)
전화 (031) 955-7525
팩스 (031) 955-7469

이메일 grimmsi@hanmail.net

ISBN 979-11-89231-59-0 04300
979-11-89231-58-3 (세트)

지구본 수업 1

박정주·황동하·김재인 글 | 위수연 그림

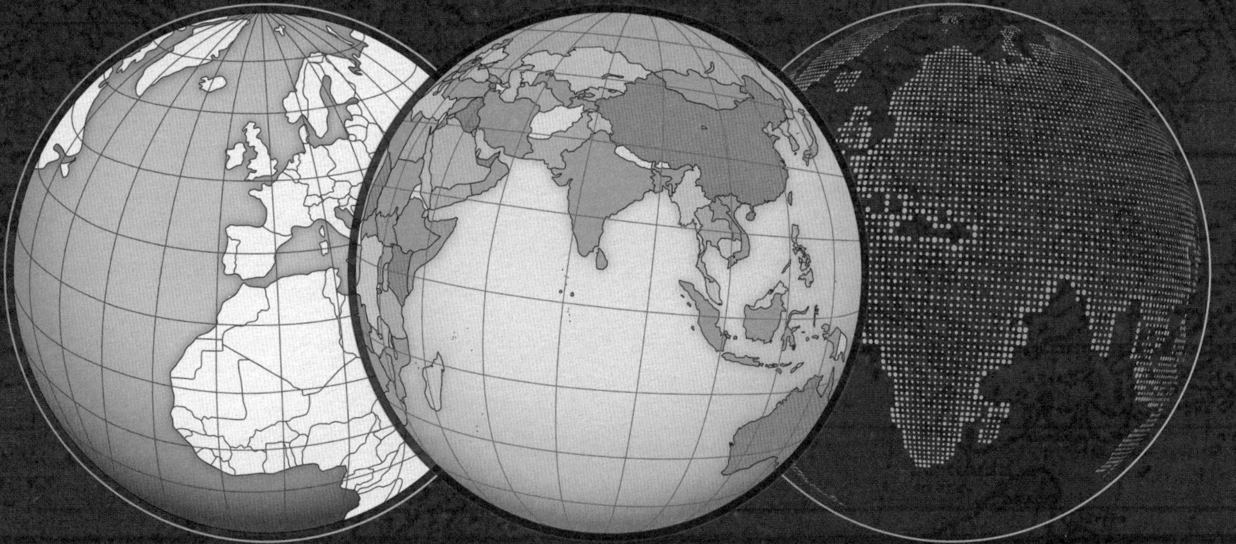

A S I A

A F R I C A

O C E A N I A

그림씨

21세기에 접어들면서 세계는 1일 생활권이 되었다.

동아시아에서 아침에 비행기에 몸을 실으면 12시간 후에 북유럽 핀란드에 닿는 세상이 되었다. 지금 이 순간 지구상에는 10,000대가 훌쩍 넘는 비행기가 떠 있다. 그만큼 우리는 지구 곳곳을 이웃 드나들 듯이 오가고 있다.

그러나 둥근 지구 위를 날아 수천 킬로미터 밖의 나라를 오가면서도 우리가 지구를 인식하는 시각이 평면이라는 사실은 놀랍다. 지구는 분명 공 모양인데 말이다.

입체인 지구를 평면에 그린 지도로 인식하는 까닭에 우리는 많은 오해를 일으킨다.

대한민국에서 미국을 향해 갈 때 태평양을 건너갈 거라고 여기는 것, 그린란드가 인도나 심지어 중국보다 큰 섬이라는 착각, 호주가 브라질보다 훨씬 넓을 거라는 생각 등이 그런 것이다. 그 외에도 세계는 태평양을 중심에 두고 동아시아와 북아메리카가 마주보고 있다는 생각도 있다.

하지만 둥근 지구상에서 이 모든 생각은 틀린 것이다. 대한민국에서 미국을 향할 때는 북극항로를 이용한다. 그린란드는 중국의 1/4도 되지 않을 뿐 아니라, 인도보다도 훨씬 좁다. 호주는 브라질보다 작으며, 세계의 중심은 없다. 다만, 동아시아 사람들은 태평양을 중심에 둔 지도를 사용하고, 유럽과 아프리카인들은 대서양을 중심에 놓은 지도를 사용할 뿐이다.

지구를 있는 그대로 바라보면, 지구와 세상에 대한 우리의 인식은 완전히 새롭게 변한다.

앞서 살펴본 것처럼 세계는 1일 생활권이 되었다.

인류는 가까워질수록 더 평화롭고 사이좋게 지낼 것이라고 예측했다. 그러나 오늘날 세계는 인류의 바람과는 정반대로 움직이고 있다.

수천 년 전부터 인류는 종교, 민족, 땅을 놓고 다투어 왔다.

지금 인류는 그러한 요소에 더해 수자원, 보이지 않는 이념, 심지어 기술을 놓고도 다투기 시작했다. 이제 인류는 공존과 평화를 포기한 듯 보인다. 모든 요소를 독점하고자 하며, 그 누구와도 다툴 준비가 된 듯하다.

이미 지구상에는 지구 전체를 파괴하고도 남을 핵무기가 존재하는데, 더 가공할 무기를 개발하고자 모든 나라가 애쓴다. 인류를 살해하고 멸종시킬 무기를 만들고서 기술 개발에 성공했다고 축배를 든다.

그 과정에서 지구 환경 파괴는 피할 수 없는 부산물이다. 우리 모두에게 건강한 삶을 제공해 주는 원시림은 파괴되고, 곳곳에서 물이 없어 아우성이다. 한쪽에서는 섭씨 영하 50도의 한파가 생명을 위협하는 한편, 다른 쪽에서는 50도의 더위가 생명을 앗아간다.

급격히 가까워지고, 급격히 변하며, 급격히 일어나는 세계정세 변화를 전하고자 수많은 언론이 〈특파원 보고 세계는 지금〉이나 〈월드리포트〉 같은 프로그램을 통해 나날이 변모하는 지구상 수많은 나라와 사건, 역사, 그리고 전쟁 소식을 전한다.

그러나 21세기를 살아가는 우리가 알아야 할 것은 하나의 사건, 하나의 나라, 하나의 전쟁이 아니다. 지구 전체를 관통하는 세계사적 인식, 눈에 보이는 사건 뒤에 숨은 배경, 이웃 사이에 조성된 오랜 갈등의 뿌리, 그리고 언론을 통해 흘러나오는 대변인의 말보다 그들이 어둠 속에서 행한 진짜 행동이다.

이러한 사실을 이해하지 못한다면, 우리는 가짜 뉴스, 가짜 유튜버, 거짓 정치인이 떠드는 말에 속아 넘어가기 쉽다.

'진짜만이 진짜를 알아본다.'

역사가 땅에, 무덤에, 자연에, 환경에 기록한 사실을 이해하는 것이 중요하다.

인류가 지구라는 입체 위에 새긴 삶의 흔적이 중요하다.

그것이 진짜다.

지금부터 진짜를 향한 여행을 시작한다.

이 여행이 끝날 무렵, 여러분은 지구라고 하는 유일하고도 소중하며, 우리 삶의 원천이자 미래인 행성이 알려 주는 놀라운 사실을 깨닫게 될 것이다. 그리고 그 어떤 가짜 뉴스에도 속지 않을 것이다.

지구상에서 벌어지는 모든 사건의 진실을 이해하고 판단하고 행동하게 될 것이다.

그 놀라운 삶 속으로 출발한다.

지은이

일러두기

1 이 책에 나오는 통계 자료는 대부분 책이 출간된 해의 것입니다.

2 단, 인구나 1인당 GDP 등은 시시각각 변하며, 특히 달러로 표시된 1인당 GDP는 환율 변동에 따라 급격히 변하기도 합니다. 그런데도 책에 수록하는 것은, 이러한 자료가 한 나라나 지역에 대한 개략적인 내용을 알려 주기 때문입니다. 인구가 수백만 명인지 수천만 명인지, 1인당 GDP가 3천 달러 수준인지 3만 달러 수준인지는 그 나라를 이해하는 데 필수적입니다. 따라서 독자 여러분께서는 이러한 수치 자체보다는 그 수치가 보여 주는 맥락을 참고하시기를 바랍니다.

3 각 나라별 설명에는 국기(國旗), 수도, 면적, 인구, 1인당 GDP 등을 공통으로 수록하고, 그 외에 인종, 종교, 언어, 역사 등 그 나라가 처한 지역과 상황을 이해하는 데 필요한 자료를 경우에 따라 수록했습니다. 즉, 한 나라를 일률적으로 이해하는 자료가 아니라, 좀 더 구체적이고 입체적으로 이해하는 데 정말로 도움이 될 만한 자료들을 선별하여 수록했습니다.

4 이 책에 나오는 다양한 도표와 사진 자료는 특별한 표기가 없는 한 〈위키피디아〉를 인용하거나, 〈위키피디아〉에서 인용한 국제기구 자료를 참고하여 재작성한 것입니다. 〈위키피디아〉는 오늘날 지구상에서 시시각각 변하는 수많은 사건과 상황에 대한 정보 접근을 획기적으로 확장해 준 인류 집단 지성의 산물입니다. 물론 그 자료 가운데 잘못된 것이나 왜곡, 과장, 오해 등이 없지 않지만, 다른 자료들과 함께 비교해 보며 참고한다면 세계를 실시간으로 이해하는 데 매우 유용한 도구가 될 수 있습니다.

5 이 책은 여러 저자와 감수자, 기획자, 편집자, 구성자의 노력을 통합해 편찬하였습니다. 모든 역사적 사실과 현실 소개 내용은 객관적 자료를 바탕으로 한 것입니다. 그러나 역사 역시 인간이 기록한 것이고, 현실 역시 사방(四方) 팔방(八方)의 입체적인 관점이 가능하기에, 저작마다 매체마다 기술자마다 시각이 다를 수 있습니다. 다만, 이 책의 저자들은 추상적인 판단이나 시각이 아니라 역사적 근거를 제시하는 데 역점을 두었습니다. 판단은 궁극적으로 독자 여러분의 몫이라고 여

기기 때문입니다.

6 이 책을 편찬하는 데 활용한 참고문헌은 일일이 표기하지 않았습니다. 이는 각 저자들의 학술 활동 이력 내내 습득한 지식과 노력이 집합된 결과이기 때문입니다. 또한 이 책이 학술 서적이 아니라 일반 대중을 위한 교양 도서라는 점도 고려했습니다. 특정한 내용이 특정한 참고도서나 자료에서 인용되었다는 출처 표기를 일일이 밝히지 못한 점을 이해해 주시기 바랍니다.

7 이 책에는 수많은 지도 및 지구본 그래픽이 수록되어 있습니다. 이 이미지들은 본문 내용을 쉽고 효율적으로 전달하기 위해 단순화한 것이 많습니다. 따라서 공식적인 목적이나 학술적으로 사용할 만큼 과학적으로 정밀하지 않을 수 있음을 알려 드립니다.

8 이 책의 본문에서 참조 쪽이 등장하는 경우, '1-10'은 1권 10쪽 참조, '2-10'은 2권 10쪽 참조의 의미입니다.

9 각 권의 끝에는 나라별, 지도별, 그 외 특별한 지구사적 요소들에 대한 상세한 '찾아보기'를 수록하였습니다.

10 주의를 기울였음에도 불구하고, 지구상에 존재하는 거의 모든 나라를 다루는 과정에서 많은 오류가 있으리라고 인정할 수밖에 없습니다. 독자 여러분의 질정과 격려를 부탁드립니다. 이후의 개정판에서 보완·수정하여 더 정확한 정보를 제공하겠습니다.

1권 차례

2권 차례

지구 여행을 떠나기 전에

알아야 할

주의사항

!

1

다양하게 떠나는 세계여행

지구본으로 여행을 떠나 보자!

세계를 여행하는 방법에는 여러 가지가 있다. 가장 대표적인 것이 전 세계 곳곳을 직접 돌아다니며 보고 듣고 느끼는 여행이다. 이런 여행은 낯선 지역의 생생한 날씨와 사람들의 호흡, 그리고 지역 고유의 음식과 분위기 등을 체험한다는 장점이 있다.

그러나 아무리 부지런한 사람도 전 세계 곳곳을 다 다니기는 힘들다. 게다가 남극이나 북극처럼 사람의 발길이 닿기 힘든 곳, 특히 분쟁 지역은 여행이 거의 불가능하다. 그뿐인가? 수천 년에 걸쳐 그 지역이 일구어 온 역사와 문화, 문명 등은 막상 그곳에 가서는 이해하기 쉽지 않다. 현장에서는 겉모습만을 확인할 뿐 수천 년에 걸쳐 그 지역이 품어 온 문화에 대해서 알기란 어렵기 때문이다.

텔레비전이나 영화 같은 동영상을 통해서 여행할 수도 있다. 오늘날처럼 동영상이 발달한 시대라면 관광지를 쫓아다니며 사진 찍고 돌아오는 직접 여행보다, 깊은 해설을 곁들인 동영상 여행이 유용할 수도 있다.

여러 사람의 여행기를 찾아보면 '텔레비전이나 인터넷에서 보던 모습 그대로'라는 표현을 자주 접할 수 있다. 그렇다. 우리가 직접 로마에 가서 콜로세움을 보는 것보다, 잘 찍은 동영상으로 훨씬 입체적이고 다양한 모습을 볼 수 있을지 모른다.

지도 위에서 여행을 떠나는 경우도 있다. 집집마다 세계지도를 붙여 놓고 지구 위 다양한 지역을 살펴보는 것, 지리부도나 역사부도를 이용한 세계여행은 또

독일 상업 중심지이자 교통의 요지가 된 프랑크푸르트

독일의 프랑크푸르트는 독일 수도 베를린보다 더 낯익다. 유럽 여행을 할 때 프랑크푸르트 공항을 이용하는 경우가 워낙 많은 탓이다. 지도를 보면 프랑크푸르트가 왜 독일 상업 중심지이자 교통의 요지가 되었는지 알 수 있다. 프랑크푸르트는 독일 서부 중심에 있다. 그런 까닭에 네덜란드, 프랑스 등 서유럽의 주요 지역과 가깝다. 동독과 서독으로 분단되어 있던 시대에는 서독의 핵심 지역이었다. 반면에 인구가 400만 명 가까운 베를린은 과거 동독에 위치해 경제적으로 통일 독일의 중심이 되기 힘들었다.

다른 이로움이 있다. 일반 지도에서는 볼 수 없는 토양, 삼림, 기후 등 우리 삶에 영향을 미치는 다양한 요소를 느낄 수 있고, 한 지역의 역사적 흐름까지 경험할 수 있다. 이런 여행은 지구 전체를 직접 돌아다니는 여행보다 더 깊고 넓은 경험을 가능하게 한다.

게다가 지도 위에서라면 직접 여행하는 지역 외에 그곳을 둘러싼 주변 지역도 경험할 수 있다. 이는 세계여행에 필수다. 독일 프랑크푸르트나 이탈리아 로마에 내려 그곳의 수제 소시지와 맥주, 피자를 먹으면서 뒷골목을 걷는 경험만으로는 도저히 알 수 없는 것들이다.

한편 지구는 둥글다. 그런데 지도는 안타깝게도 공 모양의 지구를 제대로 보여주지 못한다. 지도 위 여행은 그런 까닭에 지구 곳곳을 실제처럼 이해할 수 없다는 단점이 있다.

이런 단점을 보완해 주는 것이 지구본이다. 지구본은 커다란 지구를 똑같은 형태로 축소해 놓은 것이다. 따라서 지구본을 크게 확대하면 지구와 똑같은 모양이 된다.

지구본으로 지구 전체를 바라보면, 지도와는 비교할 수 없을 만큼 지구가 품고 있는 자연과 세계, 지리적 특징 등을 정확히 확인할 수 있다. 그뿐인가? 지정학적 요소가 특정 지역에 미치는 영향도 쉽게 이해할 수 있다.

지구본을 통해 바라보는 지구 위 세계는, 우리에게 익숙한 지도책에서 바라보는 세계와는 사뭇 다르다. 그래서 지구본('지구의'도 같은 말이다)을 통해 세계여행을 떠나기 전에 주의해야 할 사항이 있다.

지구본 좀 똑바로 놓지!

자전하는 지구본

지구본은 약간 기울어 있다.

'지구본을 똑바로 만들면 안 될까?'

당연히 이렇게 생각할 수 있다. 아니, 이렇게 생각하지 않는 사람이 더 이상하다. 어차피 지구는 공 모양이니까 어떻게 놓아도 괜찮지 않을까? 똑바로 놓는 것이 보기에도 좋을 테고.

그런데 지구본은 왜 기울어 있을까?

지구 북쪽 끝인 북극은 북쪽 꼭대기에 있고, 남쪽 끝인 남극은 남쪽 꼭대기에 있어야 한다.

하지만 지구본을 보면, 북극과 남극은 지구 꼭대기가 아니라 약간 기운 곳에 있다. 즉, 지구본은 지구 모양을 그대로 본떠 만든 것이 아니라, 지구가 자전하는 모습으로 만든 것이다. 지구본은 우주에 떠 있는 지구 모양이 아니라 자전하는 지구인 셈이다.

지구본

지구가 자전하는 모습으로 만들어 23.5도 기운 모습이다.

지구의 공전과 자전

지구는 공전과 자전을 동시에 한다.

공전은 지구가 약 1년에 걸쳐 태양 주위를 도는 것을 말한다.
반면에 지구가 자기 스스로 도는 것을 자전이라고 한다. 지구의 자전주기는 약 하루, 24시간이다. 이처럼 하루는 지구 자체가 스스로 한 바퀴 도는 시간을 기준으로 삼았고, 1년은 지구가 태양 주위를 도는 시간을 기준으로 삼은 것이다.

지구의 공전 시간

정확히는 무엇을 기준으로 하느냐에 따라 약간씩 다르다. 지구에서 태양을 관측하였을 때, 태양이 춘분점에서 시작해 이듬해 춘분점에 오는 데 걸린 시간을 회귀년이라고 하는데, 약 365.2422일이다. 반면에 임의의 멀리 떨어진 항성을 기준으로 한 시간을 항성년이라고 하는데, 이는 약 365.2564일이다.
마지막으로 지구가 공전궤도의 근일점*을 통과하는 데 걸리는 시간을 측정한 것을 근점년이라고 하는데, 이는 365.2596일이다.

* 태양을 중심으로 타원운동을 하는 행성이, 타원궤도 위에서 태양에 가장 가까워지는 점.

지구의 자전 시간

정확히 말하면 자전도 24시간에 한 번이 아니라 100년에 1,000분의 1초 정도 비율로 늘어난다. 그 차이가 쌓여 1초 정도로 커지면 오차를 줄이기 위해 윤초(閏秒), 즉 전 세계 시간에 1초를 더한다.
한편 최근 조사에 따르면, 자전 시간이 24시간보다 조금 더 길었다가 다시 짧아진다고 한다. 또한 수억 년 전에는 자전 시간이 21시간 정도였다고 한다. 그만큼 지구의 자전 속도는 여러 이유로 변하는 것으로 알려져 있다.

공전과 자전의 길

지구가 공전할 때는 다음 페이지 그림에서 보듯이 태양을 중심으로 타원의 모습으로 돈다. 자전할 때는 지구본에 나타나듯이 23.5도 기운 상태로 돈다. 이렇게 기운 상태로 자전하는 것은 지구에 큰 영향을 주는데, 바로 사계절이 나타나는 것이다.
만일 지구가 똑바로 자전을 한다면 지구 어느 곳에 있건 1년 내내 태양빛을 똑같이 받는다. 그런데 지구가 약간 기운 모양으로 돌기 때문에, 같은 지점이라도 어느 때는 태양빛을 많이 받고 어느 때는 태양빛을 적게 받는다.
태양빛을 많이 받는 때는 여름, 태양빛을 적게 받는 때는 겨울이다. 그림에 나타나듯이 북반구가 태양을 향해 기울어 빛을 많이 받을 때는 북반구가 여름, 남반구가 태양을 향해 기울어 있을 때는 남반구가 여름이 된다.

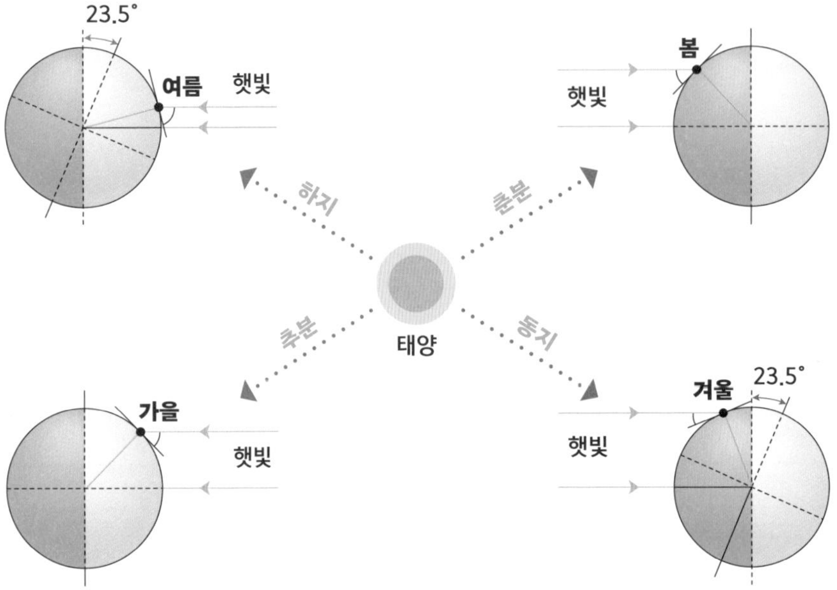

계절에 따른 지구의 공전과 자전

지구는 태양을 중심으로 1년에 한 번 도는데 약간, 정확히는 23.5도 기운 상태로 돈다.
사계절이 나타나는 까닭은 이 때문이다.

지도와 지구본은 정말 다르다!

일반적으로 우리는 지도를 통해 본 시각으로 세계를 이해한다. 그러나 앞서 살펴본 것처럼 세계지도는 본래 지구 모습과는 많이 다르다.

내가 아는 그 모습이 아닌데?

세계지도에 익숙해진 후 지구본을 보면, 가장 먼저 느끼는 것은 무엇일까?
아마도 나라들 크기일 것이다.

"이 나라가 이렇게 작았나?"

일반적으로 책에서 보는 지도는 16세기에 활동한 네덜란드 지리학자 메르카토르(Gerardus Mercator, 1512~1594)가 고안한 메르카토르 도법에 따라 만든 지도다. 이 지도는 둥근 지구를 편평한 종이 위에 그리는 방식이다. 따라서 둥근 지구 모습을 그대로 표현할 수 없는 것은 당연하다.

수박을 상상해 보면 쉽게 알 수 있다. 수박을 그릴 때 수박 전체 모양, 즉 수박 앞면과 보이지 않는 뒷면을 한 면에 그려 넣을 수 있는 사람은 없다.

지구도 둥글기 때문에 한 면에 다 그려 넣을 수 없다. 하지만 사람들은 지구상에 존재하는 모든 땅과 바다를 한눈에 보고 싶었다. 그렇게 해서 탄생한 것이 세계지도이고, 그전까지 존재하던 세계지도보다 뛰어난 방식을 고안한 인물이 메르카토르였다.

메르카토르

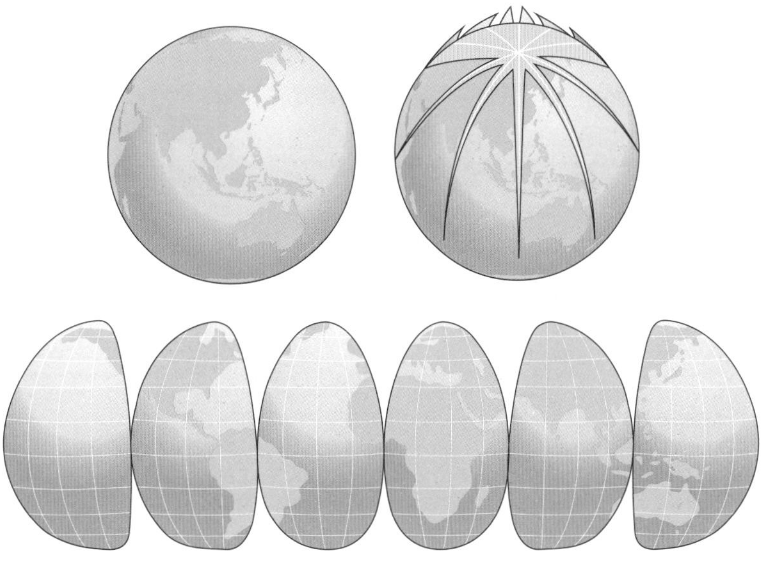

메르카토르 도법 지도 만들기

메르카토르는 둥근 지구를 그림처럼 조각낸 다음 평면에 앉히는 방식으로 지도를 만들었다.

(에듀넷 '그리는 방법에 따라 달라지는 지도의 모양' 자료를 참고하여 제작)

세계지도의 역사

그리스 출신 천문학자이자 지리학자인 프톨레마이오스(85?~165?)는 천동설, 즉 지구는 고정되어 있고, 하늘이 움직인다고 주장하여 오늘날에는 잘못된 이론을 주장한 인물의 대명사가 되었다. 그러나 사실 그는 뛰어난 천문학자이자 지리학자였다. 그는 세계지도도 남겼는데, 그 무렵 전해오던 모든 지리학을 포함한 놀라운 성과물이었다. 그는 둥근 지구 위에 존재하는 나라들을 경도와 위도에 따라 그려 넣었으니, 오늘날 지도와 가까운 최초의 지도였다.

한편 메르카토르와 같은 시대를 살았던 네덜란드 지리학자인 오르텔리우스(1527~1598)는 메르카토르와도 교류하였는데, 최초의 근대적 지도로 평가받는 《세계의 무대》라는 지도책을 1570년에 출간하였다.

《세계의 무대》는 둥근 지구 위 모든 지역을 넣기 위해 평면이 아니라 구형에 가까운 모양으로 그렸다. 3차원 지구 모습을 2차원 평면에 그려 넣는 과정에서 생기는 왜곡을 가능하면 줄이기 위해 태어난 형식이다.

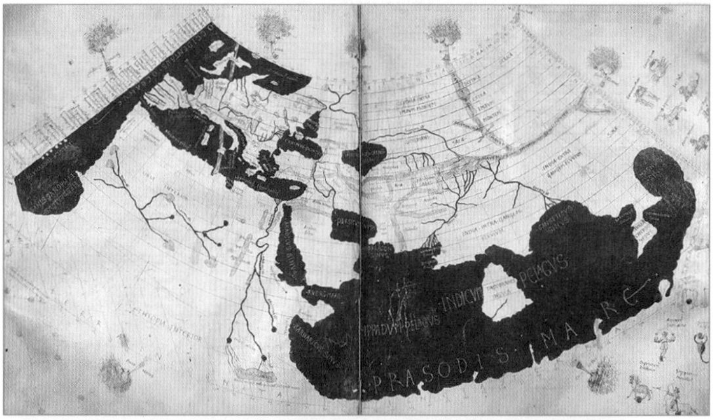

프톨레마이오스가 그린 세계지도

놀랍게도 프톨레마이오스는 지금부터 2100여 년 전에 지구 위 모든 지역을 표시하는 데 경도와 위도가 필요하다는 사실을 깨달았다. 오늘날 지구상 모든 지역을 경도와 위도로 표시하게 된 것 역시 그 덕분이다. 그가 만든 이 지도는 많은 단점이 있음에도 15세기까지 사용하였다. 천 년이 넘도록 그가 그린 것보다 나은 지도가 없었던 셈이다.

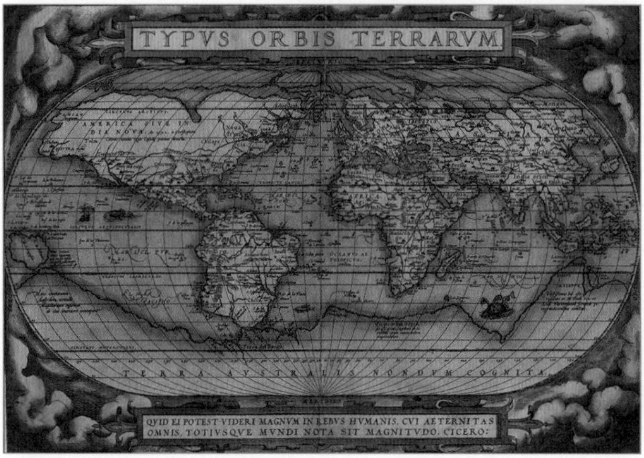

오르텔리우스가 제작한 《세계의 무대》에 등장하는 최초의 세계지도

오르텔리우스 자신이 유럽인이었기 때문에 그는 대서양을 중심으로 지도를 제작하였다. 《세계의 무대》는 지도책으로, 세계지도 외에 각 지역별 지도를 수록하고 있다.

1587년에 증보 제작된 세계의 무대 아시아 지역

오르텔리우스의 《세계의 무대》에 나오는 아시아 지도. 일본(Japan)은 선명한데, 한반도는 보이지 않는다. 이는 1653년, 일본으로 가던 중 제주도에 불시착한 네덜란드 선원 헨드릭 하멜이 제주도와 조선의 존재를 몰랐다는 《하멜표류기》 내용과 통한다. 그 무렵 유럽인들 머릿속에 한반도가 없었음은 분명해 보인다.

(출처: World Digital Library)

한반도, 일본, 중국 모습

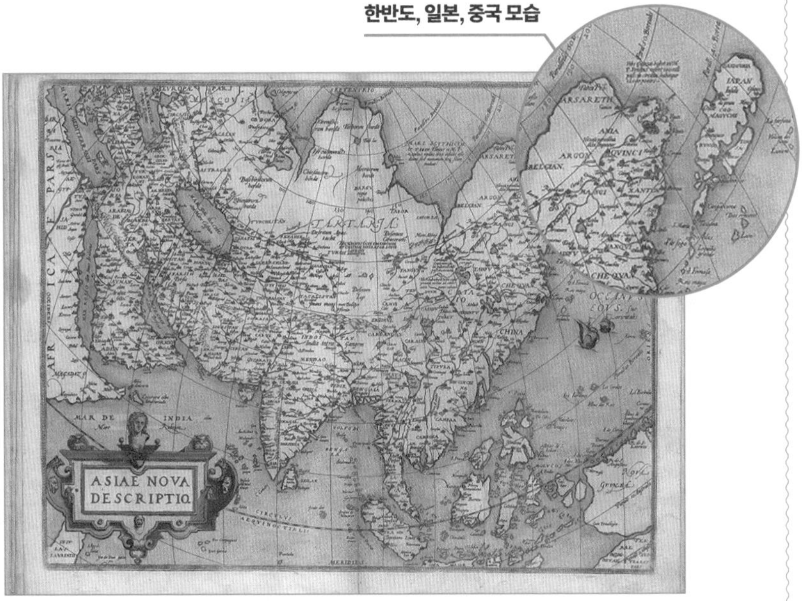

로빈슨 도법 지도

미국 출신 지리학자 아서 로빈슨(1915~2004)이 만든 세계지도로, 오르텔리우스 지도와 유사하다. 메르카토르 도법의 문제점을 보완하기 위해 고안한 것으로, 시각적으로 지구 형태에 가깝다는 장점이 있으나, 여전히 메르카토르 도법 지도보다 실용성을 인정받지 못한다.

그러나 오르텔리우스 지도는 극지방으로 갈수록 형태가 평면적이지 않다. 그래서 일반인이 보기에 불편하다. 메르카토르 형식의 지도가 왜곡이 심한데도 오늘날 대부분 그 지도를 사용하는 데는 그만한 까닭이 있다.

3차원 입체를 2차원 평면으로 옮기는 것을 지도 투영이라고 한다. 지도 투영에는 원통 도법, 원뿔 도법, 평면 도법 등이 있다.

메르카토르 도법은 원통 도법을 개량한 것으로, 이러한 방식은 지구상 모든 나라를 본래 모습처럼 볼 수 있다는 가장 큰 장점이 있지만, 극점으로 갈수록 면적에서 큰 왜곡이 생긴다는 단점이 있다. 이러한 단점을 보완하기 위해 최근에도 지리학자들은 새로운 도법을 고안하고 있다.

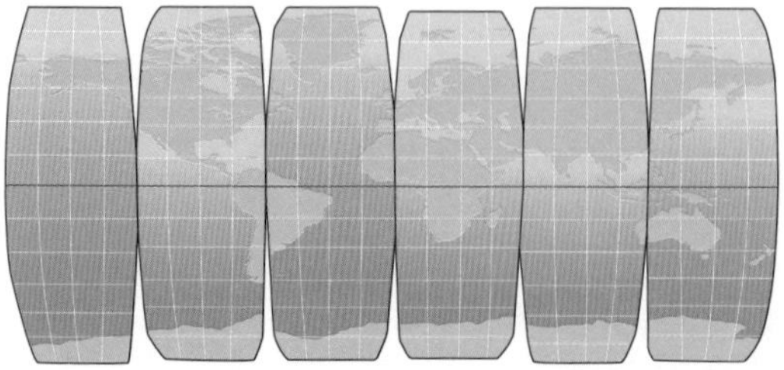

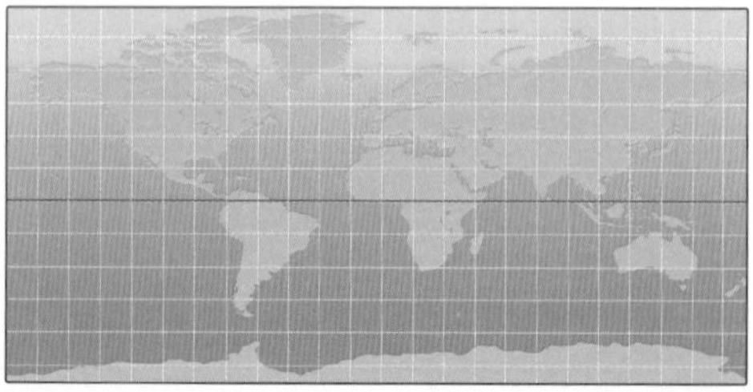

메르카토르 도법 지도는 극지방으로 갈수록 왜곡이 심하지만 보기에 편하다.

(에듀넷 '그리는 방법에 따라 달라지는 지도의 모양' 자료를 참고하여 제작)

그 가운데 대표적인 것이 오사그라프(AuthaGraph)라는 새로운 도법이다. 오사그라프는 일본 건축가이자 화가인 하지메 나루카와라는 사람이 2016년에 고안한 것인데, 전문가들로부터 '오늘날까지 등장한 지도 가운데 가장 실제에 부합하는 지도'라는 평을 받고 있다.

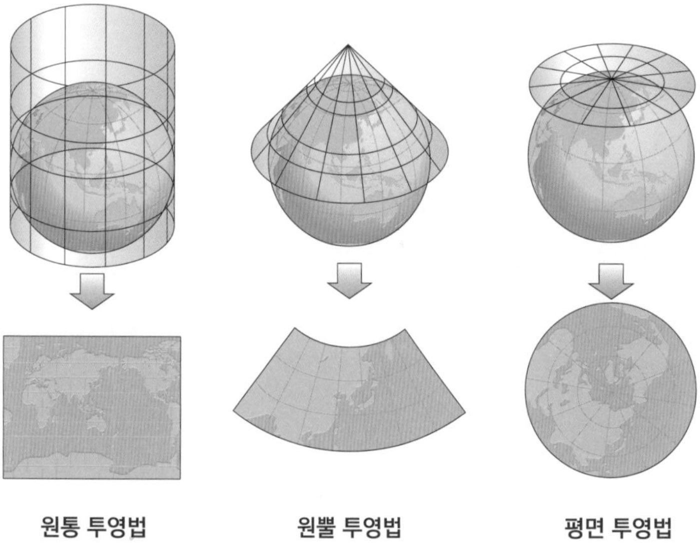

원통 도법, 원뿔 도법, 평면 도법 등의 원리

공 모양 형태의 지구를 바라보는 방식에 따라 지도 도법 방식이 다양하다.

(에듀넷 '그리는 방법에 따라 달라지는 지도의 모양' 자료를 참고하여 제작)

오사그라프법으로 그린 지도

생김새는 기이하지만, 지구상 모든 지역을 꼼꼼히 살펴보면 실제와 가장 유사하다. 그러나 일상에서 잘 사용하지는 않는다.

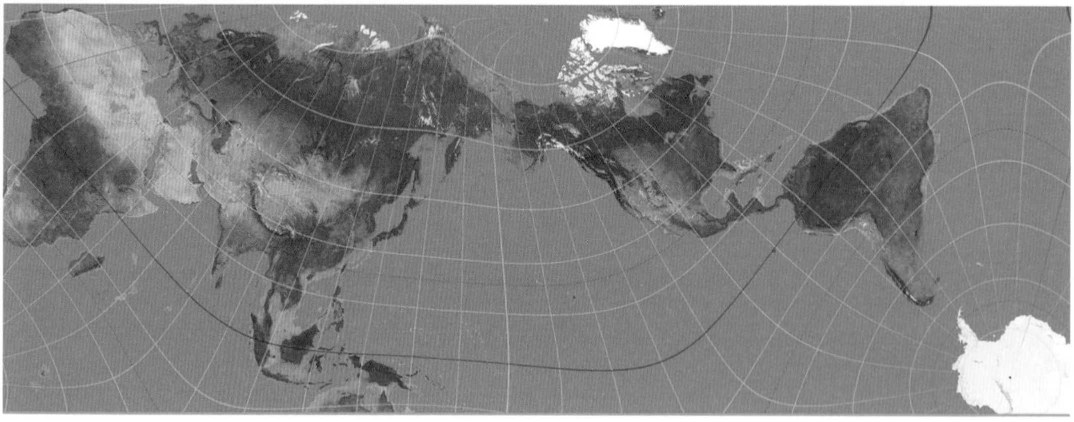

메르카토르가 없었다면 지구상의 모든 지역을 책으로 공부할 수 없을지도 모른다. 책에서 살펴보는 모든 지도는 메르카토르 방식의 지도이기 때문이다. 그러나 메르카토르 지도도 어쩔 수 없는 단점이 있는데, 대표적인 단점이 면적에서 발생하는 왜곡이다.

메르카토르 지도는 앞서 살펴본 것처럼 공을 잘라 펼쳐 그리는 방식이다. 그래서 북극점과 남극점으로 갈수록 당연히 한 점(북반구는 북극점, 남반구는 남극점)으로 모이는 지구 본래 모습과는 다르다. 따라서 지구 가운데인 적도에서 극점으로 갈수록 지역 넓이는 더 넓게 그릴 수밖에 없다. 이는 세계지도를 잘라서 지구본에 붙여 보면 금세 알 수 있다. 적도 지름에 맞추어 지도를 만들어 지구본에 붙이면, 북극과 남극 쪽으로 갈수록 지도를 그린 종이는 점점 더 많이 겹친다. 따라서 늘 책에 나오는 지도로 각 나라의 크기를 이해한 사람들이 지구본을 보면

태평양을 중심에 놓은 세계지도

지도에는 그린란드가 중국보다 큰 것은 물론 남아메리카에 버금갈 만큼 크게 나타난다. 그러나 이는 메르카토르 도법이 가진 단점 때문이다. 그 외에도 메르카토르 도법 지도는 많은 왜곡을 나타내는 것이 사실이다.

유럽, 아프리카 대륙을 중심에 놓은 세계지도

우리가 익히 보아온 태평양 중심 지도에서는 세계가 태평양을 중심으로 움직이는 듯하다. 그러나 대서양 중심 지도를 보면 그런 시각이 산산이 무너진다. 두 가지 세계지도를 비교해 보면 평면 위에 세계를 그리는 것이 얼마나 왜곡된 시각을 전해주는지 보여준다.

깜짝 놀라는 것이 바로 나라의 크기다. 그 가운데서도 대표적인 곳이 그린란드다.

한반도 면적의 10배지만 100배는 커 보이는 그린란드

덴마크 자치령(국적은 덴마크지만 주민들이 자치적으로 통치하는 곳)인 그린란드는 세계에서 가장 큰 섬인데, 면적이 자그마치 약 217만 5,600km²나 된다. 한반도 면적이 약 22만km²니까 한반도의 10배 정도 되는 커다란 섬이다.

그렇지만 세계지도를 보면 그린란드는 한반도의 10배가 아니라 100배는 되어 보인다. 그뿐이 아니다. 중국 면적은 세계 4위로 959만 6,960km²에 달한다. 그런데 세계지도를 보면 그린란드가 중국보다 작기는커녕 더 커 보인다. 이는 중국은 적도에 가까운 반면, 그린란드는 북극점에 가깝기 때문이다.

지도상에서 보는 것보다 훨씬 큰 지역도 눈에 띄는데, 바로 태평양이다. 태평양을 중심에 놓고 지구본을 보면, 한 면이 모두 바다로 보일 만큼 태평양이 넓다.

지구는 해양, 즉 바다와 대륙, 즉 육지로 이루어졌다. 지구 표면 가운데 약 71%가 바다다.

그런데 세계지도는 나라를 중심으로 그린다. 그러다 보니 태평양이 이처럼 넓은지 모르는 사람이 많다. 태평양 면적은 1억 6,524만 6,000km²로 전체 바다의 약 46%를 차지한다. 태평양이 전체 지구 표면적의 약 34%를 차지하는 셈이다.

그러나 태평양은 적도를 중심으로 펼쳐 있기 때문에 세계지도에서 보면 북극해나 남극해에 비해 썩 넓어 보이지 않는다.

다른 지역도 마찬가지다. 지도상에서 모든 지역은, 적도에 가까울수록 상대적으로 작게 보이고, 극지방에 가까울수록 실제보다 크게 보인다.

세계지도는 사람이 만든 것

그렇다면 우리 머릿속에 있는 세계지도는 어떤 모습일까?

당연히 태평양이 중심에 있고 그에 따라 한반도도 중심에 놓여 있다. 정말 그렇게 바라보는 게 일반적일까? 그렇지 않다. 유럽인들이나 아프리카인들은 자신들이 중심에 놓인 지도를 사용한다. 25페이지에 나오는 두 가지 세계지도를 보면 그 차이를 알 수 있는데, 늘 태평양과 그곳을 둘러싼 동아시아와 오세아니아, 아메리카 대륙 중심의 지도를 보아 왔던 우리에게 대서양 중심 지도는 낯설다.

지구의 기준선을 찾아라!

경도와 위도

지구상에서 대한민국이 있는 곳을 '동쪽 끝'이라는 뜻으로 극동(極東)*이라고 부른다. 극동이란 유럽에서 한국, 중국, 일본 등 아시아 대륙 동부와 그 주변 섬들을 부르는 말이다. 유럽에서 보면 가장 동쪽에 있는 지역이니까. 그러나 극동보다 더 동쪽에는 태평양, 그보다 더 동쪽에는 아메리카 대륙이 있다. 그러니 극동은 맨 동쪽이 아닌 셈이다. 당연하다. 둥근 공 위에 동쪽이 어디 있고, 서쪽이 어디 있단 말인가. 그뿐인가. 위, 아래도 없다.

그러나 뒤에서 살펴볼 본초자오선, 즉 경도 0도 선을 중심으로 보면 극동 지방은 말 그대로 '동쪽 끝'이다.

수학 시간에 배웠듯이 평면 위 어떤 지점도 좌표축 위에 표시할 수 있다. 그 지점은 세로축과 가로축 숫자를 통해 정할 수 있다. 따라서 지구상 모든 지점을 표기하기 위해서는 좌표상 숫자가 필요하다.

경도의 결정

경도는 지구 중심과 적도상 특정 지역을 연결한 선과 본초자오선 사이 각으로 표시한다. 따라서 같은 경도를 갖는 지역이 무수히 많을 수밖에 없다. 그래서 지구상 특정 지역을 나타내는 고유의 좌표는 경도와 위도를 함께 표기해야만 가능하다.

공 모양 지구에 좌표상 숫자를 부여하기 위해서는 먼저 가로축과 세로축을 정해야 한다.

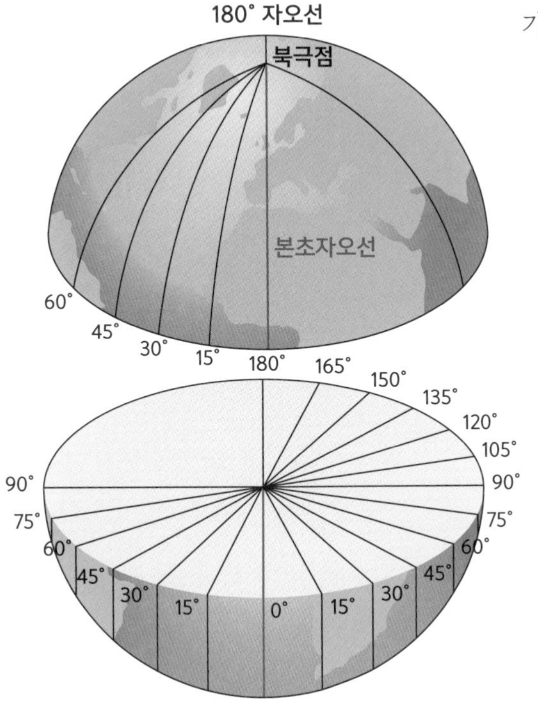

가로축은 누구나 수긍할 수 있는 기준이 있다. 지구 정가운데인 적도를 지나는 선으로, 위선(緯線)이다. 그래서 적도를 지나는 위선을 위도 0도로 정했다. 그런 다음 적도부터 북극까지 90도로 나누어 북위 10도, 20도,……, 90도로 정했다. 적도부터 남극까지 아래쪽은 남위 10도, 20도, ……, 90도로 정했다. 이렇게 지구상 모든 지역에 위도를 부여했다.

문제는 경도였다. 세로축은 가로축과 달리 기준이 될 만한 지점이 없었다.

결국 1884년 10월, 미국 워싱턴에 전문가들이 모여 국제 자오선 회의를 개최하였다.

* 극동이 유럽 시각에서 만든 용어이기에, 오늘날에는 극동 대신 동아시아라는 명칭을 주로 사용한다.

이 회의에 그 시대 강대국이라 할 세계 25개국이 참여했는데, 모두 자기 나라가 사용하는 자오선을 경도의 기준으로 삼고자 했다.

자오선(子午線)은 수많은 세로축 선 가운데 태양이 가장 높이 뜨는 지점을 지나는 선이다. 그러니까 자오선에서는 태양과 지평선이 90도가 된다. 자오선을 중심으로 정오가 지나거나, 날짜가 바뀌는 것이 편하다. 그래서 전 세계인이 동의하는 자오선을 정하려고 국제 자오선 회의를 개최한 것이다.

수많은 자오선 가운데 세계인이 기준으로 삼는 자오선을 본초자오선(本初子午線)이라고 하는데, 한 나라가 본초자오선을 가진다고 해서 특별한 이익은 없다. 하지만, 세계 시간의 기준이 된다는 자존심이 걸린 문제였다. 결국 25개 참가국 가운데 22개국이 영국 그리니치 왕립천문대를 지나는 자오선을 본초자오선으로 인정했다.

경도는 지구 중심과 적도상 한 점을 연결한 선과 본초자오선 사이 각도로 표시하는데, 그리니치 천문대가 0도이고, 서쪽으로는 서경 10도, 20도, ……, 180도, 동쪽으로는 동경 10도, 20도, ……, 180도로 정했다. 결국 동서로 180도씩 합하면 360도가 되니까 지구 전체 위치를 파악할 수 있다. 결과적으로 서경 180도와 동경 180도는 같은 곳이고, 그곳이 바로 날짜변경선이 된다.

이렇게 지구상 모든 지역을 표시할 수 있는 가로축(위도)과 세로축(경도)을 정했다.

본초자오선을 만든 까닭은 무엇일까?

지구상에서 살기 시작한 후 사람들은, 자신이 사는 곳이 지구상 어디에 있는지 몰라도 아무런 불편이 없었다.

그러나 사람들이 바다를 항해하기 시작하면서 상황이 바뀌었다.

이런저런 지형이나 표지, 건물, 산과 물이 있는 육지와는 달리 바다는 어디를 바라보아도 물밖에 없었다. 바다를 항해하는 선원들은 자신이 어디 있는지 알 길이 없었다. 그러니 어느 곳으로 나아갈지도 알 수 없었다. 그래서 자신들이 있는 곳이 어디인지, 자신들이 찾아가는 곳을 어떻게 갈 것인지 알기 위해 위도와 경도를 표시하기 시작하였다.

지구의 위아래를 표시한 위도는 북극성이나 태양 고도 등을 이용해 측정할 수 있었다. 그러나 경도는 달랐다. 기준점이 없으니 당연히 사람마다, 나라마다 다른 경도를 사용할 수밖에 없었다. 이러한 문제를 해결하기 위해 세계 각 지역으로 진출하던 영국이 나섰고, 결국 그리니치 천문대를 관통하는 자오선을 그려 기준으로 삼았다. 이를 국제 자오선 회의에서 채택하였다.

본초자오선

본초자오선은 여러 나라와 바다를 지난다. 아래 그림에는 없지만 남극해도 본초자오선이 지난다.

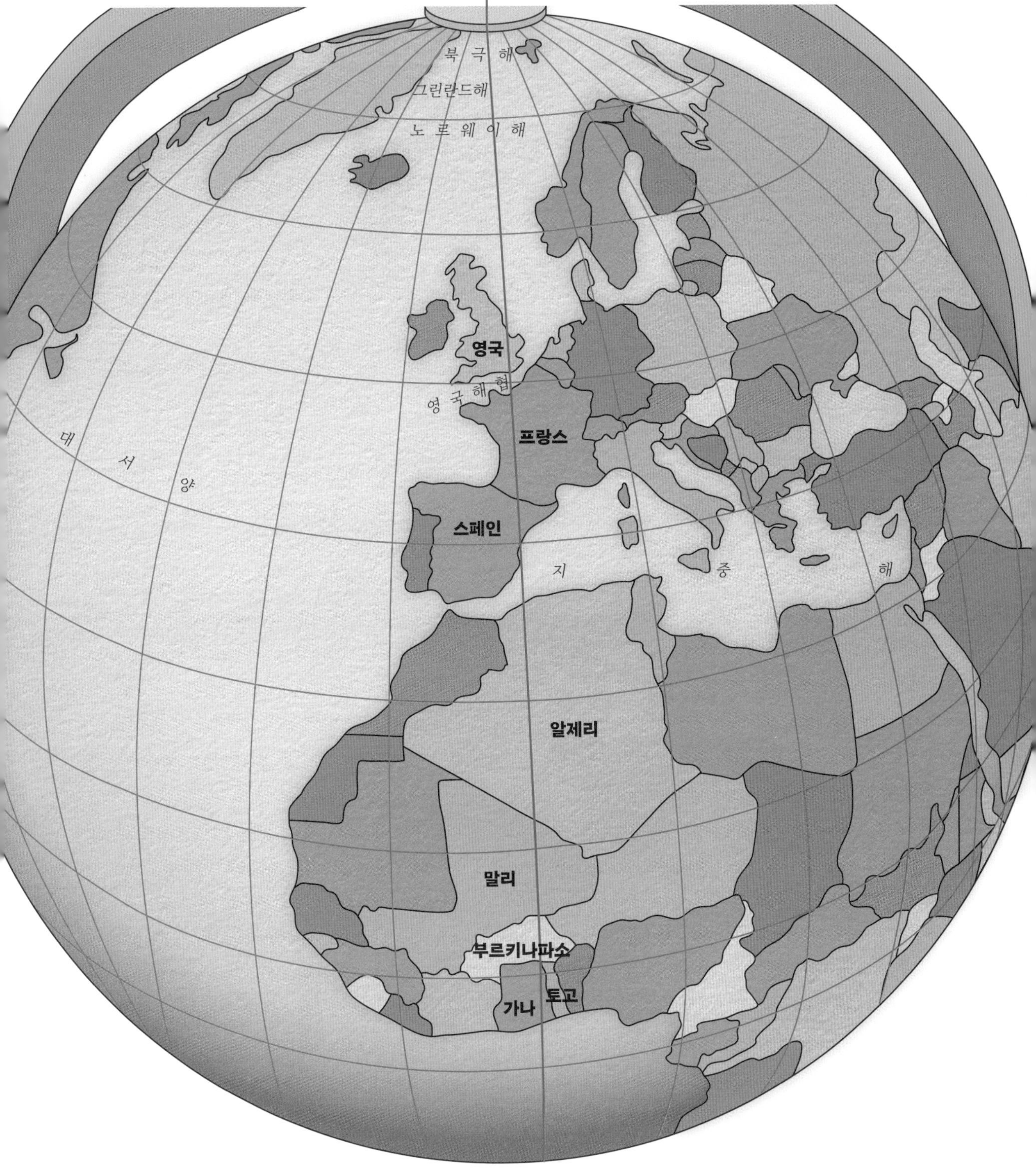

오늘날 본초자오선은 미국 국방부가 운용하는 GPS(Global Positioning System)와 국제 지구 좌표계(International Terrestrial Reference System, ITRS)의 기준이 되는 IERS자오선을 사용하는데, 이 지점은 그리니치 자오선에서 동쪽으로 약 100여 미터 옮긴 곳이다.

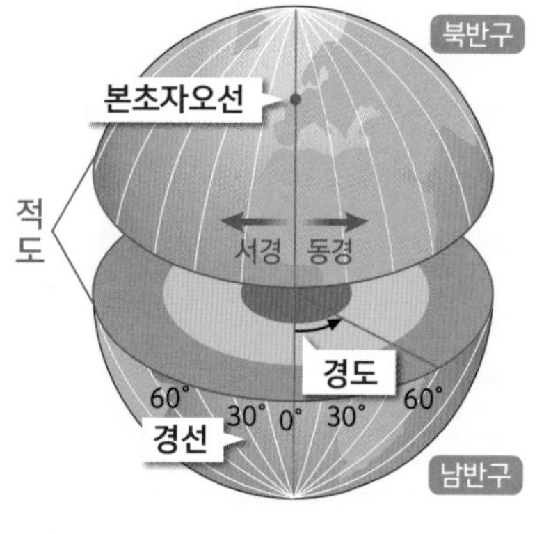

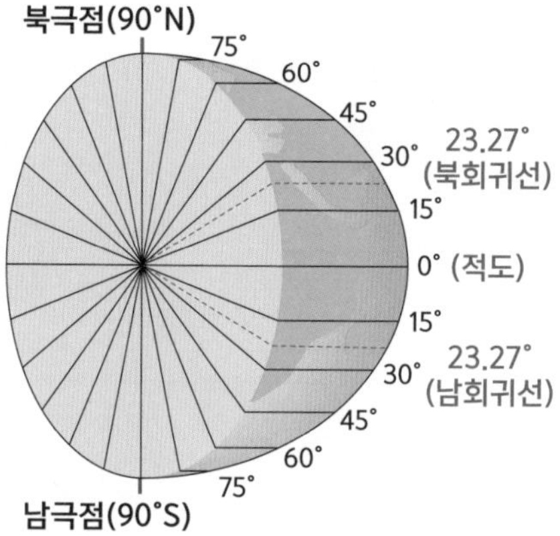

경도와 위도

경도는 북극점에서 남극점에 이르는 축을 중심으로 한 바퀴 빙 돌려가며 그린 선이다. 지구는 공 모양이니까 전체 둘레가 360도인데, 이를 동쪽 180도와 서쪽 180도로 나누어 동경과 서경이라고 부른다. 위도는 북극점에서 남극점까지 나누어 그린 것으로, 모두 합쳐 180도이다. 왜 위도는 360도가 아니냐고? 그야 위도는 공 모양의 지구 전체를 나눌 필요 없이 한쪽 면만 나누어도 되기 때문이다. 이를 다시 둘로 나누어 적도 위를 북위, 적도 아래를 남위라고 부른다. 북위와 남위 모두 0도에서 90도까지 존재한다.

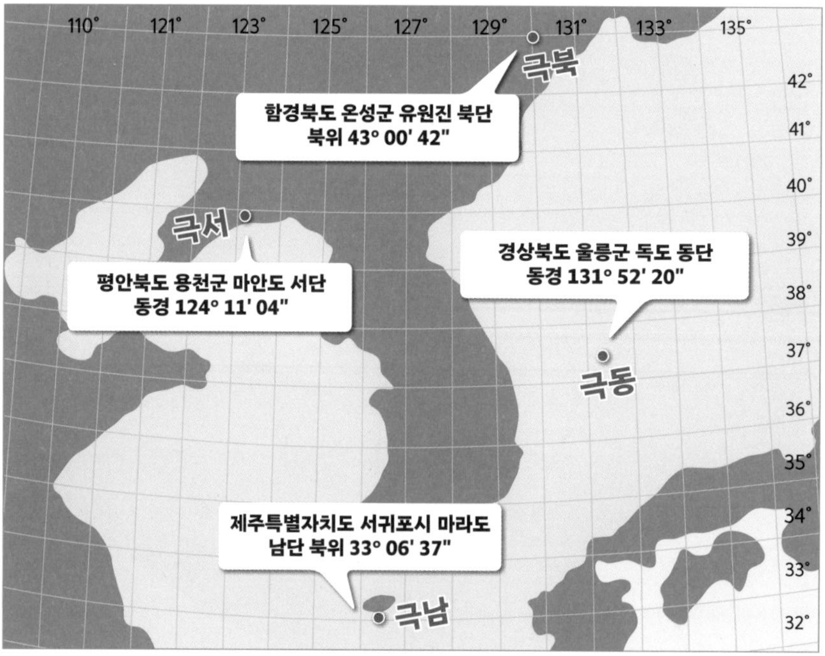

대한민국 영토

경도와 위도를 사용하면 지구상 모든 지점이 어디 있는지 정확히 표기할 수 있다. 아주 작은 지점, 예를 들면 우리 동네 특정 지역까지 정확히 표기하기 위해 1도를 다시 분과 초로 나누어 표기한다. 그 결과 대한민국 동쪽 끝 영토인 독도는, 동도가 동경 131도 52분 10.4초, 북위 37도 14분 26.8초에, 서도가 동경 131도 51분 54.6초, 북위 37도 14분 30.6초에 위치한다고 표기한다.

이렇게 해서 우리나라 위치는 동경 124°에서 132° 사이, 북위 33°에서 43° 사이가 되었다. 그러니까 그리니치 천문대로부터 동쪽으로 멀리 떨어져 있는 셈이다.

한편 경도 0도인 본초자오선이 영국 그리니치 천문대를 기준으로 하고 있지만, 오직 영국만 지나는 것은 아니다. 지구본(29쪽 그림 참조)을 보면 알 수 있듯이 여러 나라를 지나간다. 나라로는 영국, 프랑스, 스페인, 알제리, 말리, 부르키나파소, 토고, 가나를 지나며, 바다로는 북극해와 그린란드해, 노르웨이해, 북해, 영국해협, 지중해, 대서양, 남극해를 지난다.

날짜변경선

본초자오선의 가장 중요한 기능은 지구상에서 살아가는 사람들에게 시간의 기준이 되는 것이다. 한편 본초자오선이 날짜 변경의 기준은 아니다. 날짜 변경은 경도 180도 선을 기준으로 하기로 약속하였다.

이게 무슨 말일까?

하루 24시간 가운데 영국 그리니치 천문대 위에 해가 정가운데 떠오르는 시간을 정오로 정한다. 그런 다음 그리니치보다 해가 먼저 뜨는 동쪽은 정오 이전, 그리니치보다 해가 늦게 뜨는 서쪽은 정오 이후로 결정하였다.

본초자오선과 날짜변경선

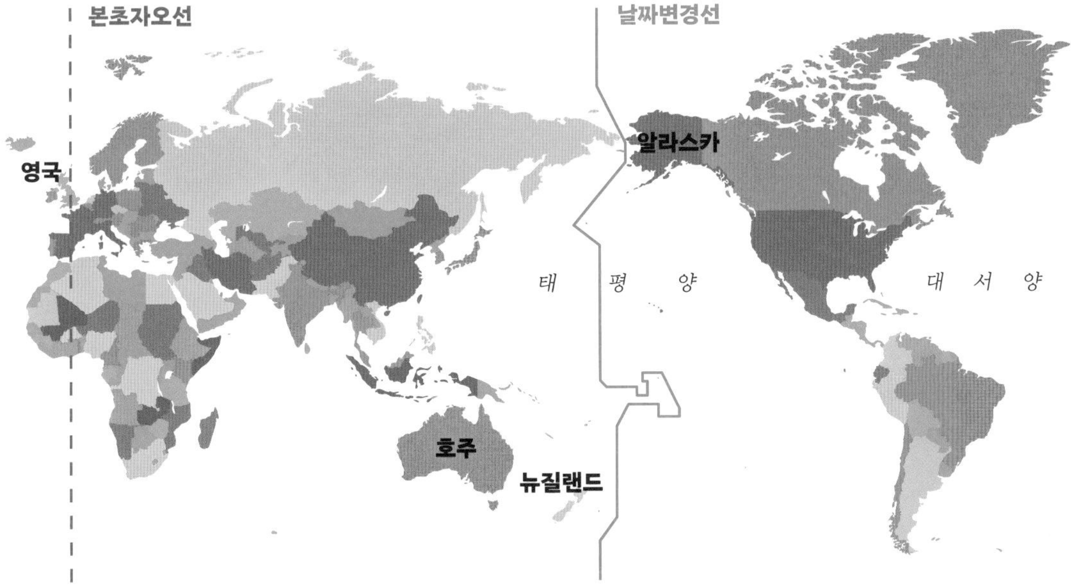

그림에서 볼 수 있듯이 태평양 한가운데인 경도 180도를 기준으로 날짜가 변경된다. 새로운 날짜가 시작하는 곳은 날짜변경선인 동경 180도 바로 서쪽이고, 그 동쪽은 새로운 날짜를 가장 늦게 맞이하는 지역이 된다. 왜 날짜변경선 동쪽이 가장 늦은 시간을 갖게 된 것일까? 그리니치 천문대에서 바라보면 가장 서쪽이기 때문이다.

결국 영국 그리니치 천문대 동쪽은 본초자오선의 기준 시간보다 빠른 지역, 서쪽은 기준 시간보다 늦은 지역이 되는 셈이다.

조금 자세히 살펴보면 지구 둘레는 360도다. 그런데 시간은 24시간에 불과하다. 따라서 경도 15도마다 한 시간을 배정한다. 그럼 그리니치 천문대가 경도 0도에 정오니까, 동경 15도인 지역은 1시간 빠른 오후 1시, 동경 30도인 지역은 2시간 빠른 오후 2시, 동경 45도인 지역은 오후 3시가 된다. 반대로 서경 15도는 영국보다 1시간 늦은 오전 11시, 서경 30도는 오전 10시가 된다.

이렇게 나라별, 지역별로 기준이 되는 시간을 표준시라고 한다. 표준시는 일반적으로 'UTC±시간'으로 표시하는데, UTC는 'Universal Time Coordinated'의 약자로, 해석하면 '협정세계시'이다.

우리나라는 영국에서 먼 동쪽에 위치하기 때문에, 영국이 자정일 때 우리나라는 오전 9시가 된다. 따라서 우리나라 표준시는 UTC+09:00이다. 반대로 영국 서쪽에 위치한 미국 로스앤젤레스는 영국보다 8시간 전인 전날 오후 4시이다 (UTC-08:00).

땅 넓은 나라의 시간 정하기

또 하나 기억해야 할 것이 있다.

우리나라는 동경 124도(평안북도 용천군 비단도 또는 마안도)에서 동경 132도(원래는 동경 131도 52분인 독도)에 걸쳐 있다. 그러니 우리나라 영토는 전체가 동경 15도 내에 들어가는 셈이다. 따라서 우리나라는 한 가지 시간만 사용해도 된다.

그렇지만 러시아나 미국, 중국처럼 면적이 넓은 나라들은 한 나라 안에도 시간이 다른 경도가 여럿 포함되어 있다. 러시아만 해도 가장 서쪽은 동경 약 28도에서 시작해, 가장 동쪽으로는 동경 180도를 넘어 서경으로 넘어갈 만큼 넓다. 그러니 이런 나라에서는 같은 나라라고 해도 지역에 따라 다양한 시간을 사용해야 한다. 러시아 수도 모스크바에서 해가 뜰 무렵, 동쪽 끝 축치반도는 이미 밤

미국 지역별 시간

미국 본토는 동쪽에서 서쪽까지 네 가지 시간을 사용한다. 그림에서 보듯 미국 뉴욕을 포함한 동부가 오전(오후) 6시일 때, 서부 로스앤젤레스는 그보다 3시간 늦은 오전(오후) 3시다.

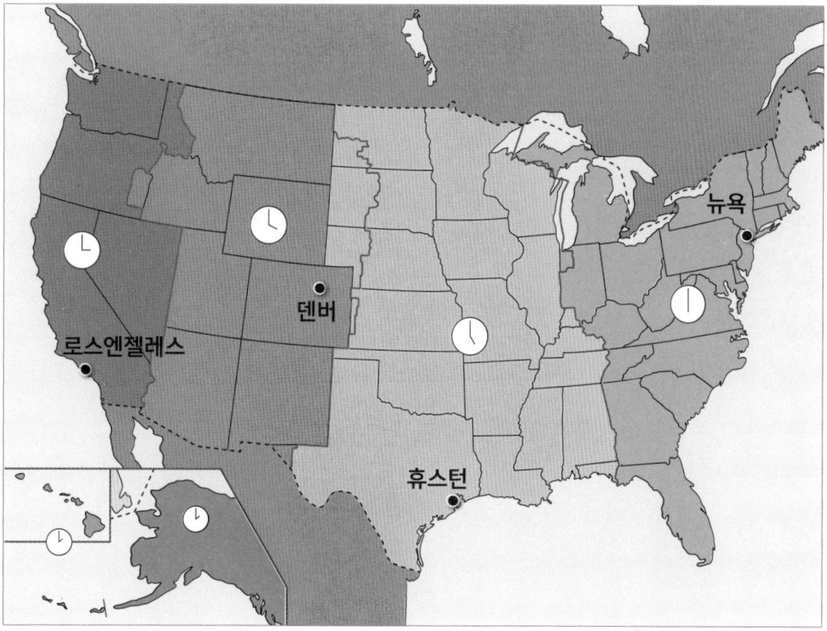

중이기 때문이다.

미국은 본토만 하더라도(본토가 아닌 알래스카와 하와이는 별도로 한다) 서경 67도에서 서경 125도에 걸쳐 있어 그 폭이 57도에 달한다. 한 나라 안에서도 약 3~4시간 차이가 나는 셈이다.

그래서 그림에서 보듯이 미국은 전 지역을 넷으로 나누어 각각 다른 시간을 사용하고 있다. 물론 본토에서 멀리 떨어져 있는 알래스카와 하와이는 또 다른 시간을 사용한다.

그 결과 수도 워싱턴과 서부의 대도시 로스앤젤레스 사이에는 3시간 차이가 난다.

미국의 선거

미국은 동쪽 도시들과 서쪽 도시들 사이에 3시간 차이가 난다. 그러다 보니 웃지 못할 일도 발생하는데, 바로 선거 때이다.

미국에서는 시간이 가장 앞서는 동쪽 지방부터 투표가 끝나고, 서쪽으로 갈수록 늦게 끝난다. 그러다 보면 동쪽에서 투표가 끝난 후 출구 조사를 통해 특정 후보의 당선을 예측한 후에 서쪽에서 투표를 하는 일이 벌어지기도 한다.

그러나 모든 나라가 이렇게 지역에 따라 다른 시간을 사용하는 것은 아니다. 한 나라 안에서 다른 시간을 사용하다 보면 여러 가지 부작용과 불편함이 있을 수 있다. 그래서 넓은 나라 가운데도 온 나라가 한 가지 시간만 사용하는 경우가 있는데, 대표적인 나라가 중국이다.

중국은 동경 73도에서 동경 135도에 걸쳐 있다. 그러니 경도 폭이 62도에 달해 미국 본토보다 더 넓다. 당연히 중국도 한 나라 안에서 4가지 정도의 시간을 사용해야, 해 뜨는 시간과 해 지는 시간이 지역별로 같을 것이다. 그러나 중국은 단 한 가지 시간만 사용한다.

그 결과 동쪽 상하이 학생들이 아침 8시에 학교에 간다면, 서쪽 위구르 자치구 학생들은 훨씬 늦은 시간에 학교에 가야 한다. 만일 중국 학생들이 똑같이 오전 8시에 학교에 간다면 어떻게 되겠는가. 상하이 학생들이 아침 햇빛을 받으며 학교에 갈 때 위구르 자치구 학생들은 캄캄한 밤에 학교에 가는 일이 발생할 것이다.

우리나라 시간은 우리나라가 정한다

앞서 살펴본 것처럼 나라나 지역별로 기준이 되는 시간, 즉 표준시가 있다. 그런데 표준시를 정확히 그 지역 경도에 따르지 않고, 다른 표준시를 사용하는 경우도 있다. 대표적으로 우리나라가 그런데, 왜 다른 표준시를 사용하는 걸까?

한반도 중앙은 동경 127도 30분에 위치한다. 반면에 서울시청을 기준으로 한다면 동경 126도 58분이다. 이는 영국 그리니치 천문대로부터 8시간 30분 앞서가는 지점이다. 동경 120도는 8시간, 동경 135도는 9시간 앞서가는데, 우리나라는 그 중간에 있는 셈이다.

누군가는 표준시가 UTC+08:30이 되면 안 되니, UTC+09:00인 도쿄를 따르는 것이 당연하다고 여길지 모른다. 그러나 오늘날에도 30분 단위를 표준시로 사용하는 나라들이 여럿 있다. 호주(중부지방), 인도, 이란, 아프가니스탄, 미얀마 등이 30분 단위로 표준시를 사용하고 있다.

우리나라 역시 최초로 표준시를 채택한 1908년 4월부터 한일 강제 병합 이후인 1911년 말까지는 그리니치 천문대보다 8시간 30분 앞선 UTC+08:30를 표준시로 사용하였다. 그 후 일제는 식민지 조선 통치를 원활히 하기 위해 우리 땅의 표준시를 일본 표준시(UTC+09:00)로 변경하였다.

그러다 광복 후인 1954년 3월 21일부터 1961년 8월 9일까지, 과거처럼 UTC

협정세계시와 우리나라 표준시의 변화 과정

1908년 4월~1911년 말
그리니치 천문대보다 8시간 30분 앞선 시간을 표준시로 사용(UTC+08:30)
1912년~1954년 3월 20일
그리니치 천문대보다 9시간 앞선 시간 사용(UTC+09:00)
1954년 3월 21일~1961년 8월 9일
UTC+08:30
1961년 8월 10일~현재
UTC+09:00

+08:30을 사용하다가 이후 UTC+09:00로 전환하였다.
우리는 왜 일본 표준시를 따르게 되었을까?
수도를 기준으로 한다면, 수도 서울은 동경 126도 58분이니, UTC+09:00인 동경 135도가 아니라 UTC+08:00인 동경 120도에 더 가깝다. 따라서 우리나라도 중국과 같이 UTC+08:00을 사용해야 할 것이다.
그런데 우리는 중국 수도 베이징(경도 116도 39분) 표준시 대신 일본 수도 도쿄 표준시(경도 139도 41분)를 사용하고 있다.
일제가 남긴 잔재 때문에 일본 표준시를 쓴다는 이야기도 있고, 주일 미군과의 군사협력에 편하기 때문에 그렇게 한다는 이야기도 있다. 이런 문제가 마음에 안 든다고 오랫동안 사용해오던 표준시를 바꾸는 것도 쉽지 않다.
만일 동경 120도의 표준시인 UTC+08:00을 사용하면, 지금보다 아침을 일찍 맞이하며 당연히 저녁 또한 일찍 맞는다. 우리 생활 습관이 오늘날과는 많이 달라질 것이다.
현재도 서울에서는 도쿄에 비해 해가 약 40여 분 늦게 진다. 일본을 여행하는 사람들은 이러한 차이를 쉽게 느낄 수 있다. 이는 두 나라 표준시가 서울과 도쿄의 위치를 정확히 반영하지 못하기 때문이다. 그만큼 서울에 사는 사람들은 도쿄에 사는 사람들에 비해 낮을 오래 사용하는 셈이다.

지구의 주요 자연환경

지구 위에는 사막, 호수, 강, 산 같은 인류의 삶에 큰 영향을 끼치는 자연환경이 있다. 그러한 요소들은 인류 문명의 탄생과 발전에 영향을 주었을 뿐만 아니라 오늘날 인류의 삶에도 커다란 영향을 준다.
역사학에 '지정학(地政學)적 요소'라는 말이 있다. '지정학'은 '지리가 정치에 끼치는 영향을 연구하는 학문'이다. 그만큼 자연환경은 우리 삶에 영향을 끼친다. 지정학적인 요소를 한눈에 살펴보는 것이야말로 인류가 살아가는 지구를 이해하는 데 꼭 필요하다.

대륙

대륙은 지구상에 있는 땅을 가리킨다. 사실 지구상에는 땅과 바다밖에 없다. 그리고 특별한 지역을 제외한 땅 위에서 인류가 살아간다. 인류가 살아가는 땅을 지역별로 크게 나눈 것이 대륙이다.

대륙은 사전에서 '넓은 면적을 가지고 해양의 영향이 내륙부에까지 직접적으로 미치지 않는 육지'라고 정의한다. 그래서 좁은 면적의 땅, 즉 섬은 아무리 독립적으로 존재해도 대륙이라고 하지 않는다.

자연은 특별히 대륙을 구분 짓지 않았다. 인류가 편의상 대륙을 6대륙 또는 7대륙이라고 부르는 것이다.

과거에는 사람이 살아가는 대륙만을 가리켜 6대륙이라고 불렀는데, 최근에는 남극 대륙을 포함해 7대륙이라고 부른다. 과학기술 발달과 환경적 요인 등으로 남극 대륙의 중요성이 커졌기 때문이다. 남극 대륙에도 사람이 머물고 있기는 하지만, 그건 일시적인 것이지 거주하는 것이 아니다. 현재 남극 대륙에 머무는 사람들은 모두 연구를 위해 여러 나라에서 파견한 연구원들이다.

한편 사람이 거주하는 대륙을 가리켜 주(洲)라고 부른다. 따라서 6대륙은 6대주와 같은 말이다.

7대륙(면적순)

1. 아시아	약 4천 5백만km^2	**2. 아프리카**	약 3천만km^2
3. 북아메리카	약 2천 5백만km^2	**4. 남아메리카**	약 1천 8백만km^2
5. 남극 대륙	약 1천 4백만km^2	**6. 유럽**	약 1천만km^2
7. 오세아니아	약 8백 5십만km^2	**대륙의 총 면적**	**약 1억 5천만km^2**

대륙을 나누는 기준

지구상에는 5대양 7대륙이 있다.

5대양 → 태평양, 대서양, 인도양, 북극해, 남극해

7대륙 → 아시아, 유럽, 아프리카, 북아메리카, 남아메리카, 오세아니아, 남극 대륙

국어사전에는 '유라시아'가 나오는데, '유럽과 아시아를 아울러 이르는 이름'이라고 설명한다. 그뿐이 아니다. '아프로·유라시아'라는 항목도 나온다. '아프리카·유럽·아시아를 아울러 이르는 이름'으로, 본래 하나로 연결된 세 대륙을 일컫는 표현이다.

7대륙은 어떻게 나눌까? 당연히 지역으로 나눈다. 그런데 적지 않은 사람들이 7대륙이 분리되어 있다고 여긴다. 사실은 그렇지 않다. 7대륙 가운데 독자적으로 분리되어 있는 대륙은 오세아니아와 남극 대륙, 둘뿐이다.

아시아는 유럽, 그리고 아프리카와 한 덩어리다. 아프리카와 아시아는 본래 연결되어 있었는데, 수에즈운하를 건설하면서 분리되었다. 유럽과 아시아는 지금도 연결되어 있다. 그래서 유럽과 아시아를 구분하지 않고 유라시아라고 부르기도 한다. 북아메리카와 남아메리카 역시 본래 붙어 있었는데, 파나마 운하 개통과 더불어 분리되었다.

두 대륙에 걸쳐 있는 나라들

두 대륙에 걸쳐 있는 나라가 있다. 유럽과 아시아에 걸쳐 있는 러시아와 튀르키예가 대표적이다. 러시아는 너무 넓어서 그렇고, 튀르키예는 유럽과 아시아를 나누는 경계인 흑해를 사이에 두고 양쪽 대륙에 걸쳐 있기 때문이다. 이집트도 아시아에서 아프리카에 걸쳐 있다. 파나마도 파나마 운하를 경계로 북아메리카와 남아메리카로 나뉜다.

튀르키예가 유럽과 아시아에 걸쳐 있다고 해도, 유럽에 속하는 지역은 전체 튀르키예 면적의 약 3%에 불과하고, 나머지 97%는 아시아에 속해 있다. 수도 앙카라 역시 아시아에 속한다. 그래서 과거에는 튀르키예를 아시아 국가로 여겼다.

그러나 오늘날 국제사회는 튀르키예를 유럽으로 간주한다. 튀르키예는 유럽연합에 가입하려고 노력하고 있으며, 서유럽연합 준회원국이기도 하다. 또한 북대서양조약기구(NATO) 회원국이어서 공식적인 유럽이 되었다. 우리나라 외교부 누리집에서도 튀르키예를 유럽으로 분류하고 있다.

반면에 러시아는 명실상부한 유럽 국가라고 할 수 있다. 러시아 역시 아시아에 속하는 영토가 더 넓다. 그러나 아시아 소속 영토는 인구 면에서나 정치·경제면에서 중요한 역할을 하지 못하는 반면, 정치·경제·문화적 기반이 수도인 모스크바를 비롯한 유럽에 속해 있기 때문이다.

이집트는 아프리카로 여긴다. 이집트사람들도 그렇고 세계적으로도 그렇다.

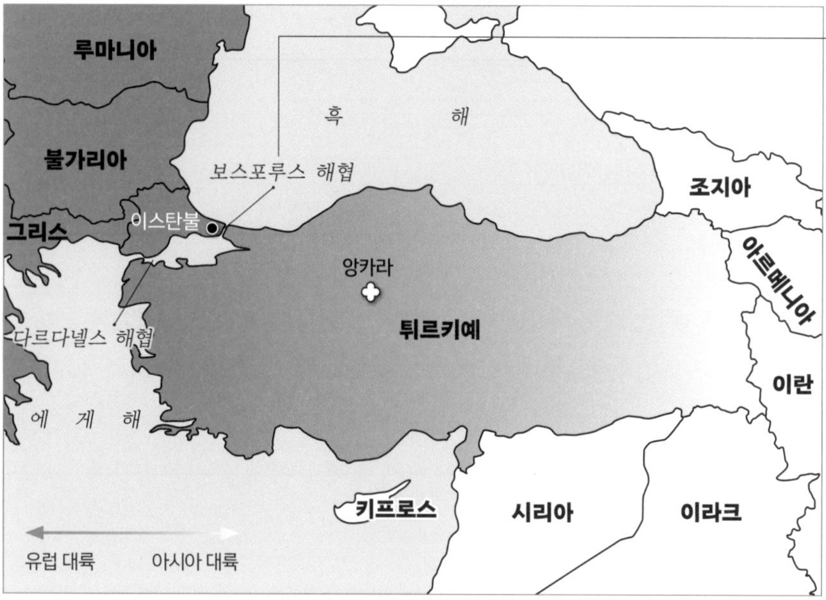

흑해를 사이에 두고 유럽과 아시아 대륙에 걸쳐 있는 튀르키예

튀르키예는 흑해와 지중해의 부속해인 에게해를 연결하는 보스포루스해협과 다르다넬스해협을 경계로 유럽 대륙과 아시아 대륙으로 나뉜다. 튀르키예의 최대 도시 이스탄불을 포함하는 유럽쪽 면적은 튀르키예 전체의 3% 정도밖에 안 된다. 그런데도 오늘날 국제적으로 튀르키예는 유럽으로 간주한다. 그러나 튀르키예 정부의 결정에 따라 언제든 변할 수 있다.

파나마는 애매하다. 분명하게 남아메리카라고 하기도 어렵고, 북아메리카라고 하지도 않는다. 유네스코에서는 파나마를 라틴아메리카로 분류하는데, 라틴아메리카는 문화적 개념이지 대륙 개념이 아니다. 파나마가 라틴아메리카인 것은 분명하지만, 북아메리카인지 남아메리카인지는 자료마다 조금씩 다르다.

이를 통해 지구상의 지역이나 나라를 분류할 때 사용하는 지역적 개념 역시 절

파나마

파나마는 북아메리카와 남아메리카, 두 대륙으로 분류하는 7대륙 개념으로는 어디에 속한다고 하기가 애매하다. 그래서 라틴아메리카나 중앙아메리카로 분류하는데, 이는 7대륙 개념에는 없는 것이다.

대적인 것은 아니라는 사실을 알 수 있다. 이는 앞으로 지구본을 살펴볼 때 자주 등장할 것이다.

뉴기니섬

섬 서쪽은 인도네시아, 동쪽은 독립국가인 파푸아뉴기니다.

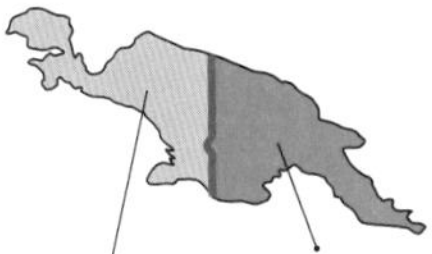

하나의 섬이 2개 주라고?

하나의 섬이 두 개 주로 나뉘는 경우도 있다.

눈길을 호주 위쪽으로 돌려보자. 그곳에는 세계에서 두 번째로 큰 섬인 뉴기니섬이 있다. 가장 큰 섬은 앞서 살펴본 그린란드섬으로 2,130,800km²이다. 반면 뉴기니섬의 면적은 822,706km²으로, 한반도 면적의 4배 가까이 된다.

지구본을 보면 뉴기니섬 동쪽은 파푸아뉴기니, 서쪽은 인도네시아 영토임을 알 수 있다. 국경 역시 자연스럽지 않고 직선으로 나뉘어 있다. 국경이 직선으로 나뉘는 것은 인위적으로 분할된 경우가 대부분인데, 뒤에서 자세히 살펴볼 것이다.

뉴기니섬에는 역사적 고통이 있다. 본래 뉴기니섬에는 수만 년 전부터 원주민들이 살고 있었다. 그 후 유럽의 침략 과정을 거치며 뉴기니섬은 네덜란드, 영국, 독일 등에 의해 식민지로 뿔뿔이 찢겼다. 그러다 제2차 세계대전이 발발하면서 일본이 점령하였고, 일본이 패망한 후 뉴기니섬 서쪽에 영향력을 행사하던 인도네시아는, 인도네시아를 식민 지배하고 있던 네덜란드와 맞서 싸워 1949년 독립을 쟁취하였다. 그러면서 자연스럽게 뉴기니섬 서쪽 역시 인도네시아 영토로 남았다.

반면에 섬 동쪽은 독일, 영국 등의 이해관계가 얽혀 독립을 이루지 못하다가 1946년 영국이 영향력을 행사하던 호주의 신탁통치령이 되었다. 그 후 1973년 자치권을 획득하였고, 1975년 9월에 와서야 영연방국가의 하나로 독립했다.

오늘날 뉴기니섬은 오세아니아주로 분류한다. 그러니 인도네시아는 아시아와 오세아니아에 걸쳐 영토를 보유하고 있는 셈이다. 반면에 파푸아뉴기니는 오세아니아로 분류한다.

	국기	수도	면적 (단위: km²)	인구 (단위: 명)	언어	종교 (단위: %)	1인당 GDP (단위: 달러)
파푸아 뉴기니		포트모르즈비	462,840	1,200만	영어 토착어	개신교 65 가톨릭 26	2,600

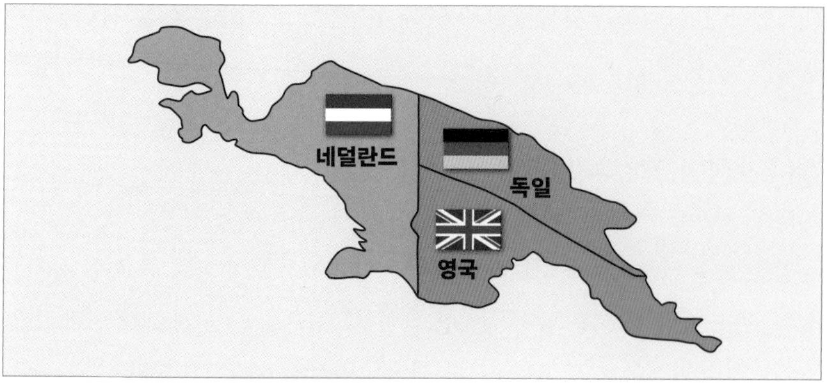

제1차 세계대전 이전에 뉴기니섬을 지배하던 나라들

강

인류 문명은 강과 매우 밀접한 연관이 있다. 강이 없으면 물을 구할 수 없고, 물이 없으면 인류는 살아갈 수 없다. 그래서 인류 문명이 처음 시작한 4대 문명의 발상지는, 지역 이름을 딴 '이집트 문명'과 '메소포타미아 문명', 강 이름을 딴 '황하 문명'과 '인더스 문명'이다. 이집트 문명 역시 나일강을 근거로 탄생했고, 메소포타미아 문명은 티그리스강과 유프라테스강을 근거로 탄생했으니, 인류 문명은 모두 강을 근거로 탄생한 셈이다.

주요 강 현황

남아메리카 중북부를 흐르는 아마존강은 유역 면적, 유량 등 여러 면에서 세계 최대의 강이다. 그러나 길이만 본다면 나일강이 가장 길다. 남아메리카 중남부를 흐르는 라플라타강은 지류인 파라나강이 훨씬 길다. 그러나 길이가 고작 300km에 불과하지만, 세계에서 하구 넓이가 가장 넓고 지정학적 영향력이 워낙 커 라플라타강으로 널리 알려져 있다.

인류뿐만이 아니라 지구상에서 살아가는 수많은 생명은 강에 의지하고 있다. 그러니 중요하지 않은 강은 없다. 그 가운데서도 세계를 돌아보면 더 중요한 강들이 있다. 한 지역, 한 나라, 나아가 한 대륙의 역사에 획을 그은 중요한 강들은, 앞으로 살펴볼 지구상 곳곳의 나라와 민족, 그리고 역사를 이해하는 데 매우 중요하다.

지구상에서 가장 긴 강 10

명칭	길이 (단위: km)*	지역	비고
나일	6,650	에티오피아, 에리트레아, 수단, 우간다, 탄자니아, 케냐, 르완다, 부룬디, 이집트, 콩고 민주공화국, 남수단	유역 면적은 3위
아마존	6,400	브라질, 페루, 볼리비아, 콜롬비아, 에콰도르, 베네수엘라, 기아나	유역 면적은 1위
양쯔	6,300	중국	장강이라고도 부름
미시시피	6,275	미국, 캐나다	캐나다에 속하는 부분은 1.5%
예니세이	5,539	러시아, 몽골	몽골에 속하는 부분은 약 3%
황허	5,464	중국	한자로 황하(黃河)
오비-이르티시	5,410	러시아, 카자흐스탄, 중국, 몽골	카자흐스탄, 몽골, 중국을 흐르는 이르티시강과 러시아 오비강이 만나 북극해로 유입
라플라타-파라나	4,880	브라질, 아르헨티나, 파라과이, 볼리비아, 우루과이	지류인 파라나강이 훨씬 길지만, 라플라타강의 지리적 영향력이 워낙 중요해 라플라타강으로 더 알려져 있음
콩고-잠베지	4,700	콩고 민주공화국, 중앙아프리카 공화국, 앙골라, 콩고, 탄자니아, 카메룬, 잠비아, 부룬디, 르완다	유역 면적은 아마존강에 이어 2위
아무르	4,444	러시아, 중국, 몽골	–

* 강의 길이는 자료에 따라 약간씩 다르다. 수원을 어디로 볼 것인지, 지류를 어떻게 포함할 것인지 등에 따라 다르기 때문이다.

주요 사막 현황

생명체가 살아가기 힘든 사막은 경우에 따라, 특정 지역에 접근을 가로막는 역할을 하거나 다른 지역과의 교류를 방해하기도 한다.

사막

강과 반대로 사막은 생명에게 위험한 존재다. 국어사전에 따르면 사막은, '강수량이 적어서 식물 집단이 보이지 않거나 적고, 인간의 활동도 제약되는 지역. 형성된 원인에 따라 열대 사막, 해안 사막, 내륙 사막, 한랭지 사막으로 나눈다.'라고 규정한다.

강수량은 '비, 눈, 우박, 안개 따위로 일정 기간 동안 일정한 곳에 내린 물의 총량'을 가리킨다. 어떤 형태이건 결국에는 물의 형태로 바뀌는 자연 현상이다.

사막에서는 사람을 비롯해 모든 생명체가 살아가기 힘들다. 따라서 사막 지역은 특별히 사막에서 살아갈 수 있도록 진화한 생명체 말고 다른 생명체의 접근을 막을 뿐 아니라 교류도 방해하는 역할을 한다.

주요 호수 현황

지구상에서 가장 넓은 카스피해는 주변국들이 협의 끝에 바다로 인정했다. 그러나 지형만 보면 호수가 분명하다. 남아메리카 페루와 볼리비아에 걸쳐 있는 티티카카호는 해발고도 3,810m로, 가장 높은 곳에 있는 호수다. 백두산에 있는 천지(天池)는 화산 폭발로 형성된 칼데라 호인데, 해발고도 2,237m이다.

호수

호수가 어떤 곳인지 모르는 사람은 거의 없다. 그러나 사전을 찾아보는 순간, 자신감은 사라질 것이다.

국어사전에 따르면, 호수는 '땅이 우묵하게 들어가 물이 괴어 있는 곳. 대체로 못이나 늪보다 훨씬 넓고 깊다.'

그러나 백과사전을 찾으면 복잡하다. 백과사전을 찾으면, 호소(湖沼)라는 항목 설명에 이렇게 되어 있다.

'내륙의 와지(움푹 패어 웅덩이가 된 땅)에 있는 정수괴(물이 고여 있는 덩어리)를 총칭하는 말로 육수학(陸水學)적으로는 호수, 늪, 소택, 습원으로 분류된다. 호수는 최심부가 5m 이상 되는 것을 말하며, 늪은 최심부의 깊이가 5m 이하로 침수식물이 무성한 곳을 말하며, 소택은 도처에 정수식물이 무성하고 최심부가 1m 이하인 곳을 말한다. 습원은 습지식물이 무성히 덮여 있는 곳을 말한다.'*

또 다른 백과사전에서는 호소를 가리켜 '일반적으로 호수라고도 불리는데, 호수·소택지·연못 등의 구분은 명확하지 않다. 다만 소택지에는 관목·초본 등이

* 《두산백과》, 네이버 사전 '호소(lake)' 항목 참조.

비교적 많이 자생하고 있으며, 연못은 호수에 비해 크기가 작다."*라고 한다.

그러니까 호수는 내륙의 웅덩이에 물이 고인 장소인데, 그 가운데서도 식물이 무성하게 덮여 있지 않으면서 깊이가 5m 이상 되는 곳을 가리킨다.

그렇다면 호수가 바다처럼 보이면 호수라고 할 수 있을까? 실제로 그런 일이 있다. 과학적으로는 분명히 호수지만 국제적 이해관계에 따라 바다로 바뀐 경우가 있는데, 중앙아시아에서 동부 유럽에 걸쳐 있는 카스피해가 그런 경우다. (2-28쪽 참조)

한편 우리나라에는 백두산에 천지가 있는데, 천지는 중국과 사이에 국경 역할을 한다.

호수는 담수(민물), 즉 사람을 비롯한 육상의 생물이 생존을 위해 마시는 물의 대부분을 품고 있을 뿐 아니라 어업, 군사, 산업 측면에서 매우 중요한 역할을 한다. 그림을 보면 알 수 있듯이 지구 생명체는 생존에 필요한 물을 거의 다 호수에서 구한다. 이것만 보아도 호수가 얼마나 중요한지 알 수 있다. 지구상에 있는 중요한 호수를 살펴보면 그 지역에서 살아가는 사람들의 삶을 잘 이해할 수 있다.

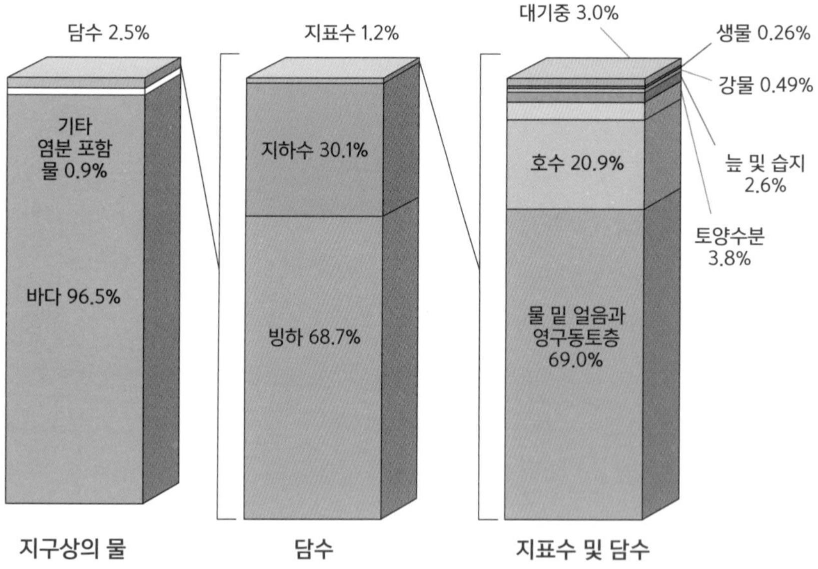

지구상에 있는 물 구성

지구상에 있는 물의 2.5%만이 민물이다. 그것도 대부분은 빙하 등이고, 단지 1.2%만이 사용할 수 있는 물이다. 또 사용 가능한 물 가운데 대부분은 영구동토층에 갇혀 있고, 호수에 약 21%가 있다. 지구 생명체가 사용하는 물은 지구상에 있는 물의 극히 일부일 뿐이다. 그만큼 호수야말로 지구 생명체의 보물창고다.

* 다음백과 '호소' 항목 참조.

주요 산맥 현황

산맥은 두 지역을 갈라놓는 장애물 역할을 한다. 대표적인 곳이 안데스산맥으로, 세계에서 가장 긴 나라로 알고 있는 칠레는 안데스산맥의 영향을 크게 받았다. 세계 최대 산맥인 히말라야산맥 또한 주변 국가들에게 큰 영향을 끼치고 있다.

산맥

산 역시 인류에게 소중한 자연환경이다. 그러나 산보다 더 중요한 것이 산맥이다. 산과 산이 연이어 나타나는 산맥은 오래전부터 사람들의 통행에 장애가 되는 환경이었다. 그런 까닭에 산맥을 사이에 두고 있는 두 지역은 서로 다른 문화를 보유해 왔고, 훨씬 넓으면서도 평야로 이어지는 지역은 같은 문화를 보유한 경우가 많다. 따라서 산맥은 그것이 위치한 지역에서 중요한 지리적 요소로 작용한다.

지구상에는 그러한 산맥이 생각보다 많다.

주요 바다 현황

바다

지구상에서 가장 중요한 자연환경은 바다다. 바다는 대륙을 나누는 구분이 되기도 하고 생명의 원천이기도 하며, 세계 각국의 교류를 가능하게 하는 가장 중요한 통로이기도 하다. 항공 및 기차, 자동차를 통한 무역 물동량을 다 합해도 배를 통한 물동량과는 비교할 수 없을 정도로 작다.

그뿐이 아니다. 인류가 기차나 비행기로 이 대륙에서 저 대륙으로 이동한 것은 고작해야 백여 년밖에 안 된다. 그 전 수만 년, 수십만 년 동안 인류가 바다를 건너 다른 지역으로 이동할 때 사용한 교통수단은 오직 배뿐이다. 그러니 배가 태풍 등 자연 현상의 공격을 이겨낼 만큼 발전하기 전까지, 바다는 인류에게 교류의 기회를 제공하기보다는 그 기회를 박탈했다.

그렇게 중요한 바다는 지구 표면의 약 71%를 차지한다. 바다 가운데는 우리가 잘 아는 바다가 있는가 하면 잘 몰랐던 바다도 있다.

대양(Ocean)

대양은 말 그대로 '커다란 바다'다. 지구상에는 5대양이 존재하는데, 태평양, 대서양, 인도양과 남극해, 북극해다.
한편 태평양, 대서양, 인도양은 우리 머릿속에서 독립적으로 존재한다. 실제로 세계의 모든 바다는 연결되어 있지만, 지도에서는 세 바다가 따로 떨어진 듯 그렸기에 그렇게 여기는 것이다.

5대양(면적순)

1. 태평양	약 1억 6천 9백만km^2	**2. 대서양**	약 8천 5백만km^2
3. 인도양	약 7천만km^2	**4. 남극해**	약 2천 2백만km^2
5. 북극해	약 1천 5백만km^2	**바다의 총 면적: 약 3억 6천 2백만km^2**	

부속해(Dependent Sea)

부속해는 대양에 부속되어 있다는 뜻에서 붙인 이름인데, 대양보다 넓이가 작고 수심 또한 비교적 얕다. 부속해는 다시 지중해와 연해로 나뉜다.

무척 작은 바다, 지중해(Mediterranean Sea)

지중해(地中海)에는 두 가지 뜻이 담겨 있다. 하나는 보통명사이고, 다른 하나는 고유명사다. 보통명사로서 지중해는 한자 뜻 그대로 '땅 가운데 있는 바다'로, 육지에 둘러싸인 바다를 가리킨다. 지구본을 돌려가면서 보면 지구상 여러 곳에 육지로 둘러싸인 작은 바다가 눈에 띄는데, 그러한 바다가 지중해다.
일반적으로는 유럽과 아시아, 북아프리카 지역에 둘러싸인 좁은 바다를 가리켜 '지중해'라고 부른다. 이때 지중해는 고유명사가 된다.
최근 들어 유럽 여행을 많이 하면서 익숙한 바다가 바로 지중해다. 더욱이 이탈리아, 그리스, 튀르키예, 프랑스, 스페인 등 남부 유럽과 북아프리카인들에게는 지중해가 태평양보다 익숙하고 중요하다. 그래서 지중해가 5대양에 속하지 않을까 여기는 사람들이 있을 텐데, 지구본을 보면 알 수 있듯이 지중해는 무척 좁다. 그래서 5대양에는 속하지 않는다.
지구상에는 유럽의 지중해 외에도 북아메리카 대륙과 남아메리카 대륙 사이에 위치한 아메리카 지중해, 남아시아에 위치한 동인도제도해, 발트해, 홍해, 페르시아만 등의 지중해가 있다.

대양의 가장자리에 위치한 바다, 연해(Marginal Sea)

연해(沿海)는 대양의 가장자리에 위치한 바다를 말한다. 아무리 대양의 가장자리라고 해도 대양과 맞붙어 있으면 따로 연해로 구분하지 않는다. 반면에 섬이나 반도 등으로 불안정하게 구분된 바다를 가리켜 연해라고 한다. 우리나라 동해가 대표적인 연해다. 그 외에도 동중국해, 남중국해, 오호츠크해 등이 모두 연해에 속한다.

동양과 서양의 분류 기준

지역과 나라를 분류할 때 가장 쉽게 동양과 서양으로 구분한다. 그렇다면 동양과 서양은 어떻게 나누는 걸까? 지구상 모든 지역은 동양과 서양 가운데 하나에 속할까? 동양도 아니고 서양도 아닌 지역은 없을까?

결론은 단순하지 않다는 것이다. 지역적으로 동양과 서양을 나눌 수도 있고, 인종적으로 나눌 수도 있다. 또 언어로 나눌 수도 있고, 종교로 나눌 수도 있다. 문화로 나눌 수 있다고 여기는 분도 계실 것이다.

동양과 서양이라는 말을 자주 사용하는 사람들도 갑자기 "동양과 서양을 나누는 기준이 뭐예요?"라는 질문을 받으면 당황할 것이다.

동양과 서양은 지리적 분류가 아니다

지역적으로는 보통 인도와 튀르키예 부근 서쪽을 서양이라고 하고, 그 동쪽에서 태평양을 접하고 있는 일본까지를 동양이라고 한다. 그래서 동양과 서양은 지리적 분류라고 지레짐작하기 쉽다.

그러나 태평양 가운데에 있는 섬나라들은 보통 동양이니 서양이니 하는 분류를 하지 않는다. 그뿐이 아니다. 아프리카는 서양인가? 서양, 하면 떠오르는 인종·종교·문화적 특징이 아프리카 주민들이나 지형에 맞는가? 이에 대해서는 대부분이 고개를 저을 것이다.

또 지구본을 보면 쉽게 알 수 있는데, 호주 대륙은 우리나라보다 더 서쪽부터 시작해 동쪽까지 이어진다. 그렇다면 호주도 동양인가? 그렇다고 여기는 분은 거의 없을 것이다.

인종적으로 동양과 서양을 나눈다면 어떨까?

어떤 인종을 동양인으로 보고, 어떤 인종을 서양인으로 볼까? 요즘 백인들 가운데 인종차별적 행동을 하는 이들이 하는 이른바 '눈 찢기'처럼, 눈꼬리가 날카로운 사람을 동양인, 그렇지 않은 사람을 서양인으로 보는 게 맞을까? 그것도 아니면 피부가 하얀 사람? 머리카락이 노란 사람? 조금만 생각해 봐도 어떤 인종을 서양인, 어떤 인종을 동양인이라고 해야 할지 어렵다는 사실을 쉽게 알 수 있다.

종교적으로 나눈다면 어떨까? 백인들 가운데 대다수는 이슬람교도를 서양인이라고 여기지 않을 것이다. 유럽에 상당수가 거주하는 이슬람교도마저도 같은 서양인으로 포용하지 않는 유럽인들이 많다. 그렇다면 기독교를 믿는 대한민국 국민은 서양인일까?

힌두교도가 대다수를 차지하는 인도인들을 보면 전형적인 동양인 모습과 무척 다르다. 오늘날 인도인들은 인도 원주민인 드라비다족을 몰아내고 들어온 아리아인이다. 아리아인은 순수한 독일인의 조상이라고 해서 히틀러가 숭배한 인종이기도 하다.

이러한 사실을 보더라도 오늘날 인종을 정확히 구분하는 일은 의미도 없고 학술적으로도 사용하지 않는다. 그러니 종교나 인종적으로 동양과 서양을 나누는 것도 의미가 없다.

문화적인 부분도 동양과 서양을 분류하는 데 큰 한계가 있다. 누군가는 서양인들은 일신교적 시각이 강하고, 동양인은 다신교적 사고를 가지고 있다고 하는데, 이 또한 오늘날 현실과 많이 다르다.

동·서양 분류의 시작

동양과 서양이라는 분류법은 처음 중국 원나라(1271~1368)에서 시작하였다. 이때 동양은 말 그대로 중국 동쪽 바다를 가리킨다. 서양은 중국 서쪽 바다로 인도양이나 대서양을 가리키는데, 대서양(大西洋)은 '커다란 서쪽 바다'란 뜻이다. 이에 비해 조금 작은 인도양은 소서양(小西洋)이라고 부르기도 하였다.

완전히 지리적인 개념이었던 동양과 서양이라는 분류를 정치·문화적 개념으로 확장한 것은 일본이었다. 일본은 자신을 동양을 대표하는 나라로, 유럽을 서양 세력으로 분류하기 시작했다. 이처럼 동양과 서양이라는 개념은 매우 자의적으로 탄생한 것이다.

오리엔트와 옥시덴트

동양과 서양이라는 분류법이 동양에서 탄생했다면, 서양에서는 오래전부터 오리엔트와 옥시덴트라는 개념을 사용하였다.

오리엔트(Orient)는 라틴어 Oriens(오리엔스, '해가 뜨는 곳')에서 유래한 것으로, 유럽 동쪽을 가리킨다. 반면에 옥시덴트(Occident)는 라틴어 Occidence(옥시덴스, '해가 지는 곳')에서 유래하였다.

오리엔트는 유럽인들에게 지중해 동쪽, 즉 이란, 팔레스타인, 시리아, 메소포타미아로부터, 그 무렵 자신들이 잘 알던 인도까지를 뜻한다. 그 동쪽, 즉 오늘날 동아시아 지방은 이 개념이 탄생할 무렵에는 미지의 세계였기 때문이다.

그러나 오늘날 오리엔트는 지중해 동쪽부터 한·중·일, 삼국이 위치한 동아시아 지방까지 아우르는 개념으로 확장되어, 유럽과 미국에 대비되는 동양이라는 개념으로 사용하고 있다.

오리엔트와 옥시덴트

오리엔트(Orient)
Oriens(오리엔스, '해가 뜨는 곳')에서 유래.
옥시덴트(Occident)
Occidence(옥시덴스, '해가 지는 곳')에서 유래.

지구본 여행의 출발

우리 지구본 여행은 어디서부터 출발할까? 기준이 되는 곳이 좋을 것이다. 본초자오선이 있고 경도 0도인 그리니치 천문대에서 출발하거나, 경도 180도인 날짜변경선에서 출발하는 것이 좋겠다. 두 곳 가운데 우리는 날짜변경선에서 출발해 보자. 우리나라에서 가까우니 말이다.

지구본에서 날짜변경선을 찾아보자.

지구본을 돌려보면 태평양 가운데서 약간 서쪽에 치우쳐 있다. 날짜변경선은 앞서 살펴본 것처럼 동경 180도이자 서경 180도이다. 날짜변경선 정반대편에는 동경 0도이자 서경 0도인 본초자오선이 있다.

그런데 지구본을 자세히 살펴보면 날짜변경선이 경도 180도선이 아니라는 사실을 쉽게 알 수 있다. 날짜변경선의 기준은 분명 경도 180도선인데, 실제로 날

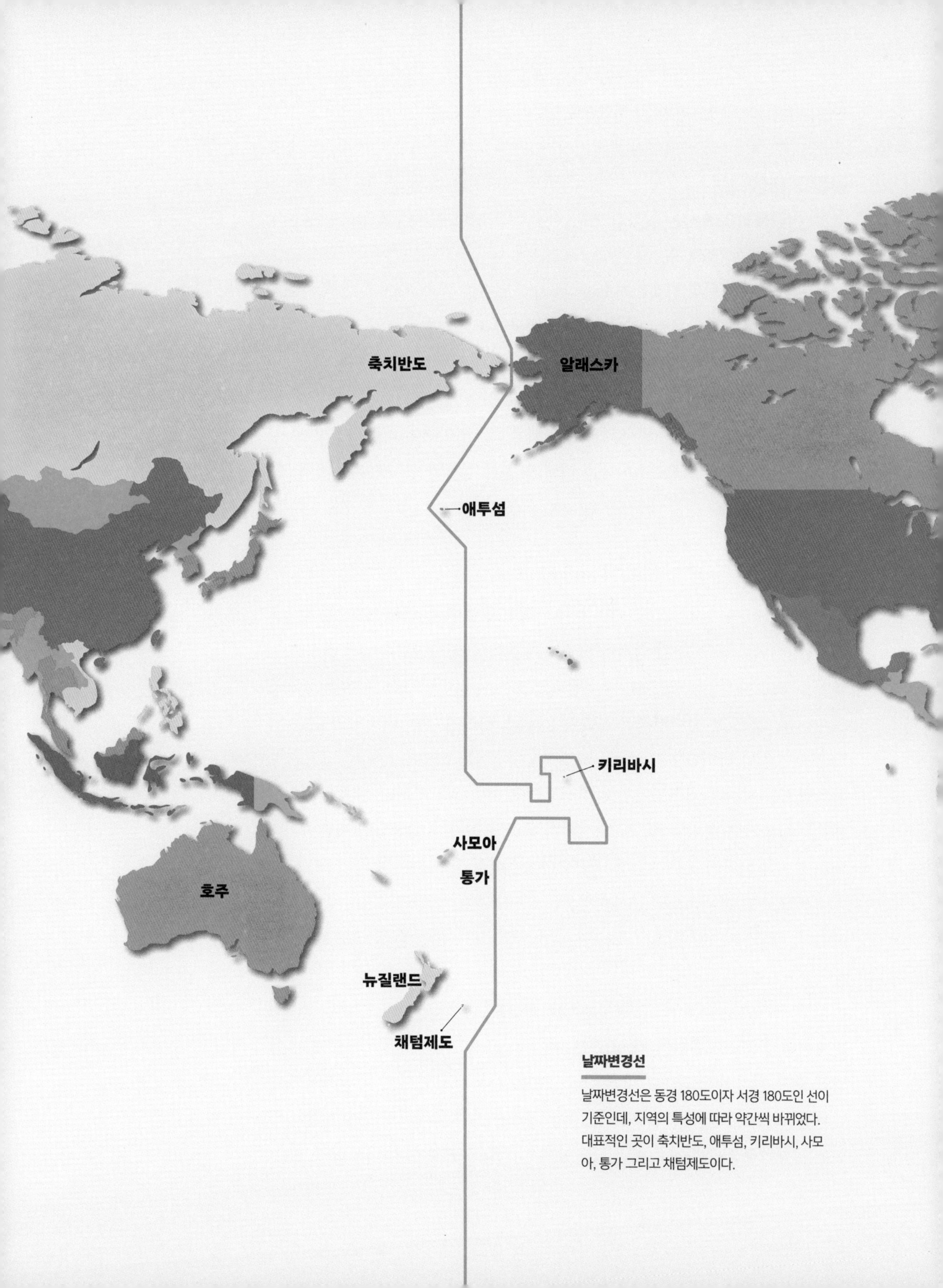

날짜변경선

날짜변경선은 동경 180도이자 서경 180도인 선이 기준인데, 지역의 특성에 따라 약간씩 바뀌었다. 대표적인 곳이 축치반도, 애투섬, 키리바시, 사모아, 통가 그리고 채텀제도이다.

짜변경선은 그 위에서 동쪽과 서쪽으로 왔다 갔다 한다. 무슨 까닭일까?

날짜도 마음대로

앞서 한 나라의 표준시는 일정한 범위 내에서 그 나라 편의에 맞추어 결정한다는 사실을 확인하였다.

날짜도 나라가 임의로 결정하기도 한다. 사실 날짜는 지구 위에 존재하는 모든 나라가 마음대로 정할 수는 없다. 왜냐하면 시간을 가리키는 선인 경도는 모든 나라에 존재하지만, 날짜변경선은 오직 동경 180도이자 서경 180도에만 존재하기 때문이다.

따라서 날짜변경선은 북극에서 남극까지 세로로 직선이어야 하는데, 실제로 선은 삐뚤빼뚤하다. 왜 그럴까? 이유는 어쩔 수 없는 경우와 편의로 바꾼 경우, 두 가지가 있다.

날짜변경선의 예외

날짜변경선은 북극에서 조금 내려온 부분에서 동쪽으로 휘어 있다. 동쪽으로 약간 튀어나온 축치반도가 러시아 땅이기 때문이다. 축치반도가 날짜변경선 동쪽에 있다고 해서 다른 날짜를 부여한다면 러시아로서는 무척 불편할 것이다. 그래서 축치반도는 날짜변경선 동쪽에 있지만, 서쪽에 있는 러시아와 같은 날짜를 쓰기로 한 것이다.

축치반도를 지나면 애투섬에서 날짜변경선이 서쪽으로 기운다. 애투섬에서는 새로운 날짜가 시작해야 하는데 시작하지 못하는 것이다. 애투섬이 미국령이기 때문에 미국 날짜에 맞추기 위해서 변경한 것이다.

그 후 일직선으로 내려오던 날짜변경선은 태평양 복판에 들어서면서 매우 복잡해진다. 이때부터 본격적으로 나라 사정에 따라 날짜를 변경하는 현상이 벌어진다.

가장 먼저 나오는 나라가 키리바시다. 16개 섬으로 이루어진 키리바시 수도는 날짜변경선 바로 서쪽에 있다. 반면에 나머지 영토인 여러 섬은 날짜변경선 동쪽에 있다. 따라서 한 나라가 각기 다른 날짜를 사용해야 한다. 결국 키리바시는 날짜변경선을 자신들 영토에 속하는 모든 섬 동쪽으로 옮기기로 결정하였다.

한편 날짜변경선 동쪽에 위치한 사모아(서경 171도 46분)와 통가(서경 175도 12분),

두 나라는 본래 서경에 위치하므로 동경에 위치한 나라들에 비해 하루가 늦어야 한다. 그러나 사모아는 본래 뉴질랜드 식민지였다가 1962년에 독립하였고, 오늘날에도 뉴질랜드 및 호주와 밀접하게 지내고 있다. 그래서 생활 편의상 뉴질랜드와 같은 날짜를 사용하기로 결정하였다. 이 결정에 따라 2011년 12월 30일을 없앰으로써 달력에서 하루를 당겼다. 이렇게 사모아의 날짜변경선은 수정되었다.

통가 역시 비슷한 이유로 날짜변경선을 수정하였다.

	국기	수도	면적 (단위: km²)	인구 (단위: 명)	언어	종교 (단위: %)	1인당 GDP (단위: 달러)	비고
키리바시		타라와	811	12만	영어 토착어	가톨릭 55 개신교 35	2,000	1979년, 영국으로부터 독립. 호주 달러를 화폐로 사용.
사모아		아피아	2,831	20만	영어 토착어	개신교 60 가톨릭 20	5,000	1997년, 서사모아에서 사모아로 국명 변경. 뉴질랜드의 통치를 받다가 1962년, 독립.
통가		누쿠알로파	748	10만	영어 토착어	개신교 80 가톨릭 15	5,000	1970년, 영국에서 독립.

마지막으로 뉴질랜드령인 채텀제도는 본토인 뉴질랜드 날짜를 따르기 위해 날짜변경선을 변경하였다.

그렇다면 다른 오세아니아주 나라들은 어떨까?

1

오세아니아

가장 작은 주부터 떠나 보자!

5대양 6대주 가운데 가장 작은 주는 오세아니아 주이다. 대륙 크기를 말할 때는 대륙을 둘러싸고 있는 바다는 제외하고 오직 육지 면적만 계산하기 때문이다. 만일 주의 크기를, 주를 둘러싸고 있는 바다까지 계산한다면 오세아니아 주 면적 순위는 크게 올라갈 것이다. 태평양 서쪽 부분이 오세아니아 주에 포함될 테니까.

오세아니아는 Oceania, 즉 '커다란 바다'라는 뜻이다. 한자로는 대양주(大洋州)라고 부른다.

오세아니아 주에는 호주, 뉴질랜드를 비롯한 남태평양 섬들 대부분이 속한다. 그래서 이 지역을 대표하는 나라로 호주와 뉴질랜드가 떠오르지만, 파푸아뉴기니부터 투발루, 나우루 같은 작은 섬나라까지 모두 14개 나라가 속해 있다.

호주(오스트레일리아)

호주 대륙을 살펴보면 동경 113도 9분~153도 39분에 걸쳐 있다. 우리나라보다 더 서쪽에서 시작해 더 동쪽까지 퍼져 있는데, 면적이 7,690,000km²이나 된다. 한반도 면적의 35배 가까이 되는 나라로, 면적 기준으로 세계 6위의 넓은 국가다. 반면에 인구는 2천 7백만 명에 불과하다.

호주를 아시아라고 여기는 사람은 거의 없다. 이는 호주가 영국 식민지로 자리 잡으면서 이주한 영국인들이, 원주민들 대신 호주를 지배하는 주류 세력이 되었기 때문이다.

영국 해군인 제임스 쿡(James Cook, 1728~1779)이 유럽인으로는 처음 호주를 발견하고 그곳을 영국 영토로 선언하였다. 쿡은 그 외에도 태평양 위 수많은 섬을 발견하였다. 그는 오늘날 미국 영토인 하와이에도 처음 상륙했으나, 그곳 원주민과 충돌 끝에 사망하였다.

이후 영국은 새로이 발견한 호주 땅에 본국의 죄수들을 실어 날랐다. 그전에는 미국 땅에 보냈는데, 미국 독립 이후로 그 길이 막혀버린 것이다. 그렇게 유형죄수들을 보내던 호주에 점차 자유 이민자들도 들어오면서 곧 호주 전역이 영국인들 차지가 되었다.

호주의 위치

지구본을 돌려가며 보면 호주는 생각보다 아시아에 가깝다. 그런데도 18세기 후반에 영국이 이 지역에, 죄수를 비롯해서 격리시키고 싶은 사람들을 본국에서 실어 나른 후 백인 나라로 변모했다. 오늘날 호주를 서양 또는 백인의 나라로 인식하는 것은 그런 역사 때문이다.

한편 호주 대륙 바로 위에 있는 인도네시아 자바섬 동쪽에는 우리에게도 익숙한 휴양지 발리섬이 있는데, 이곳 관광객 절반 이상이 호주인이다. 호주 인구 대부분은 호주 동쪽 끝 해안가인 브리즈번, 시드니, 뉴캐슬, 멜버른 등에 거주하는데, 왜 해안가를 두고 발리까지 휴양을 가는지 궁금하다.

그 후 1901년, 영국 자치령으로 오스트레일리아 연방이 출범했으며, 1986년에는 오스트레일리아 헌법을 제정하였고, 영국으로부터 독립하였다.
호주는 세계에서도 드문 다민족국가이다.
과거에 호주는 백호주의(白濠主義, White Australia Policy), 즉 '하얀 호주'라는 인종차별 정책을 펼쳐 세계적으로도 큰 비난을 받았다. 호주는 오늘날도 마찬가지지만 20세기 초에는 드넓은 면적에 비해 인구가 워낙 적었다. 그런 와중에 대규모 금광이 발견되면서 전 세계, 특히 지리적으로 가까운 동양에서 많은 노동자들이 들어왔다. 그러자 이곳에 정착한 백인 노동자들이 위협을 느끼며 아시아계 노동자들의 유입을 금지하는 정책을 펼쳤는데, 이를 백호주의라고 한다.
그러나 시간이 갈수록 호주라는 넓은 땅을 백인들만이 개척하는 데는 어려움이 있어 1973년, 공식적으로 백호주의를 폐지하였다. 그 후 세계 각국에서 이민자를 받아들였으며, 최근에도 기술자나 자영업자의 이민을 통해 부족한 노동력을 보완하고 있다.

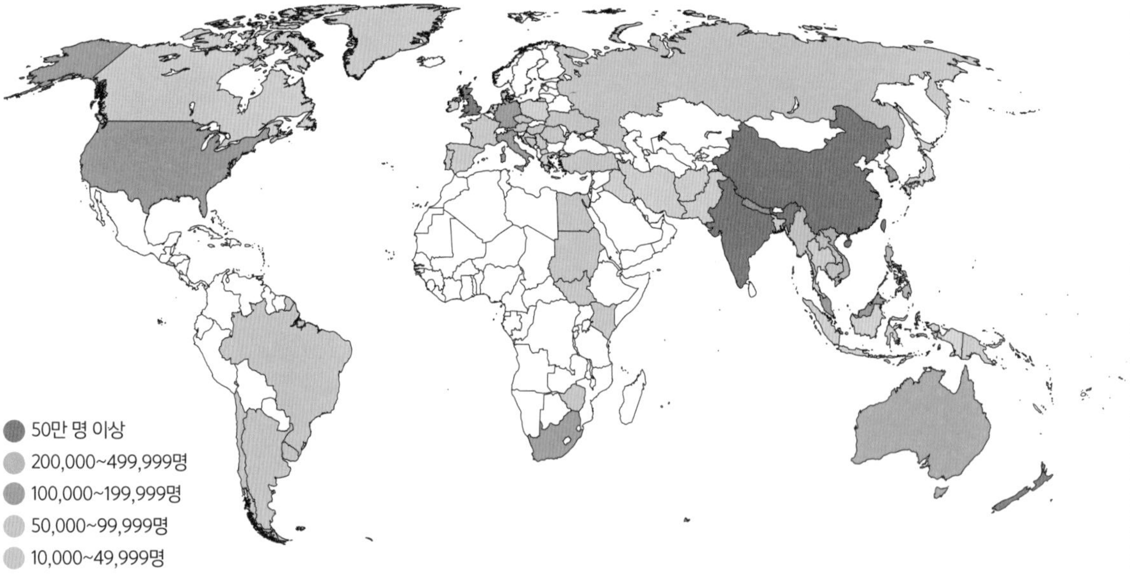

호주 거주민의 출신 지역 현황(2021년 인구조사)

중국과 인도 출신이 가장 많고, 베트남·필리핀·말레이시아 등 호주와 지리적으로 가까운 동남아시아 출신도 많다. 대한민국과 일본 출신도 적지 않음을 알 수 있다.

나라 이름

나라나 지역을 가리킬 때, 본래 그 나라에서 사용하는 국호를 사용하는 경우와 그렇지 않은 경우가 있다. 대표적으로 우리나라가 그렇다. 우리나라 국호는 대한민국이지만, 대한민국이라고 부르는 외국인을 찾기는 힘들다. 대부분은 South Korea(사우스 코리아)라고 부르는데, 이 또한 정식 국호가 아니다. Republic of Korea(리퍼블릭 오브 코리아)라는 정식 국호도 아니고, 대한민국도 아닌 사우스 코리아가 통용되는 것이 현실이다.

우리도 다른 나라를 부를 때 우리 방식으로 부른다.

호주(濠洲)는 본래 나라 이름이 오스트레일리아(Australia)다. 정식 영어 명칭은 Commonwealth of Australia로, '오스트레일리아 연방'이라고 해석한다.

그렇다면 호주라는 호칭은 어디서 온 것일까?

호주는 근대에 중국과 일본 등 한자문화권에서 사용한 나라이름이다. 호사태랄리아(濠斯太剌利亞)가 한자 표기이다.

근대에 접어들면서 전 세계 다양한 국가가 소개되자, 한자문화권 나라들은 새롭게 소개되는 나라를 가리키는 국명이 필요했다. 그러나 본래 국명을 그대로 소개하기란 쉬운 일이 아니었다. 각 나라마다 사용하는 언어도 달랐고, 또 정확한 나라 이름을 정하기도 쉽지 않았다.

호주 국기

뉴질랜드 국기

호주 국기와 뉴질랜드 국기는 언뜻 보면 구분하기 힘들 정도로 비슷하다. 색상은 물론 영연방 국가임을 드러내는 영국 국기를 왼쪽에 넣고 오른쪽에는 별을 넣은 것까지 같다.
호주 국기에는 7각형(보통의 5각형이 아님) 별이 등장한다. 이는 '연방 별(Star of Federation)'이라고 부르며, 독립 이전에 연방을 이루던 7개 지역을 가리킨다. 기 오른쪽 5개 별은 별자리 가운데 남십자자리는 남반구의 대표적인 별자리로, 북반구의 북두칠성에 해당한다. 남십자자리에는 많은 별이 있는데, 그 가운데 가장 밝은 남십자성은 4개다. 고대부터 남반구를 항해하던 이들의 길잡이 별이었다.남십자자리를 표시하는데, 유일하게 5각형 별이 하나 있다. 뉴질랜드 국기에 나오는 4개 별 역시 남십자성이다.

독일은 영어로는 Germany(저머니)라고 부르는 것이 일반적이다. 정확한 영어 명칭은 Federal Republic of Germany(독일 연방 공화국)다. 그러나 실제 나라 이름은 독일어로 Bundesrepublik Deutschland(분데스리퍼블릭 도이칠란드)다. 오늘날에도 독일을 부르는 명칭이 이처럼 복잡한데, 처음 새로운 나라들을 소개할 때는 어땠겠는가. 그래서 중국과 일본은 전 세계 주요 국가 이름을 한자로 정하기 시작했는데, 그때 사용한 호칭이 오늘날까지 이어진다.

다음은 그때 이래로 사용하는 주요국의 공식 영어 명칭과 한자 명칭이다.

오늘날 사용하지 않는 명칭이라 할지라도 역사 자료, 나아가 20세기 신문과 잡지 같은 자료를 읽을 때 필요하므로 수록하였다.

✦

United States of America(미국) 미국(美國)

United Kingdom of Great Britain and Northern Ireland(영국) 영국(英國), 영란(英蘭)

Federal Republic of Germany(독일) 독일(獨逸), 덕국(德國)

Italian Republic(이탈리아) 이태리(伊太利)

Swiss Confederation(스위스) 서서(瑞西)

Republic of India(인디아) 인도(印度)

Russian Federation(러시아) 로서아(露西亞), 아라사(我羅斯)

Republic of the Philippines(필리핀) 비율빈(比律賓)

Arab Republic of Egypt(이집트) 애급(埃及)

Republic of Türkiye(튀르키예) 토이기(土耳其)

Netherlands(네덜란드) 화란(和蘭)

Hellenic Republic(그리스) 희랍(希臘)

French Republic(프랑스) 불란서(佛蘭西), 법국(法國)

Kingdom of Sweden(스웨덴) 서전(瑞典)

Kingdom of Thailand(타이) 태국(泰國)

Republic of Indonesia(인도네시아) 인니(印尼)

United Mexican States(멕시코) 묵서가(墨西哥)

Kingdom of Spain(스페인) 서반아(西班牙)

Republic of Austria(오스트리아) 오지리(墺地利)

Republic of Poland(폴란드) 파란(波蘭)

Portuguese Republic(포르투갈) 포도아(葡萄牙)

Socialist Republic of Vietnam(베트남) 월남(越南)

뉴질랜드

면적이 268,680km²인 뉴질랜드 역시 원주민인 마오리족이 영국인들에게 밀려나면서 영국 영토가 되었고, 1907년 영국 자치령을 거쳐 1947년에 완전히 독립했다. 오늘날 뉴질랜드 인구 구성을 보면 앵글로색슨족을 비롯한 유럽인이 절반을 훨씬 넘는 반면, 원주민인 마오리족은 고작 17% 남짓하다.

	국기	수도	면적 (단위: km²)	인구 (단위: 명)	인종 구성 (단위: %)	1인당 GDP (단위: 달러)	비고
호주		캔버라	7,688,287	2,700만	지도 참조	65,000	1901년, 영국의 자치령으로 오스트레일리아연방 발족. 1931년, 영국으로부터 완전한 자치 승인. 1986년, 독자적인 헌법 제정.
뉴질랜드		웰링턴	268,021	530만	유럽계 72 마오리족 17 아시아계 15	48,000	1907년, 영국의 자치령을 거쳐 1947년 독립.

호주 원주민 국기

뉴질랜드 마오리족 국기

호주 원주민들은 백인들이 만든 깃발 사용을 반대한다. 오늘날 호주 원주민들은 자신들만의 국기를 사용하는데, 공공장소에서 원주민들에 대한 존중 차원에서 사용하는 경우가 많다. 뉴질랜드 원주민인 마오리족 역시 1989년 자신들을 상징하는 국기를 만들어 오늘날 마오리족 행사에서 사용하고 있다.

마오리족의 성채 모습

뉴질랜드에 유럽인이 등장하기 전에는 마오리족이 거주하고 있었다. 이들은 1300년 무렵, 주변 섬들에서 이곳에 정착한 것으로 알려져 있는데, 그 과정에서 당연히 많은 전투를 벌였을 것이다. 사진은 마오리족이 건설한 성채 모습. 섬을 방어하는 데 알맞게 건설하였다.

투발루

날짜변경선을 따라 한참 아래로 내려가 적도를 통과하면 곧이어 투발루라는 섬나라를 만나게 된다. 투발루는 동경 178도, 남위 8도. 그러니까 날짜변경선 바로 서쪽이고, 적도 바로 아래 남반구에 있다. 지구상에서 가장 먼저 새벽을 맞이하는 나라인 셈이다. 그런데 투발루의 미래는 가장 이른 새벽을 맞이하는 것과는 거리가 멀다.

오늘날 인류를 위협하는 불안 요소가 무엇이냐고 묻는다면 사람마다 다른 요소를 꼽을지 모른다. 그러나 그 가운데 빠지지 않는 것이 지구온난화로 인한 지구환경 파괴다.

지구온난화는 이미 여러 형태로 우리 삶에 영향을 끼치고 있다. 우리나라도 50, 60년 전에 비해 평균기온이 크게 올랐다. 열대지방의 희귀한 과일로 꼽던 바나

나를 비롯한 열대과일을 이제는 우리나라에서도 재배한다. 그만큼 지구온난화가 심상치 않다.

지구온난화와 관련하여 많은 과학자들이 지적하는 것이 바로 해수면 상승이다. 해수면 상승으로 인한 부정적 효과를 직접 보여 주는 나라가 바로 투발루다. 나중에 살펴보겠지만, 투발루 외에도 여러 나라가 해수면 상승으로 위협을 받고 있다.

정식명칭이 투발루왕국인 투발루는 날짜변경선 서쪽 9개 섬으로 이루어지는데, 9개 섬에는 각각 다시 여러 개의 작은 섬이 붙어 있다. 따라서 투발루 전체를 이루는 섬은 훨씬 많다. 투발루를 이루는 9개 주요 섬 가운데 4개 섬이 암초섬, 5개가 환초인데, 환초란 일반적인 섬과는 달리 고리 모양으로 배열된 산호초를 가리킨다. 결국 섬은 섬이되 산호초 섬인 셈이다.

투발루를 이루는 섬들의 평균 해발고도는 3m이며, 가장 높은 곳이 5m 정도밖에 안 된다. 그러니 서너 걸음이면 섬의 정상에 오를 수 있다. 이렇게 낮다 보니 투발루는 지구온난화로 인한 해수면 상승의 영향을 직접적으로 받고 있다. 벌

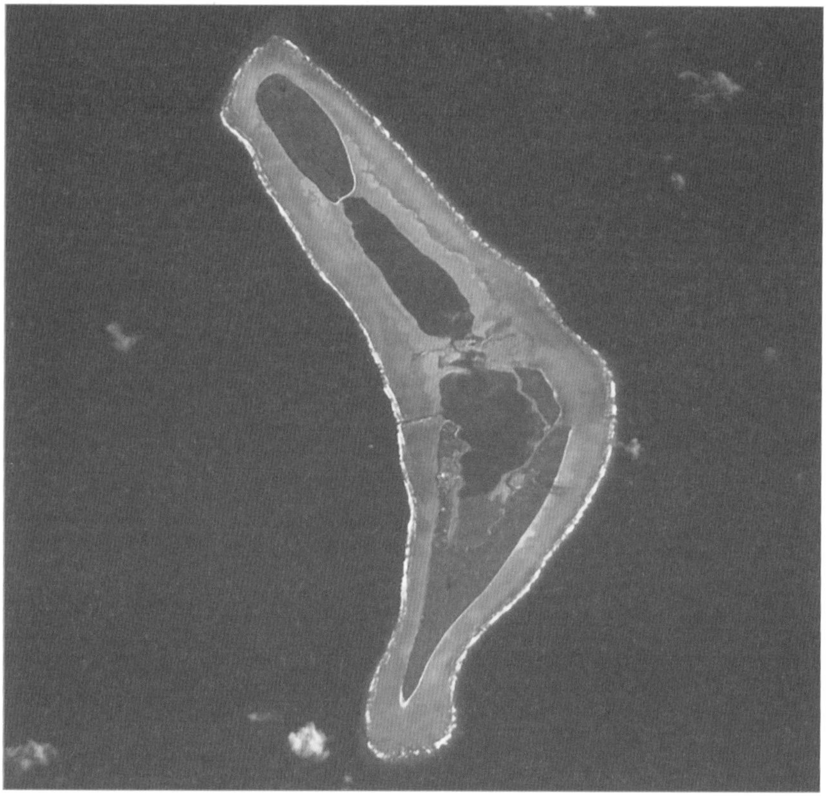

나누메아 환초

투발루의 9개 섬 가운데 하나로, 나누메아 환초는 다시 5개 섬으로 이루어져 있다.

투발루 국기

왼쪽 위는 영연방 국가 국기에 포함되어 있는 영국 국기이고, 오른쪽 9개 별은 투발루를 이루고 있는 9개 주요 섬을 가리킨다.

써 2개 섬이 바닷속으로 가라앉았다는 뉴스가 있었다. 물론 주요한 섬이 아니라 작은 환초가 사라진 것이다.

그렇다고 나라가 안전하다는 말은 아니다. 해수면 상승을 피해 섬 주민들이 수도인 푸나푸티로 이주하는 바람에 푸나푸티의 인구는 급속히 늘고 있다.

이에 투발루 정부는 호주, 피지, 뉴질랜드 등 이웃나라들에게 투발루 국민의 이주를 요청하고 있다. 그러나 같은 영연방 국가인 호주, 피지 등은 이를 거부했고, 오직 뉴질랜드만이 매년 정해진 숫자만큼 투발루 이민을 받고 있다.

과학자들은 2060년경, 늦어도 21세기 내에는 투발루가 지도상에서 사라질 것이라고 예측한다.

자신들에게 큰 위협으로 다가오지 않는 이상 그 누구도, 투발루를 비롯한 여러 나라가 겪는 고통을 줄이기 위해 자신들의 이익을 포기하지 않을 것이다. 지구온난화에 책임이 큰 선진 산업국가일수록 더욱 경제성장에 목을 맨다. 그러니 지구온난화가 빠른 시간 내에 해결될 리 없고, 그에 따라 투발루가 사라지는 것은 시간 문제다.

지금 이 시간 지구본을 보고 있는 우리는 투발루에 한 번 더 눈길을 두자. 22세기를 사는 우리 후배들은 이 섬을 지구본 위에서 볼 수 없을 테니 말이다.

	국기	수도	면적 (단위: km²)	인구 (단위: 명)	인종 구성 (단위: %)	1인당 GDP (단위: 달러)	비고
투발루		푸나푸티	26	12,000 내외	폴리네시아 96 미크로네시아 4	6,000	1877년 영국 식민지가 된 후 1892년에는 영국 보호령이 되었다. 1978년 영국연방의 일원으로 독립하였으며, 2000년 9월, UN 회원국이 되었다.

나우루

콜라식민지(원어는 Coca-colonization)라는 말이 있다. 이 말은 제2차 세계대전이 끝나고 미국의 영향력이 유럽 각국에 급속히 퍼지던 시기에 탄생했다. 그 무렵, 딱 보면 알 수 있는 병에 담긴 코카콜라와 미국 문화가 물밀듯이 밀려오자, 유럽인들은 이에 반감을 품었다. 그리고 정치·사회·문화적으로 미국 문화가 급속하게 들어오는 것을 막기 위해 노력했다. 이때 등장한 개념이 바로 콜라식민지다. 콜라식민지는 문화적으로도 매우 부정적이지만, 의학적으로도 많은 문제가 있었다. 콜라를 비롯한 미국식 식생활(통조림 등 가공식품, 패스트푸드 등)은 비만을 가져오고, 그 부작용으로 당뇨병이 널리 퍼졌던 탓이다.

그 가운데 한 나라인 나우루에 대해 살펴보자.

투발루에서 서북쪽으로 눈길을 돌리면 보일 듯 말 듯 작은 섬나라 나우루(남위 0도 32분, 동경 166도 55분, 정식 명칭은 나우루 공화국)가 나타난다. 나우루의 남위는 0도 32분이다. 그러니 적도 위에 있다고 할 수 있다.

나우루 면적은 21km²에 불과하지만 UN 회원국이다. 면적도 작고 이름도 낯선 이 나라를 살펴보아야 하는 이유가 있다.

10,000명도 채 되지 않는 나우루 인구는 제대로 파악하기가 어렵다. 그 정도 인구라면 일일이 세도 며칠이면 다 셀 텐데 말이다. 몇 십 년 전으로 돌아가 보면 그 까닭을 알 수 있다.

1968년에 독립한 나우루는 1980년대만 해도 세계에서 가장 부유한 나라였다. 나우루보다 잘사는 나라는 원유가 끝없이 솟아나는 아랍에미리트뿐이었다.

나우루는 산호섬이어서 농사지을 땅이 없다. 그런 까닭에 나우루 원주민들은 수렵과 채집을 하면서 살아 왔다.

그런데 나우루의 몇몇 섬들에는 인광석이 풍부했다. 인광석이란 새들이 싼 똥이 오랜 기간 쌓여 형성된 광석으로, 비료 원료가 되는 인산염을 함유하고 있다.

나우루

하늘에서 보면 태평양을 배경으로 한 멋진 섬나라 나우루지만, 가까이서 보면(오른쪽 사진) 인광석을 채굴하고 남은 모습이 흉물 그 자체다. 나우루 국토의 90% 이상에서 인광석 채굴이 이루어졌는데, 집과 도로 등을 뺀 거의 모든 국토에 해당한다.

이 사실이 확인되자 나우루 인광석은 비싼 가격에 수출되기 시작했고, 이는 고작 만여 명에 불과한 나우루 국민에게 감당할 수 없을 만큼의 엄청난 부를 안겨 주었다. 이때부터 나우루 주민들은 모든 생산 활동을 포기하고 나라에서 주는 돈만으로 살아가기 시작했다. 정부에서는 사람이 아프면 가까운 호주 병원에 보내 치료해 주었고, 공부하고 싶어 하는 사람에게는 국비로 해외 유학까지 보내 주었다.

그러자 어느 누구도 공부하지 않고, 나라의 미래를 위해 고민하지 않았다. 그렇게 십여 년이 흐르자 인광석은 고갈되기 시작했고, 나라 곳간도 비어갔다. 이 사실을 깨달을 즈음, 이미 나라의 미래는 돌이킬 수 없을 만큼 무너졌다.

오늘날 나우루의 실업률은 90%가 넘는다. 직업이 있는 사람도 대부분은 나라에서 월급을 받는 공무원이다. 그런데도 이제껏 살아온 방식을 탈피하기 어려워 모두 일하지 않고, 식량을 얻기 위해 수렵이나 채집도 하지 않는다.

결국 코카콜라를 비롯한 탄산음료, 수입산 패스트푸드와 가공식품으로 배를 채우고 움직이지 않는다. 그 결과 나우루 국민 비만율은 95%에, 국민의 40%는 당뇨병을 앓고 있다. 아이들을 빼고 나면 모든 성인이 당뇨병 환자라는 말과 같다.

정부도 미래를 설계하기보다는 당장 눈앞의 이익을 챙기는 데 급급하다. 그래서 호주 정부의 원조에 의지하거나, 돈만 내면 세계 누구에게나 불법적인 여권을 발급해 주는 등 비정상적인 방식으로 국가를 운영하고 있다. 게다가 호주 정부의 원조를 받는 조건으로, 호주에 입국하는 불법 난민들까지 받아들이기로

했다. 이것이 나우루 인구가 몇 명인지 정확히 알 수 없는 까닭이다. 아이러니하게도 난민들을 수용하고 있는 난민캠프야말로 나우루에서 보기 드문 직장이다.

그 밖의 나라들

오세아니아에 있는 나라들은 호주와 뉴질랜드를 제외하면, 대다수 국가에 원주민 비중이 크다.

오세아니아에서 두 번째로 큰 나라인 파푸아뉴기니만 해도 멜라네시아인이 96%를 차지하고 나머지 국가도 폴리네시아인, 미크로네시아인이 대부분이다.

멜라네시아, 폴리네시아, 미크로네시아는 호주 동쪽 태평양에 있다.

지구본을 보면 매우 작은 섬이 여러 개 흩어져 있는데, 섬들 가운데 서쪽 아래쪽을 멜라네시아, 위쪽을 미크로네시아, 동쪽을 폴리네시아라고 부른다. 멜라네시아, 폴리네시아, 미크로네시아는 모두 나라 이름이 아니라 지역을 가리키는 명칭이다. 단, 미크로네시아는 지역 명칭이면서 나라 명칭이기도 하다. 미크로네시아에 같은 이름을 가진 나라가 존재하기 때문이다.

멜라네시아에는 파푸아뉴기니, 피지, 솔로몬제도 같은 나라가 포함되는데, 나라

멜라네시아, 폴리네시아, 미크로네시아

미크로네시아에는 같은 이름을 가진 미크로네시아(Federated States of Micronesia)라는 나라가 있다. 그러나 지구본에는 명칭만 있을 뿐, 형태를 찾기는 어려운데, 모두 600개가 넘는 섬들이 모여 702km² 면적을 이루기에 어떤 섬도 가시적으로 표기하기 힘들다.

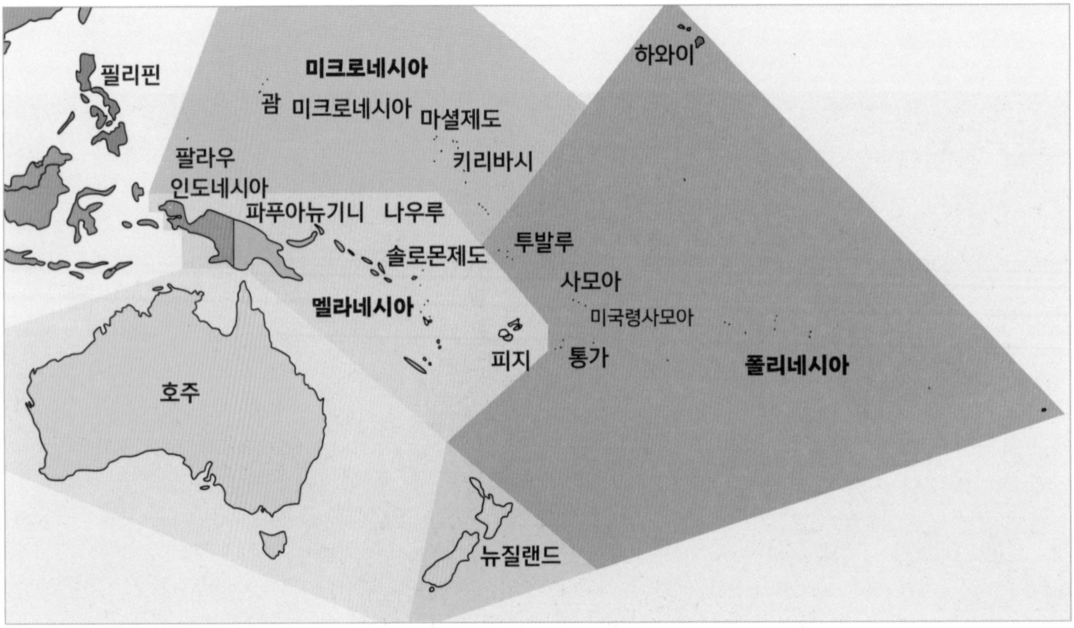

들 모두 원주민 비율이 절반에서 90%를 넘는다.
폴리네시아에는 사모아, 통가, 투발루가 포함되며, 이 나라들 역시 원주민 비율이 절대적이다.
미크로네시아에는 미크로네시아, 키리바시 등이 포함되며, 이 나라들 역시 원주민 비율이 압도적이다.

	국기	수도	면적 (단위: km²)	인구 (단위: 명)	언어	1인당 GDP (단위: 달러)
나우루		야렌	21	11,000	나우루어 영어	10,000
미크로네시아		팔리키르	702	110,000	영어 추키어	3,700
피지		수바	18,274	950,000	피지어 영어	6,000
바누아투		포트빌라	12,189	340,000	비스라마어 영어 프랑스어	3,200
팔라우		응게룰무드	459	18,000	팔라우어 영어	18,000
마셜제도		마주로	181	43,000	마셜어 영어	4,000
솔로몬제도		호니아라	30,407	750,000	영어 피진어	2,400

2

동아시아

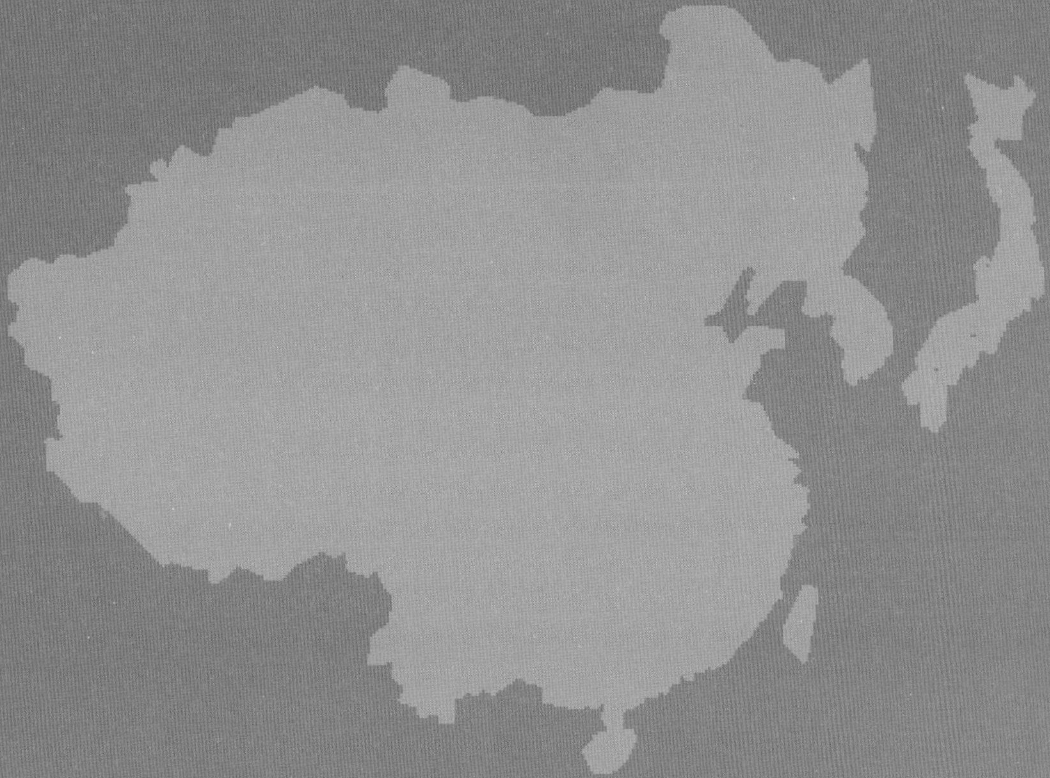

대한민국, 중국, 그리고 일본!

15세기에 아메리카 대륙으로 진출하면서 본격화한 유럽의 식민지 쟁탈전은 이후 아시아를 거쳐 아프리카로 이어졌다. 이때 유럽인들은 자신들 동쪽에 위치한 여러 지역을 극동(極東, Far East), 중동(中東, Middle East), 근동(近東, Near East)이라 불렀다.

극동은 동쪽 맨 끝 지역으로 한국을 비롯해 중국, 몽골, 일본 등이 이에 속한다.

중동은 동쪽으로 가는 중간 지역으로, 오늘날 석유가 나고 이슬람교를 믿는 국가가 대부분이다.

근동은 한자 뜻으로는 '가까운 동쪽'이라는 뜻으로, 유럽 동쪽에 가까운, 과거 오스만제국 영역을 가리킨다.

극동, 중동, 근동이라는 분류는 온전히 유럽인들의 시각에서 한 것이다. 게다가 극동, 중동, 근동이라는 개념으로는 아시아의 일부 국가만을 포함할 뿐이며, 근동과 중동의 구분 역시 모호하다.

《표준국어대사전》을 보면 근동은 '유럽의 관점에서, 유럽과 가장 가까운 아시아 서쪽 지역을 이르는 말'이라고 한다. 반면에 중동은 '유럽의 관점에서 본 극동과 근동의 중간 지역. 제2차 세계대전 후에 널리 쓰게 된 말로, 일반적으로 서아시아 일대를 이른다. 아프가니스탄, 이란, 사우디아라비아, 파키스탄 따위의 국가를 포함한다.'라고 설명한다.

사전에 따르면, 중동은 우리가 일상적으로 사용하는 개념과는 사뭇 다르다. 이는 오늘날 아랍 세계를 근동으로 분류하다 보니, 중동이 더 동쪽으로 이동할 수 밖에 없었기 때문이다. 그러니 근동과 중동이라는 개념은 애매하기 짝이 없다.

한편, 오늘날에는 극동이라는 용어 대신 동아시아라는 표현을 사용한다.

동아시아, 즉 일본열도, 한반도, 그리고 중국(대만 포함)은 역사가 시작한 이래, 어쩌면 그 전부터 밀접한 관련을 맺으며 공존해 왔다. 오랜 기간 정치·문화적으로 깊은 유대감과 아울러 침략과 지배라는 부정적인 관계 역시 깊은 지역이다. 그래서 오늘날에도 동아시아 각국은 정치는 물론 경제·군사적으로도 끊임없이 긴장 관계를 유지하고 있다.

세 나라(사실은 네 나라라고 해야 한다. 한반도에는 대한민국(남한)과 조선 민주주의 인민공화국(북한)이 있기 때문)에 대해서는 우리 모두 특별히 살펴볼 필요가 없을 만큼 잘 알고 있다.

최근 들어 동아시아에서는 외교·군사적 긴장이 높아만 가고 있다. 그러한 지역이 지구상에 한두 군데가 아니지만, 특히 동아시아는 대한민국이 속해 있기 때문에 더욱 관심이 높다.

〈위키피디아〉에서 극동, 중동, 근동이라는 개념으로 분류한 지역

우리가 상식적으로 이해하는 개념과는 상당한 차이가 있다. 그만큼 극동, 중동, 근동이라는 개념은 애매모호하다. 그뿐이 아니다. 여러 지역에 겹쳐 있는 나라도 있으니, 이 개념이 얼마나 모호한 것인지 알 수 있다.

극동 far-east

중동 middle-east

근동 near-east

여기가 대한민국 동해다!

우리나라 국민이라면 한국, 중국, 일본이라는 세 나라 관계를 모를 수 없다. 지구본을 살펴보자.

일본 동쪽은 망망대해 태평양이다. 일본 입장에서는 동쪽으로 더 이상 갈 곳이 없다. 따라서 일본이 눈길을 돌릴 곳이라고는 서쪽 대륙뿐이다. 긍정적인 의미에서 교류할 곳도 서쪽 대륙이요, 부정적인 의미에서 침략할 곳도 서쪽 대륙뿐이다. 이러한 관계를 보여 주는 좋은 사례가 바다 이름 정하기다.

지구본을 보면 일본과 한국 사이에 놓인 바다가 동해다. 동해(East Sea)라는 명칭을 두고 대한민국과 일본, 그리고 북한 사이에 여러 주장이 있다.

대한민국은 이 바다를 '동해'라고 부르는 반면 일본에서는 '일본해(Sea of Japan)', 북한에서는 '조선동해(East Sea of Korea)'라고 부른다.

이 바다를 부르는 명칭이 중요하지 않을 수도 있다. 일본해라고 부른다고 해서 일본 바다가 되는 것도 아니고, 조선동해라고 부른다고 북한 바다가 되는 것도 아니다. 그런데도 명칭이 중요한 것은, 독도를 자신들 영토라고 주장하는 일본 태도와 밀접한 관계가 있다. 일본은 이 바다 역시 일본해라고 부름으로써 독도가 자신들 소유라는 주장에 힘을 더하려는 것이다.

그런 까닭에 남한과 북한 모두 일본해라는 말을 수용하지 않는다.

역사적으로 이 바다는 '동양해', '일본해', '동해', '한국해' 등으로 불려 왔다.

국제적으로는 한일강제병합 이후 우리 땅이 일본 식민지가 된 까닭에 일본해라는 명칭이 널리 쓰인 것이 사실이다. 그러나 최근 들어 우리나라의 합리적 주장이 점차 힘을 얻어, 국제적으로 이 바다에 '일본해'와 '동해'라는 두 명칭을 병기하는 움직임이 강하게 일고 있다. 바다의 경우 인접국 사이에 명칭의 합의를 이루지 못할 때, 당사국 모두의 명칭을 병기하는 것이 원칙이기 때문이다.

이에 비해 한반도 서쪽 바다는 '황해(Yellow Sea)', 또는 '서해(West Sea)'라고 한다. 중국(정식 명칭은 중화 인민공화국)은 황해라고 부르고, 우리나라는 황해와 서해, 두 가지를 동시에 사용하므로 이견이 없다.

한편 우리나라 남쪽에 있는 바다 남해는 국제적으로는 바다가 아니다. 우리 바다가 아니라는 말이 아니라, 국제적으로 남해는 동해와 황해에 속한다는 뜻이다. 국제수로기구(International Hydrographic Organization, IHO)가 1953년에 발행

동해를 부르는 명칭

대한민국
동해(East Sea)
북한
조선동해(East Sea of Korea)
일본
일본해(Sea of Japan)

한《해양과 바다의 경계》라는 책에 따르면, 제주도를 경계로 서북쪽은 황해, 동북쪽은 동해, 그리고 제주도 남쪽은 동중국해로 설정하고 있다. 따라서 우리는 남해라고 독립적으로 부르지만, 국제적으로는 동해와 황해의 일부이다. 그래서 지구본에도 남해는 표기되어 있지 않은 경우가 많다.

〈곤여만국전도〉(맨 위), 〈프랑스의 세계지도〉(1723, 아래 왼쪽), 〈존 세넥스의 지도〉(아래 오른쪽)

1602년 이탈리아인 마테오 리치가 제작한 〈곤여만국전도〉는 동해를 일본해로 기록했다.
반면에 1723년 제작한 프랑스의 세계지도는 'Mer de Corée(Sea of Korea)', 즉 조선해로 기록했다.
한편 영국의 탐험가이자 지도 제작자인 존 세넥스가 1711년에 제작한 지도에는 동해 또는 조선해(The Eastern Or Corea Sea)라고 기록되어 있다.

한반도에서 가장 가까운 외국 섬, 대마도

그렇다면 한반도에서 가장 가까운 외국 섬은 어디일까?

제주도보다 더 가까운 곳에 외국 섬이 있다. 한반도 가장 남쪽에 위치한 전라남도 해남 땅끝마을에서 제주도까지 거리가 약 90km인 데 비해, 한반도에서 대마도(일본 명 쓰시마)까지 거리는 50km가 채 되지 않는다.

실제로 1951년 7월, 주미 대한민국대사 양유찬은 다음과 같은 성명을 밝힌 적이 있다.

"나는 본국 정부의 명의로 다음과 같은 조항이 대일 강화조약*에 포함되어야 한다고 요구하였다. 1. 한국을 대일전에 참가한 교전국으로 인정할 것. 2. 일본은 한국에 대하여 정부 소유, 개인 소유를 불문하고 모든 재산 요구권을 포기할 것. 3. 한국을 대일 강화조약의 조인국으로 할 것. 4. 한국과 일본간 어획수역을 명백히 결정할 것. 5. 일본은 대마도, 파랑도** 및 일본 해역 내의 독도에 대한 요구권을 포기할 것. 이상 3개 섬은 러일 전쟁 중 일본이 한국을 점령하기 전에는 한국 소유였다."

그렇다고 해서 대마도가 대한민국 영토라는 말은 아니다. 다만 대마도는 그만큼 일본과 한국, 중간에 위치한 섬으로 두 나라와 밀접한 관련이 있음을 말해 준다.

이어도는 섬인가?

제주도 아래쪽 바다는 동중국해다. 최근 동중국해에 대한 언론 보도가 부쩍 늘었다. 왜 그럴까?

바다를 여러 나라가 호시탐탐 노리는 것이 국제 관계다. 예전에는 바다에서 물고기나 잡아 그 가치가 크지 않았지만, 오늘날에는 정치 군사적으로, 덧붙여 그곳에 해양 자원이라도 매장되어 있다면 경제적으로도 오히려 땅보다 바다의 값어치가 높을 때가 많다.

게다가 그곳에 작은 섬이나 암초 하나라도 있으면 가치는 크게 뛰어오른다. 암초 하나를 섬으로 만들 수도 있는 것이 현대 건축 기술이다. 그런 장소를 손에 넣는다면 군사적으로 상상도 할 수 없는 이익을 얻게 된다.

동중국해는 그런 면에서 앞으로 큰 갈등이 일어날 소지가 충분한 지역이다. 우

* 1951년 9월 8일 조인된 샌프란시스코 강화조약을 가리킨다.

** 이어도.

리나라는 동중국해와는 별 상관이 없어 보이지만 그렇지 않다. 앞서 살펴본 것처럼 섬은커녕 돌덩이에 불과한 암초 하나도 커다란 영향을 끼칠 수 있는 게 오늘날 국제관계이다. 그런데 동중국해에 바로 이어도가 있다.

이어도는 제주 민요에 등장하는 신비의 섬이었다. 그런데 이 섬이 실제로 존재한다는 사실을 1900년 처음 확인하였다. 영국 상선 소코트라호가 이곳을 지나가다가 이어도에 부딪힌 것이다. 이때부터 이어도는 국제적으로 '소코트라 암초(Socotra Rock)'라고 부르게 되었다. 섬이 아니라 암초인 셈이다.

제주도 아래 있는 최남단 섬 마라도에서 남서쪽으로 149km 떨어져 있는 이어도는 평균 수심 50m, 남북 길이 1천8백m, 동서 길이 1천4백m에 이르는 상당히 큰 암초다. 암초 정상 부분은 해수면 아래 4.6m에 잠겨 있어 평소에는 보이지

이어도와 주변 지역을 둘러싼 상황

이어도를 둘러싸고 한국과 중국이 동중국해에서 빚는 갈등은 크게 부각된 적이 별로 없다. 동중국해의 가장 큰 긴장은 중국과 대만 사이 갈등, 나아가 댜오위다오(센카쿠열도)를 둘러싸고 중국과 일본이 벌이는 격렬한 다툼에서 비롯한다.

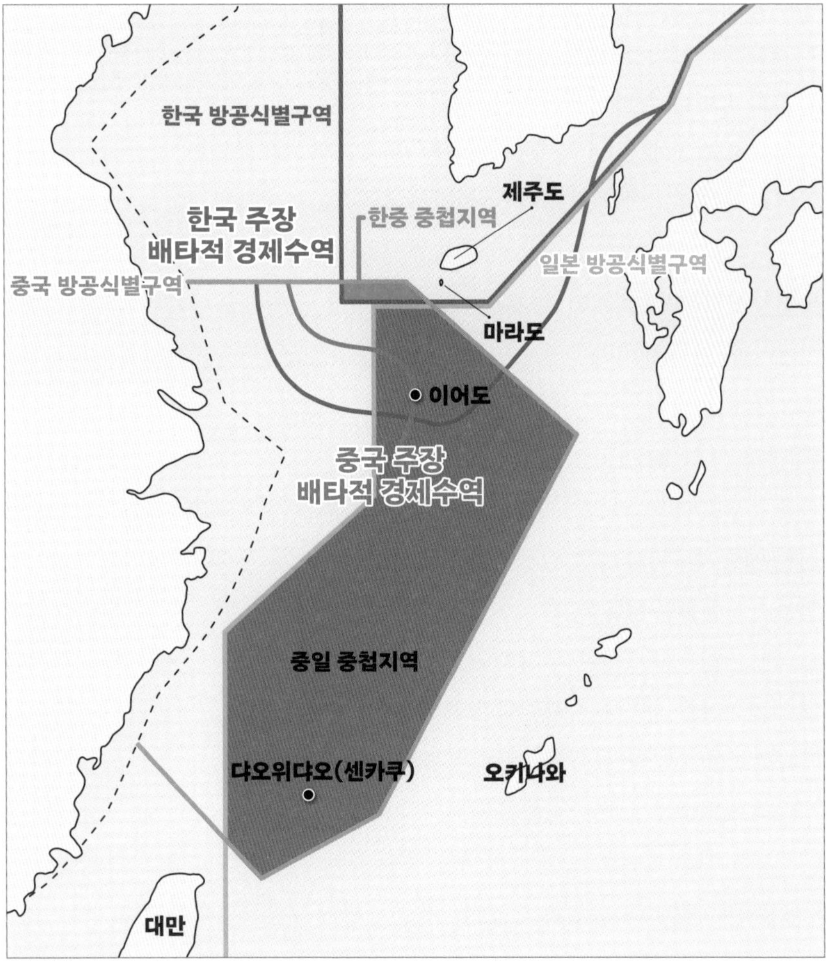

이어도에 설치한 해양 과학 기지 구조물 모습

높이: 총 76m (수상 36m, 수중 40m) **중량**: 총 3,400톤
면적: 1,320m^2 (출처: 국립해양조사원 누리집)

않으며, 파고가 10m 정도에 이르는 큰 파도가 칠 때만 모습을 드러낸다. 우리 정부는 이어도에 '이어도 종합해양과학기지'를 2003년에 설치하였다. 이 과학기지는 무인으로 운영되며, 수중 40m, 수상 36m, 총 중량 3,400톤에 이르는 규모로, 헬기 이착륙장과 등대 시설, 선박 계류 시설, 통신 관측 시설 등이 있으며, 비상시 8명이 15일간 거주할 수 있는 시설도 갖추고 있다.

우리나라를 둘러싼 바다는 폭이 좁아 중국과 우리나라, 중국과 일본, 일본과 우리나라 사이에 배타적 경제수역이 겹치게 된다. 배타적 경제수역이란 '자국 연안으로부터 200해리(1해리는 위도 1분, 즉 1/60도에 해당하는 거리로, 1,852m)까지의 모든 자원에 대해 독점적 권리를 행사할 수 있는 유엔 국제해양법상의 수역'을 가리킨다. 결국 이어도 주변을 둘러싸고 언제든 갈등이 발생할 소지가 있는 셈이다.

명태 주산지, 북태평양

북태평양은 태평양 북부를 가리킨다. 사전적 의미로는 적도 윗부분 태평양을 가리키는데, 지구본을 보면 알겠지만 북태평양에는 미국의 50번째 주인 하와이와 섬들이 드문드문 있을 뿐이다.

북극에 가까운 태평양은 우리와도 밀접한 지역이다. 미국령 알래스카와 러시아령 캄차카반도 사이에는 베링해가 있다.

날짜변경선이 지나가는 베링해에는 유빙(流氷)(물 위에 떠다니는 얼음덩이)이 많이 떠다녀서 겨울에는 항해가 쉽지 않다.

베링해를 처음 발견한 사람은 덴마크 출신 항해사인 비투스 요나센 베링(Vitus Jonassen Bering, 1681~1741)인데, 그는 러시아 황제 표트르 1세의 명을 받아 이곳을 탐험했다. 이곳을 처음 발견한 후 러시아는 이곳이 자신들 영역이라고 선언하였다.
베링해를 지나 서쪽으로 오면 오호츠크해가 나온다. 오호츠크해는 명확히 아시아에 속하는 바다로, 이곳 역시 기온이 낮고 유빙이 많이 떠다닌다.
두 바다는 우리 영역도 아니고, 우리의 관심을 끌 일도 없다. 그러나 대한민국에서 살아가는 사람이라면 누구나 이곳에 감사해야 한다. 다름 아닌 대한민국의 국민 생선 명태 때문이다.

명태

조선 후기에 접어들면서 국민 생선으로 등극한 명태는 북쪽 바다에서 나온다고 해서 북어(北魚)라고도 부른다. 실제로 명태의 영어 명칭은 알래스카 폴락(Alaska Pollack)으로, 그만큼 추운 바다에 사는 물고기다.
과거 동해안에서 주로 잡힌 명태의 어획고는 놀랄 정도로 많아서 1940년대에는 1년에 40만 톤에 이르렀다. 명태 한 마리 무게가 700~800g 정도니까 1년에 5억 마리 이상을 잡은 셈이다. 그 무렵 한반도 인구가 2,500만 명이 채 되지 않았으니 1인당 1년에 20마리를 먹을 양이었다.
그러던 명태 어획량이 감소하기 시작하더니, 오늘날 우리 바다에서 잡히는 명태는 손가락으로 꼽을 정도다. 멸종되었다고 해도 지나친 말이 아니다. 명태 새끼 노가리를 안주로 삼는 식생활, 지구온난화로 인한 수온 상승 등이 원인이겠지만 무엇보다도 남획이 문제다. 그런데도 오늘날 우리 식탁에는 명태가 빠지지 않는다.
제사상에는 명태를 추운 지방에서 말린 황태가 빠지지 않고, 코다리(반건조 명태) 식당은 여전히 성업중이다. 그뿐인가. 아침 해장국으로는 북엇국이 으뜸이고, 명란젓(명태 알로 만든 젓갈)과 창난젓(명태 창자로 만든 젓갈)은 입맛 없을 때 일품이다.
그렇다면 이 많은 명태는 어디서 오는 것일까?
바로 베링해와 오호츠크해에서 온다. 두 바다는 찬 수온으로 인해 세계적인 명태 산지이다. 우리나라 바다에서는 자취를 감추었지만, 명태는 오늘날 세계에서 두 번째로 많이 잡히는 생선이다. 그래서 우리에게는 귀한 명태지만 다른 생선과 달리 양식을 하지 않는다.
세계적으로 명태는 1년에 300만 톤이 넘게 잡힌다. 세계 1위 생선은 페루와 칠레 앞바다에서 잡히는 안초베타라고 하는 멸치 종류로, 1년에 7백만 톤을 잡는다.
한편 세계 3위 생선은 우리가 가다랑어라고 부르는 참치다. 통조림으로 만들어 먹는 이유가 있는 셈이다.

베링해와 오호츠크해 주변 지역

이 지역은 세계적인 명태 어장이다. 지금 우리가 먹는 명태는 대부분 이곳에서 잡은 것이다.

비투스 요나센 베링

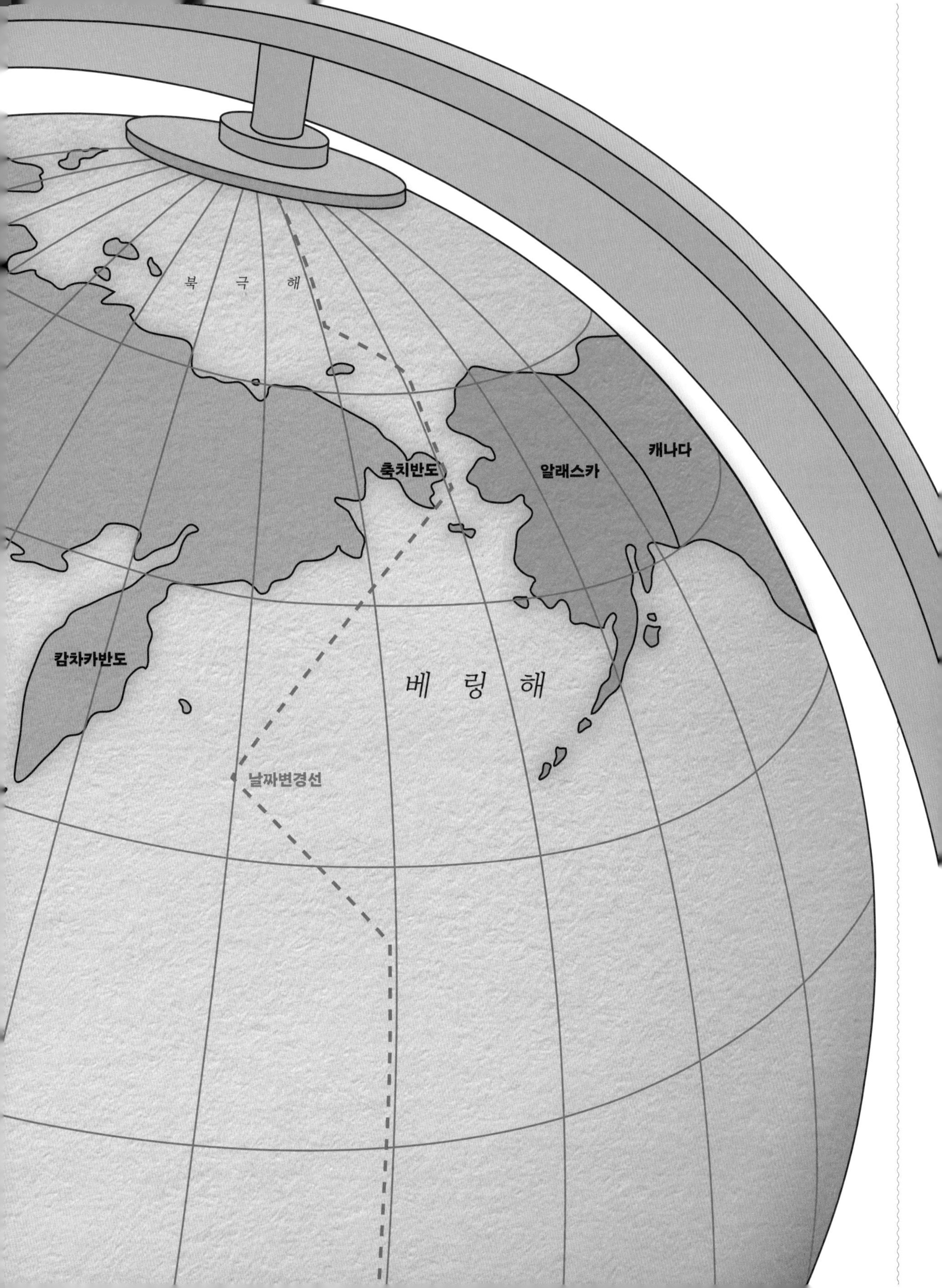
북 극 해
축치반도
알래스카
캐나다
캄차카반도
베 링 해
날짜변경선

누구도 포기할 수 없는 땅, 쿠릴열도

동아시아는 곳곳이 갈등 지역이다. 동아시아 가장 위쪽에 자리한 쿠릴열도 역시 갈등이 현재진행형이다.

열도(列島)란 '길게 줄을 지은 모양으로 늘어서 있는 여러 개의 섬'을 가리킨다. 한마디로 여러 섬이 줄지어 있는 모습인데, 우리나라에도 고군산열도(전북 군산시 옥도면) 따위의 여러 열도가 있다.

오늘날 쿠릴열도를 두고 러시아와 일본이 끊임없이 소유권 분쟁을 하고 있다. 쿠릴열도는 태평양 북서쪽에 위치한 56개 섬을 가리키며, 현재는 러시아 사할린주에 속한다.

쿠릴열도

쿠릴열도는 56개 섬으로 구성되어 있는데, 러시아와 일본이 영유권을 두고 분쟁 중이다.

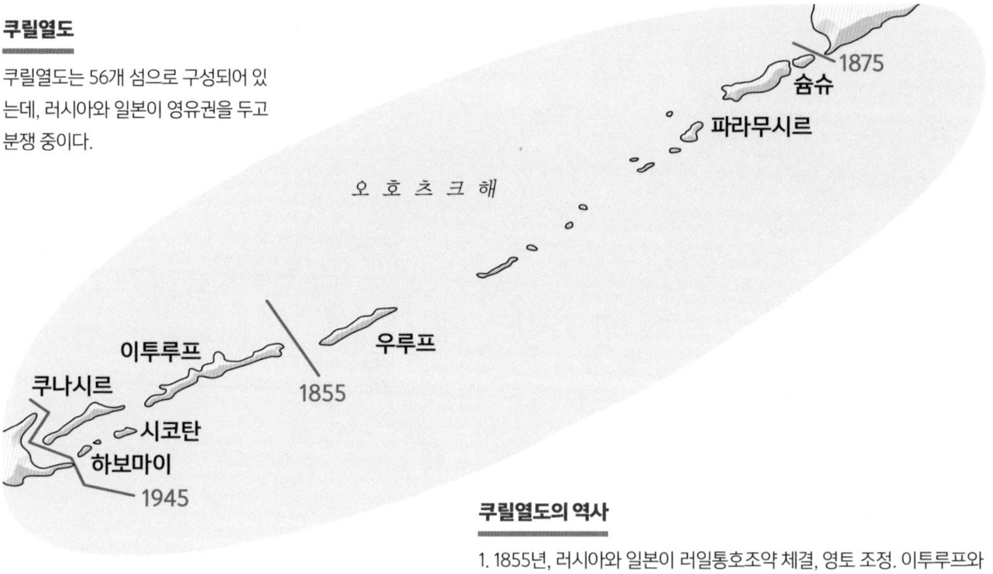

쿠릴열도의 역사

1. 1855년, 러시아와 일본이 러일통호조약 체결, 영토 조정. 이투루프와 우르프 사이를 국경으로, 사할린은 공동관리지로 결정.
2. 1875년, 공동관리지역이던 사할린은 러시아 소유, 우루프에서 슘슈에 이르는 쿠릴열도는 일본 소유로 사할린-쿠릴 교환조약 체결.
3. 1945년, 일본 패망 후 쿠릴열도를 러시아가 점령, 1951년 샌프란시스코 조약을 통해 러시아 귀속 확정.
4. 현재 일본에 가까운 이투루프, 시코탄, 쿠나시르, 하보마이 등 이른바 '북방 4개 섬'을 둘러싸고 두 나라가 갈등 중.

쿠릴열도는 북쿠릴과 남쿠릴로 나눈다. 그 가운데서도 남쿠릴에 속하는 이투루프섬의 면적이 3,139km^2로 가장 넓다. 우리나라에서 가장 큰 섬인 제주도 면적이 1,845.88km^2니까 상당히 큰 섬이다. 두 번째로 큰 섬은 북쿠릴의 파라무시르

섬인데, 이 섬 면적도 제주도보다 큰 2,040km²이다.

본래 쿠릴열도는 원주민인 아이누인들이 거주하던 곳이었다. 그런데 18세기 초에 아이누인들과 교역하던 러시아인들이 남하하면서 러시아의 영향력이 커졌다. 이에 위기의식을 느낀 일본도 이곳에 영향력을 행사하기 시작했고 결국 1855년, 러시아와 일본은 러일통호조약을 체결하여 영토 분쟁을 조정하였다.

그 결과 쿠릴열도에서는 이투루프(Iturup, 일본명-에토로후)와 우루프(Urup, 일본명-우룻푸) 섬 사이를 러시아와 일본의 국경으로 하고, 사할린섬은 국경을 정하지 않고 공동 관리하기로 하였다.

그 후 1875년, 두 나라는 공동 관리하던 사할린을 러시아가 소유하는 대신, 일본이 쿠릴열도의 우루프에서 슘슈(일본명-슈무시유)까지 차지한다는 내용의 사할린-쿠릴 교환조약을 체결하였다.

그러나 제2차 세계대전에서 일본이 패망하면서 1945년 8월, 쿠릴열도는 러시아가 점령하였고, 1951년 개최한 샌프란시스코 강화회의에서 러시아 귀속이 확정되었다.

그러나 그 후 일본은 남쿠릴에 속한 이투루프, 쿠나시르, 시코탄, 하보마이의 4개 섬이 자신들 영토라고 주장하며 러시아에 반환을 요구하고 있다. 이것이 오늘날 국제문제화한 '북방 4개 도서' 갈등이다.

러시아와 일본은 이 문제를 평화적으로 해결하자고 하지만 어느 한쪽도 쉽게 양보하지 않을 것이다. 한 번 자신의 손에 들어온 영토를 그냥 포기하는 나라도 없을뿐더러, 이곳에 원유를 비롯해 다양한 해저 지하자원이 매장되어 있는 사실을 확인하였으니 더욱이 포기할 수 없을 것이다.

아이누족

아이누족은 일본 북부 홋카이도, 러시아 사할린, 쿠릴열도 등에 산재해 거주하는 소수민족이다. 아이누족은 한민족이나 일본민족과 마찬가지로 몽골계이며, 오늘날 20만 명이 채 되지 않는다. 그만큼 귀한 민족인데, 그림에서 볼 수 있듯이 과거에는 일본 북부 여러 지역에 꽤 많은 아이누족이 생존한 것으로 전한다. 그러나 일본의 탄압 정책, 문화 말살 정책 등으로 아이누족은 오늘날과 같이 위축되었다.

공식적으로 일본 내에 25,000명 정도가 남아 있으며, 아이누어를 사용하는 사람은 고작해야 100명도 채 안 되는 것으로 전한다.

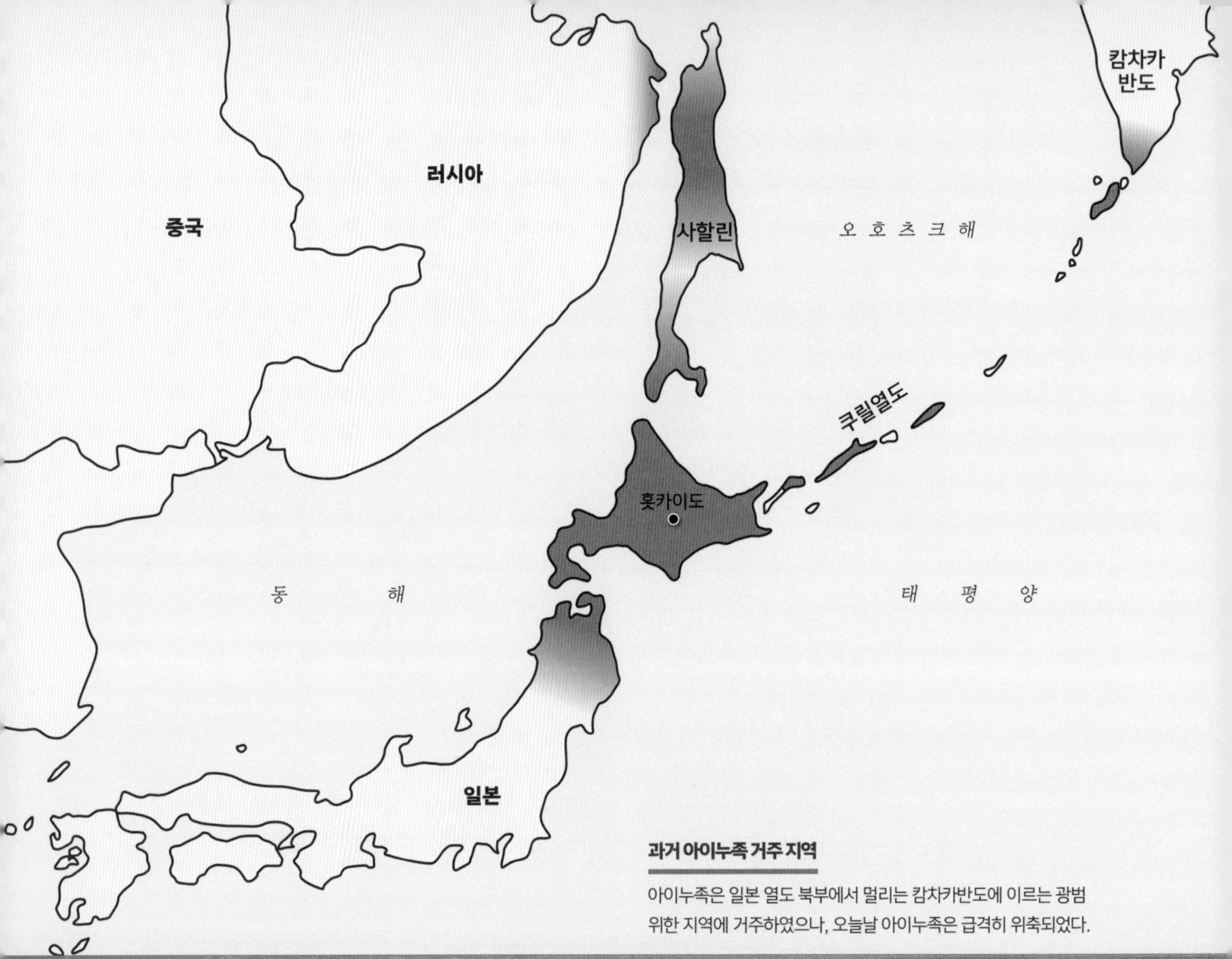

과거 아이누족 거주 지역

아이누족은 일본 열도 북부에서 멀리는 캄차카반도에 이르는 광범위한 지역에 거주하였으나, 오늘날 아이누족은 급격히 위축되었다.

1875년, 홋카이도에서 펼친 아이누족 축제를 그린 그림

아이누족은 일본인과 구분할 수 있는 특징이 있는 것으로 알려져 있다.

일촉즉발의 동중국해

오늘날 벌어지는 동중국해 갈등의 핵심은 '댜오위다오(중국 명-釣魚島)/댜오위타이(대만 명-釣魚臺)/센카쿠열도(일본 명-尖閣列島)*'에 있다.

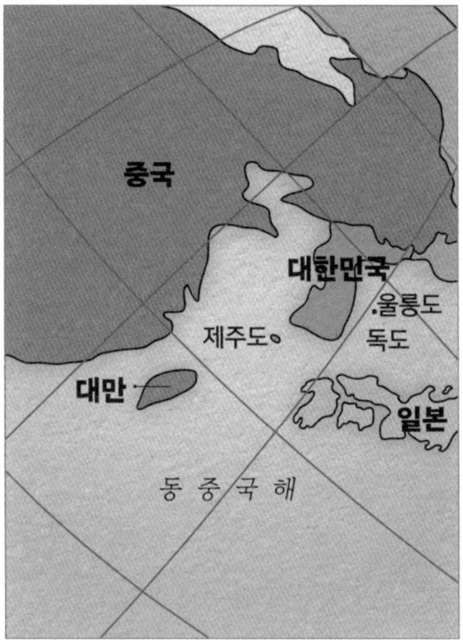

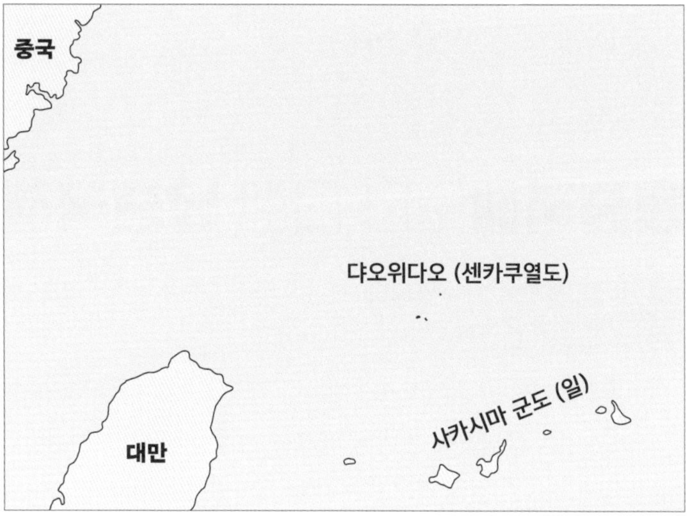

중국해 주변도

동중국해 주변을 그린 지구본에서는 보이지도 않는 작은 섬들, 즉 댜오위다오(센카쿠열도)는 동중국해를 둘러싸고 있는 중국과 대만, 일본, 나아가 동아시아에 영향력을 행사하려고 하는 미국 사이 갈등을 대표하는 지역이다.

동중국해 가운데서도 대만 위쪽에 있는 이 섬들은 그림에서 볼 수 있듯이 지정학적·군사적·해양자원 측면에서 무척 중요한 지역이다.

이 섬이 일본 소유라면, 대만과 중국 코앞에 일본 군사기지가 자리하고 있는 것과 마찬가지다. 게다가 동중국해는 엄청난 해양 자원의 보고로 알려져 있다. 그러니 일본으로서는 이 섬들을 절대 포기할 수 없을 것이다.

반대로 대만과 중국은 군사적·지리적·역사적으로 자신들 영토라고 주장한다. 그래서 이 지역에는 늘 긴장감이 감돌고 있다.

이 섬들이 갈등의 중심이 된 것은 19세기 후반이다. 일본은 청일 전쟁 이후로 이 섬들이 오키나와현에 편입되어 자신들의 영토라고 주장하고 있고, 중국은 오래 전부터 댜오위다오가 자신들 영토라고 주장하고 있다.

이렇게 중국과 일본이 한 치의 양보도 없이 갈등을 겪고 있는 상황에서, 최근에

* 오늘날 이 섬들에 대해서는 중국, 대만, 일본의 이해관계가 첨예하게 대립하고 있는 까닭에 이 책에서는 섬의 명칭을 가나다 순으로 배치하였다. 우리나라 언론에서는 상황에 따라 '센카쿠열도'나 '댜오위다오'라고 부른다.

는 미국까지 가세해 문제가 더욱 복잡해지고 있다. 미국은 일본과 함께 센카쿠 열도가 미국과 일본 사이에 체결한 미일안보조약 제5호 적용 대상 지역이라고 밝히며, 이곳에서 일본과 함께 군사훈련을 실시하였다. 이에 대해 중국은 자국 영토에 대한 내정간섭이라며 강력히 반발하고 있다.

앞으로도 특별한 해결책이 나오기 어려운 만큼 이곳은 극동의 정치·군사적 분쟁 지역이 될 가능성이 매우 높다.

동중국해보다 더한 남중국해

동중국해에서 중국 대륙을 따라 내려가다 보면 중국 남쪽에 있는 바다, 남중국해가 있다.

이 바다를 둘러싼 갈등은 동중국해보다 훨씬 복잡하다. 이 지역을 둘러싸고 있는 나라는 중국을 비롯해 필리핀, 베트남, 브루나이, 말레이시아, 대만까지 모두 6개국이다. 게다가 세계 대부분의 분쟁 과정에 적극적으로 개입하고 있는 미국까지 포함하면 7개국이 각축을 벌이고 있는 셈이다.

남중국해는 지구본을 돌려가며 보면 알 수 있듯이 동남아시아에서 동아시아 지방에 걸쳐 있으면서도 지정학적으로 중요한 지역이다.

말라카·싱가포르 해협에서 대만해협에 이르는 바닷길로 전 세계 해양 물류의 약 25%와 원유 수송량의 70% 이상이 지난다. 우리나라를 향하는 원유 수송의 대부분도 이 지역을 통해서 이루어지고 있다. 세계 원유 생산의 중심인 중동 지방에서 동아시아 지방으로 향하는 최단거리가 바로 이곳이기 때문이다.

또한 남중국해의 면적은 약 350만km^2*로 매우 넓다. 그뿐이 아니다. 남중국해에 매장되어 있는 해양 자원 역시 엄청나다. 그러니 모든 나라의 관심과 군사력이 집중될 수밖에 없다.

* 남중국해 면적이 얼마인가는 자료마다 다르다. 바다 영역을 어디에서 어디까지 규정할 것이냐가 불분명하기 때문일 것이다. 좁게는 125만km^2에서 많게는 450만km^2에 이르기까지 다양하다. 350만km^2는 위키피디아에 나오는 면적이다.

남중국해 지역에 대한
각국의 영유권 주장 현황

갈등의 핵심, 난사군도

남중국해 갈등의 핵심은 중국명 난사군도(南沙群島)다. 영어로는 스프래틀리(Spratlys) 군도, 베트남어로는 쯔엉사 군도라고 부르나, 일반적으로는 난사군도라고 부른다.

이곳에는 난사군도 외에도 중사군도(中沙群島, 영어명-맥클스필드Macclesfield Bank), 시사군도(西沙群岛, 영어명-파라셀군도Paracels), 둥사군도(東沙群島, 영어명-프라타스Pratas) 등이 있는데, 중사군도·시사군도는 중국이 실효 지배중이고, 둥사군도는 대만이 실효 지배중이다.

현대 사회에서는 섬이 아니라 암초 하나도 중요한 의미를 갖는다. 이 말을 머릿속에 기억하고 지구본을 살펴보자. 아무리 찾아도 난사군도, 중사군도, 시사군

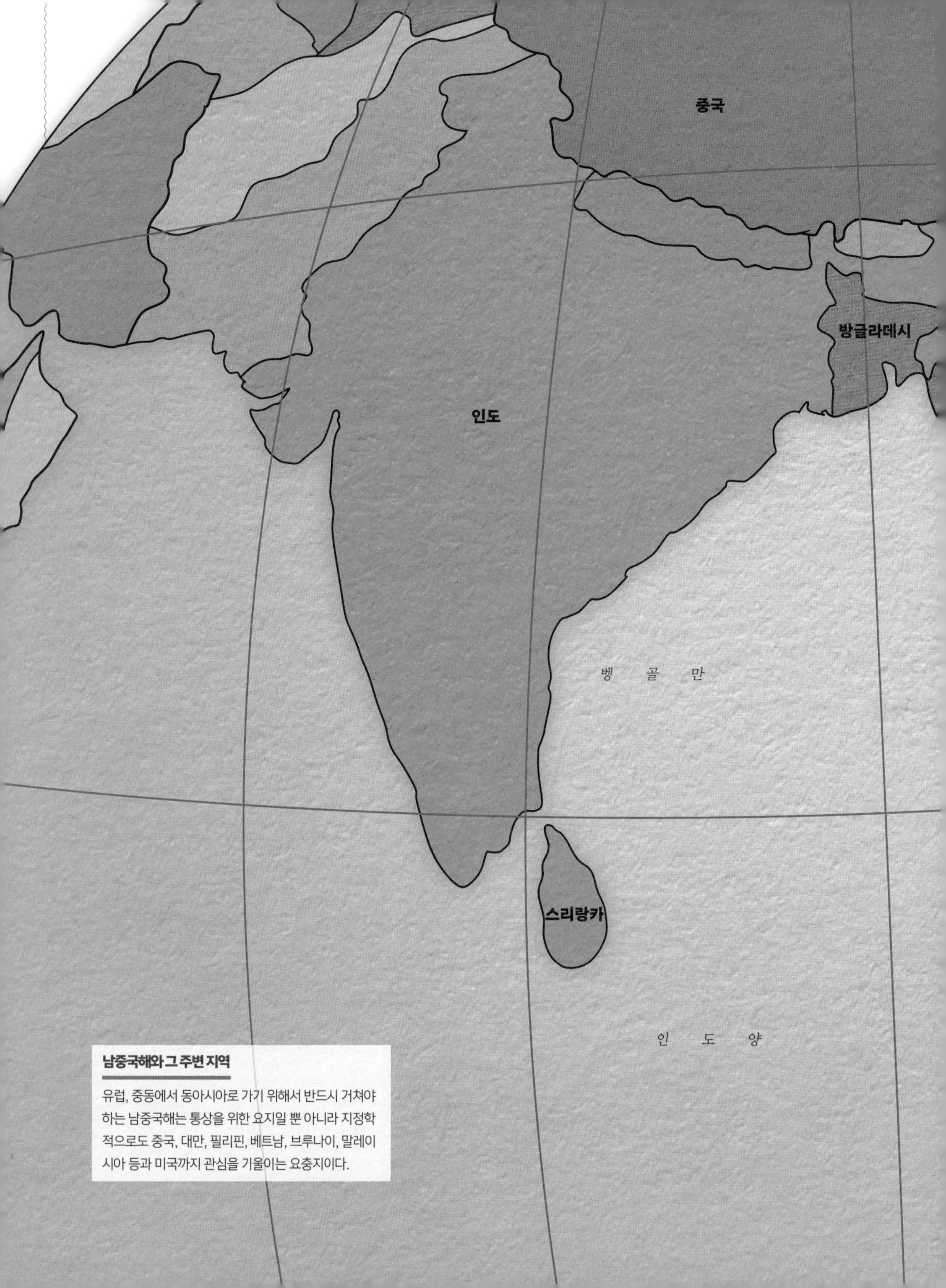

남중국해와 그 주변 지역

유럽, 중동에서 동아시아로 가기 위해서 반드시 거쳐야 하는 남중국해는 통상을 위한 요지일 뿐 아니라 지정학적으로도 중국, 대만, 필리핀, 베트남, 브루나이, 말레이시아 등과 미국까지 관심을 기울이는 요충지이다.

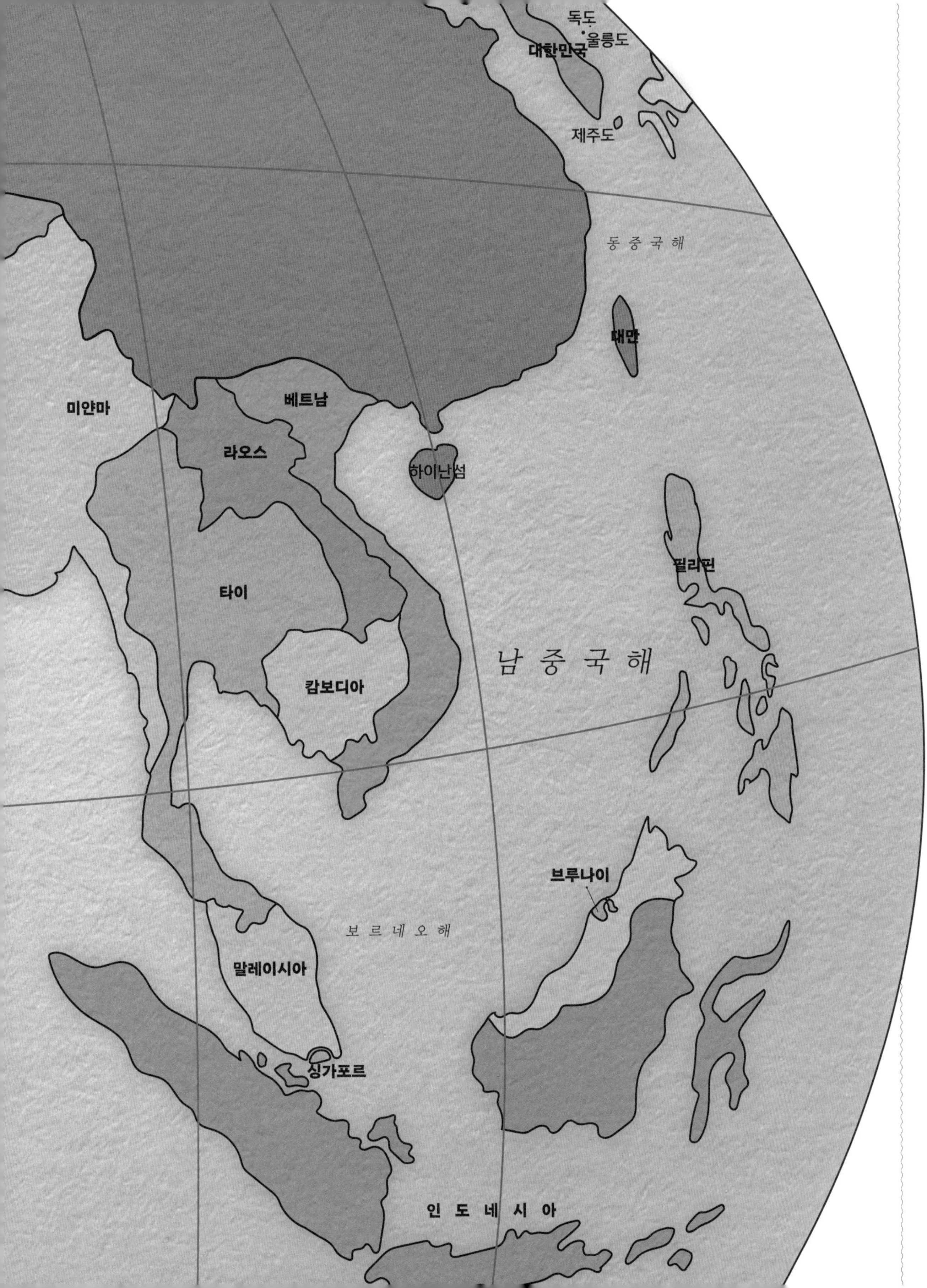
독도
울릉도
대한민국
제주도
동 중 국 해
대만
미얀마
베트남
라오스
하이난섬
필리핀
타이
남 중 국 해
캄보디아
브루나이
보 르 네 오 해
말레이시아
싱가포르
인 도 네 시 아

도, 둥사군도를 찾을 수 없을 것이다. 그만큼 지구본에 표기할 수 없을 만큼 작다. 그런데도 세계적인 분쟁 지역이 된 것만 보아도 오늘날 해양 주권을 두고 벌이는 국가들 간의 경쟁이 얼마나 치열한지 알 수 있다.

애매한 협약, 영원한 갈등

남중국해 분쟁은 대체로 1951년, 일본의 패전 처리를 위해 열린 샌프란시스코 강화조약 체결 전후에 발생했다. 태평양 전쟁에서 패한 일본이 그때까지 점령하고 있던 남중국해에서 조건 없이 철수하였고, 그로 인해 이 지역을 둘러싸고 주변국들 사이에서 다툼이 시작되었다. 샌프란시스코 강화조약에서도 이 지역에 대한 정확한 정리가 이루어지지 않아 갈등이 고조되었다.

그 후 이 지역에서는 여러 나라 사이에 영유권 주장이 이어졌는데, 때로는 전투, 때로는 국제적 분쟁 해결책 등이 논의되었지만 현실적으로는 이 지역 강대국인 중국을 둘러싸고 주변 여러 나라가 다투는 형세였다.

2010년대에 접어들면서 중국이 난사군도, 시사군도 등 남중국해 여러 곳의 암초에 인공 섬을 건설하면서 주변국을 자극하기 시작했다. 그래서 중국을 견제하기 위해 미국이 개입하였고, 2018년부터는 미국 동맹국인 일본, 호주, 뉴질랜드 등 인도태평양 지역 국가는 물론 영국과 프랑스까지 남중국해에서 합동 군사훈련을 실시함으로써 국제적인 긴장이 고조되고 있다.

샌프란시스코 강화조약(Treaty of San Francisco)

1951년 9월 8일에 조인되었고, 이듬해 발효된 샌프란시스코 강화조약은 본래 태평양 전쟁을 일으킨 일본에 대한 전후 처리를 논의하기 위해 열렸다. 그러나 한국 전쟁에 참전하던 미국은 일본에 대한 처벌과 배상 논의보다는, 향후 추구할 반공전선에서 일본을 어떻게 활용할 것인지에 중점을 두었다. 이로써 일본의 침략으로 인해 피해를 본 당사자인 중화 인민공화국, 중화민국(대만), 대한민국, 북한이 모두 이 회담에 참가하지 못했다.

회의 결과 역시 제2차 세계대전 당사국인 독일에 대한 징벌적 요소로 이루어진 포츠담 회담과는 달리, 일본에게 면죄부를 주는 내용이 중시되었다. 전쟁 당사국이자 주변 여러 나라를 침략한 일본이 배상이니 보상이니 하는 문제를 일절 언급하지 않고, 전쟁 책임에 대해 오늘날까지 반성이나 사과를 하지 않는 것은, 샌프란시스코 강화조약이 일본에게 면죄부를 주었기 때문이라는 것이 전문가들의 의견이다.

주변 국가들과 분쟁을 일으킬 수 있는 영토 문제도 철저히 일본 입장에서 처리되었다. 초안에서 표기되었던, 독도를 비롯한 여러 섬들을 일본 침략 이전으로 되돌린다는 내용이 최종 문서에서는 사라졌다. 쿠릴열도, 댜오위다오, 난사군도, 시사군도 등 모든 주변 섬들의 국경을 정하지 않은 채 조약을 마무리한 것이다.

이는 명백히 일본의 입장을 대변한 것으로, 이때부터 동아시아 주변 여러 섬들을 둘러싼 갈등은 피할 수 없는 것이 되었다. 침략국인 일본이 오히려 점령국 미국의 우방이 되자 일본의 발언권은 강력해졌고, 미국의 힘을 등에 업은 일본은 현재도 그렇고 미래에도 모든 섬에 대한 권리 주장을 결코 포기하지 않을 것이다.

중국

중국의 정식 명칭은 중화 인민공화국(People's Republic of China)이다. 반면에 1949년 내전에서 패해 타이완섬으로 밀려와 자리한 과거의 중국은 중화민국

(Republic of China)이라고 한다.
중화민국은 스스로 독립국가라고 부르지만, UN 가입국도 아니고 전 세계적으로 외교 관계를 맺고 있는 나라 역시 손으로 꼽을 정도다. 그래서 국제적으로도 중화민국이라는 국호 대신 대만(타이완, Taiwan)이라고 부른다.
우리와는 떼려야 뗄 수 없는 중국에 대해서는 자세히 살펴보지 않는다. 중국에 대해서는 많은 지식과 정보, 그리고 우리 역사를 살펴보면서 배운 것만 해도 차고 넘치기 때문이다. 따라서 지리적인 면에서 꼭 알고 넘어가야 할 것만 살펴보겠다.

중국 내 자치구

중국에는 많은 이민족이 살아가고 있다. 그래서 중국은 1949년, 건국(중화인민공화국으로서) 직후부터 이민족들이 거주하는 지역을 자치구로 지정하여, 그들의 언어와 문화를 보존하면서 살아가도록 하였다.
중국에는 5개 자치구가 있다. 첫 번째로 '위구르' 문제로 널리 알려진 신장웨이우얼 자치구(新疆維吾爾自治區)다. 위구르는 중국 가장 서부에 있는 지역으로, 면적이 160만km²에 달해, 자치구 가운데 가장 넓다. 오래전부터 중앙아시아 문화권에 속해 있어, 이슬람교를 믿고 위구르어와 위구르 문자를 사용할 만큼 독자적인 문화를 유지하고 있다. 튀르키예계 인종으로, 외모가 중국 전역에 거주하는 다양한 인종과 차이가 난다. 한편 신장웨이우얼 자치구 전체 인구는 약 1,900만 명이지만 그 가운데 위구르족은 850만 명 정도다. 위구르 독립을 외치는 소리가 커지면서 중국 당국과 끊임없이 마찰을 빚고 있다.
두 번째는 시짱자치구(西藏自治區, 티베트)다. 티베트불교, 또 최근에는 칭장열차라는 세계에서 가장 높은 곳을 달리는 열차 개통으로 관광지로도 명성이 높다. 시짱자치구는 350만여 명의 인구에 122만km²의 광대한 면적으로, '장족(藏族)'이 주류를 이룬다. 시짱자치구 역시 티베트불교의 정신적 지도자 달라이라마가 끊임없이 독립을 주장하고 있어, 중국 당국의 심기를 건드리고 있다.
세 번째는 네이멍구자치구(內蒙古自治區)다. 네이멍구자치구는 한자로 '내몽고자치구'이니, 독립국가인 몽골에 인접한 중국 영토를 가리킨다. 네이멍구자치구는 면적이 1,183,000km²로, 자치구 가운데 세 번째로 넓다.
네 번째는 광시좡족자치구(廣西壯族自治區)로, 면적이 236,200km²에 달한다. 인

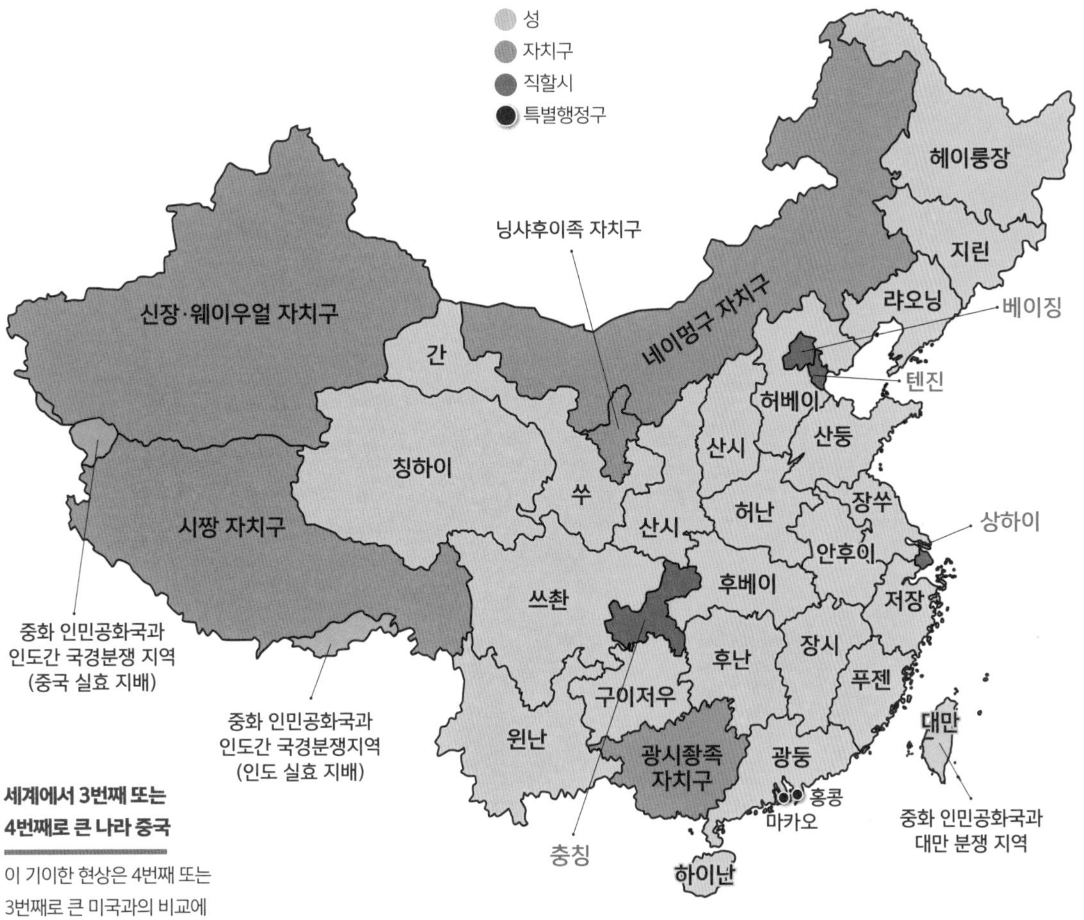

세계에서 3번째 또는 4번째로 큰 나라 중국

이 기이한 현상은 4번째 또는 3번째로 큰 미국과의 비교에서 생긴 것인데, 두 나라 면적은 국경 분쟁을 겪고 있는 지역을 포함하느냐, 또는 그 나라 영토에 해역을 어떻게 포함하느냐 등에 따라 면적이 변하기 때문이다. 일반적으로는 중국이 미국보다 넓다고 본다.

구는 약 5천만 명으로 자치구 가운데 가장 많다. 광시좡족자치구에는 '좡족(壯族)'을 비롯하여 야오족, 먀오족, 퉁족 등 수많은 소수민족이 거주하고 있다.

다섯 번째는 닝샤후이족자치구(寧夏回族自治區)로, 면적은 6만 6,400km², 인구는 약 680만 명이다. 후이족은 '회족(回族)'으로 역사에 등장하는데, 7세기 무렵 중국으로 들어오기 시작한 아라비아인, 그리고 그들과 중국인 사이에 태어난 혼혈의 후예로, 이슬람교를 믿는다.

중국 내에는 그 외에도 55개 소수민족이 존재하는데, 100만 명이 넘는 소수민족만 해도 좡족, 후이족, 위구르족, 카자흐족, 다이족, 이족, 먀오족, 만족(滿族), 장족, 조선족 등 18개 민족에 이른다.

중국 정부는 이에 따라 5개 자치구 외에도 30개 자치주, 자치현(自治县)과 자치기(自治旗) 120곳을 설치하여 운영하고 있다.

중국의 행정구역

중국 행정구역은 23개 성과 4개 직할시, 그리고 앞서 살펴본 5개 자치구로 운영되고 있다. 그 가운데 대표적인 행정기관인 '성(省)'은 우리나라의 '도'에 해당한다고 볼 수 있으나, 규모로는 웬만한 국가에 버금간다.

중국의 성과 4개 직할시, 5개 자치구 한자 명칭

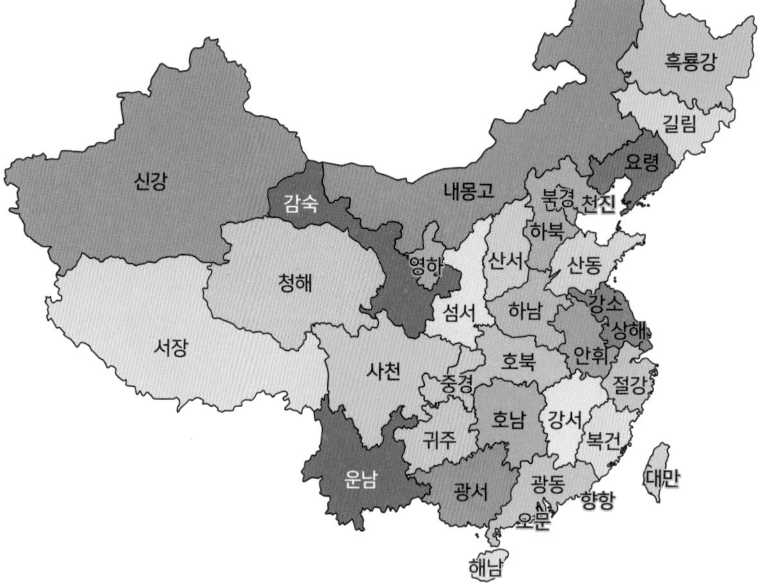

몽골

중국 편에서 살펴본 네이멍구자치구는 몽골제국과 연관이 있다.

칭기즈 칸이 중앙아시아를 평정하고 서양을 정벌하여 동서양에 걸쳐 건국한 몽골제국이 멸망한 후, 몽골족은 나라를 잃고 뿔뿔이 흩어져 살아가야 했다. 역사적으로 이토록 강력한 제국이 지구상에서 쉽게 사라진 경우도 흔치 않다.

그러나 몽골인들은 조상들이 전해준 언어와 문화는 잃지 않았다. 청나라가 멸망할 무렵 몽골은 독립을 꾀하였고, 러시아혁명이 일어난 후 소련군의 지원을 받아 1921년, 드디어 새로운 몽골로서 독립했다. 1924년에는 나라이름을 몽골인민공화국으로 정하고 세계에서 두 번째 공산주의 국가가 되었는데, 이때 북부 몽골이 독립하였다.

한편 남부 몽골에 거주하던 몽골족은 특별히 독립운동에 가담하지 않아 오늘날에도 중국의 일부로 남아 있는데, 이들이 거주하는 지역이 바로 네이멍구자치구가 되었다.

오늘날 독립국가 몽골은 러시아 영향을 받아 러시아어를 표기하는 키릴문자를 사용한다. 반면에 네이멍구자치구에서는 중국 문자인 한자와 함께 몽골문자를 사용한다.

네이멍구자치구에서 사용하는 한자와 몽골문자

표기한 내용은 '내몽고.'

대만

대만 국기인 청천백일기 (본래 명칭은 청천백일만지홍기) (위), 매화기(아래)

대만과 국교를 맺은 나라도 별로 없고 국제 행사 등에도 독립국가로 참여할 수 없어서 청천백일기를 사용하는 경우는 극히 드물다. 그 대신 올림픽에서는 '매화기'라고 불리는 기를 사용한다. 매화는 대만의 나라꽃이다.

동중국해와 남중국해 주변에 위치한 세 영역이 대만과 홍콩, 마카오다. 중국은 이 세 곳을 중국 영토라고 주장하고 있다. 그러나 그곳 주민들, 통치 세력, 세계 각국은 중국과는 생각이 다르다.

대만(타이완, 국제적으로는 '중화 타이베이Chinese Taipei')*라고 불리는 이 땅은 중국(중화 인민공화국)이 자국 영토임을 분명히 천명하고 있다. 그런 까닭에 중화민국이라는 명칭으로 독립국임을 주장하는 대만 입장에서는 상당한 어려움을 겪고 있다. 실례로 대만은 올림픽에서도 'Chinese Taipei'라는 명칭으로만 출전이 가능하다. 또한 대만과 외교 관계를 수립한 수교국 역시 지속적으로 감소해 오늘날에는 10여개 국에 불과한데, 대다수는 바티칸시국, 나우루 같은 소국들이다. 이러한 현실에는 중국과 대만 사이의 역사적 관계가 얽혀 있다.

명나라가 멸망한 후인 1648년, 명나라 유신(遺臣)** 정성공은 명나라 부흥운동을 펼치기 시작했다. 그러나 청나라의 막강한 군사력에 밀린 정성공은 결국 중

* 중국령 타이베이, 중화 타이베이, 중화대북 등 다양하게 불리지만 본질은 같다. 중국에 속하는 타이베이라는 뜻이다.

** 왕조가 망한 후 남은 신하.

몽골 제국의 최대 강역-지도상의 강역

몽골 제국의 최대 강역은 지구본에서 한눈에 들어오지 못할 만큼 드넓은 지역이었다. 한반도 역시 몽골제국의 침략에서 자유롭지 못했다. 마땅한 통신과 운송 수단도 없던 13세기에 이토록 넓은 강역을 어떻게 다스렸을지 상상하기도 어렵다. 그러나 몽골족은 뛰어난 기병술과 군사 전략으로 그 무렵 알려진 지구상 영토 대부분을 차지했다.

몽골 제국 분열 상황

몽골 제국은 칭기즈칸의 손자 쿠빌라이칸(세조, 1215~1294) 대에 이르러 원(元)나라를 칭하고 초대 황제에 올랐다. 그 무렵 몽골 제국은 지구본에서 보듯 킵차크한국, 일한국, 차카타이한국, 오고타이한국으로 분리, 통치하고 있었다.

국 본토에서의 저항을 포기하고 대만으로 이주했다. 그 무렵 대만을 점령하고 있던 네덜란드를 몰아내고 정성공은 그곳에 청나라에 대항하는 정부를 세웠다. 그러나 그는 곧 세상을 떠났고 1684년, 대만은 청나라에 복속되었다. 그때부터 대만은 청나라 영토였는데, 이후 청일 전쟁에서 청나라가 일본에 패하면서 대만은 일본 식민지가 되었다. 그 후 제2차 세계대전에서 일본이 패망하면서 대만은 다시 중국에 반환되었다.

그러나 대만의 시련은 이것으로 끝나지 않았다. 중국 전역을 지배하던 국민당 정부가 마오쩌둥이 이끄는 공산당에게 패하면서 국민당 정부는 1949년, 대만으로 이전한다. 이렇게 해서 중국 본토에는 중국(중화 인민공화국), 대만에는 대만(중화민국) 정부가 수립된 것이다. 그러나 중국은, 청나라 때부터 대만은 중국 영토라는 점을 내세우며 대만을 독립국가로 인정하지 않고 있다.

한편 대만 내에서는 중국의 일부로서 현상을 유지하자는 의견과 독립국가가 되어야 한다는 의견, 모든 결정을 후로 미루자는 의견 등 다양한 견해가 존재한다.

홍콩과 마카오

홍콩은 대만과 다르다. 홍콩은 '중화 인민공화국 홍콩 특별행정구'로, 중국 영토다. 이에 대해서는 누구도 이의를 달지 않는다. 그런데 홍콩의 정치 방식에 대해서는 이견이 있다.

중국은 홍콩이 자국 영토이기 때문에, 자국이 홍콩에 대한 통치 방식을 결정하는 게 맞다고 주장한다. 반면에 홍콩을 지배하던 영국과 세계 여러 나라는, 홍콩은 중국과 다른 체제로 운영되어야 한다고 주장한다. 이는 영국과 중국 사이에 체결된 홍콩반환협정에 따른 〈중영공동선언문〉에 명기되어 있는 내용이기도 하다.

그렇다면 홍콩에 무슨 일이 있었기에 오늘날에도 이곳을 둘러싸고 여러 나라 사이에 갈등이 있는 것일까?

홍콩은 1842년, 난징조약으로 영국에 할양되었다. 할양은 '국가 간의 합의에 의하여 자기 나라 영토 일부를 다른 나라에 넘겨줌'을 뜻한다. 중국이 홍콩을 영국에 넘긴 것이다. 아무 조건 없이 자국 영토의 일부를 다른 나라에 넘겨줄 때는 이유가 있다.

이 무렵 영국은 중국과 교역에서 엄청난 무역수지 적자를 기록하고 있었다. 영국인들은 중국의 차, 도자기나 비단 등 다양한 물품을 좋아해 수입해 갔지만, 중국인들은 영국 물품을 별로 좋아하지 않았기 때문이다.

그러자 영국 상인들은 인도에서 재배한 아편을 밀수로 중국 땅에 들여와 수백만 명의 중국인들을 아편 중독에 빠뜨렸다. 그러자 중국 정부는 아편 밀수에 종사하는 영국 상인들에게서 아편을 몰수하고 밀수 행위를 금지하였다. 이에 영국 상인들은 본국에 도움을 요청했고, 영국은 군대를 동원하여 청나라를 물리쳤다. 전쟁에서 패한 청나라는 1842년, 영국과 난징 조약을 체결하였는데, 주요 내용은 다음과 같다.

① 홍콩을 영국에 할양한다.

② 광저우·샤먼·푸저우·닝보·상하이 등 5개 항구를 개항한다.

③ 전쟁비용배상금으로 1,200만 달러와, 몰수당한 아편의 보상금으로 600만 달러를 영국에 지불한다.

홍콩의 변화 과정

● 1842년 난징 조약으로 영국에 할양한 지역으로, 홍콩섬.
● 1860년 베이징 조약으로 영국에 추가 할양한 지역으로 주룽반도 남부와 앙선주 섬.
● 1898년 2차 베이징 조약에 따라 영국에 조차된 지역으로, 오늘날 홍콩이라 부르는 지역 대부분을 가리킨다.

홍콩이 영국 손에 넘어간 것은 이 난징 조약에 기반한 것이다. 그러나 이때 영국 손에 넘어간 중국 영토는 오직 홍콩 섬에 불과했다.

홍콩 섬은 면적이 78.6km²로, 오늘날 홍콩이라고 불리는 지역의 1/10도 되지 않는다. 그러니까 처음에 영국에 할양한 면적은 매우 작았던 셈이다.

난징 조약을 맺은 영국은 중국과 교역에서 커다란 이익을 볼 것으로 기대했다. 그러나 결과는 시원치 않았고, 이에 실망한 영국은 어떻게 해서든 중국에서 더 큰 이익을 보려고 했다. 결국 1856년, 애로호 사건*을 빌미로 프랑스와 공동으로, 그리고 러시아와 미국의 지원을 등에 업고 다시 중국을 공격했다.

1860년 영국과 프랑스 연합군은 베이징까지 들어가, 그 무렵 세계에서 가장 아름다운 정원으로 꼽히던 원명원을 파괴하였고, 이에 중국은 다시 무릎을 꿇을 수밖에 없었다. 그리고 이번에는 영국·프랑스·러시아가 조약 당사자가 되었다. 네 나라 사이에 체결된 조약이 베이징 조약으로, 주요 내용은 참으로 비참했다. 800만 냥에 이르는 전쟁 비용의 배상은 물론 항구의 추가 개방, 기독교 포교와 선교사 보호, 그리고 구룡반도가 추가로 할양되었다. 영국의 중국 내 영토인 홍콩은 이렇게 확대되었다. 그러나 이것이 전부가 아니었다.

청일 전쟁(1894~1895)에서 패한 중국은 이미 전 세계 제국주의자들의 목표물이 되었다. 일본은 대만 등 중국 영토를 식민지화했고, 독일과 러시아 역시 중국에서 이권을 탈취했다.

영국은 한 걸음 더 나아가 1898년, 그때까지 자국이 확보하고 있던 영토보다 훨씬 넓은 지역을 포함한 홍콩에 대해, 청나라가 영국에 99년간 임대하는 계약을 체결했다.** 이렇게 해서 오늘날 홍콩이라고 하는 지역이 영국 손에 넘어간 것이다.

그리고 그로부터 99년이 지난 1997년 7월 1일, 영국은 계약 종료에 따라 할양받은 지역을 포함해 홍콩 전역을 중국에 반환했다.

* 1856년 광저우항에서 영국 선적 애로호를 청나라 관헌이 검문하여 중국 선원을 체포하였다. 이에 난징 조약으로 이익을 기대했으나 실망하고 있던 영국은 이 사건을 빌미로 청나라 공격에 나섰다. 한편 프랑스 역시 자국 선교사 피살에 앙심을 품고 있다가 영국에 합세했다. 두 나라 공격에 밀려난 청은 1958년 텐진 조약을 체결했다. 그러나 텐진 조약에 불만을 품은 청나라는 영국과 프랑스 공사가 탄 배를 공격했고, 만용을 부린 청은 결국 패하여 훨씬 불평등한 베이징 조약을 맺기에 이른다.

** 이를 베이징 협약이라고 한다. 주요 내용은 1997년 6월 30일까지 신계, 즉 새로운 지역을 조차한다는 것으로, 이에 따라 영국은 이전에 할양받은 홍콩의 10배가 넘는 지역을 99년 동안 무료로 지배할 수 있었다.

홍콩을 중국에 반환하면서 영국과 중국, 두 나라 사이에 체결한 주요 내용은 다음과 같다.

① 홍콩특별행정구를 수립하고 외교와 국방 분야를 제외하고는 높은 수준의 자치권을 행사한다.
② 홍콩의 사회적·경제적 시스템은 변치 않고 생활 방식도 변하지 않을 것이다.
③ 이러한 기본 정책은 향후 50년간 유지된다.

이에 따라 세계 최초로 '1국 양제(兩制)', 즉 나라는 하나이나 체제는 두 가지인 중국과 '홍콩중국(반환협정 당시 결정된 국명)'이 탄생하였다.
한편 마카오는 홍콩과는 달리 간단한 과정을 거쳐 탄생했다.
마카오에 처음 발을 들여놓은 포르투갈인들은 1557년, 그러니까 임진왜란이 일어나기도 전에 명나라 관리들에게 뇌물을 주고 마카오에서 거주하기 시작했고, 그 후 포르투갈이 이곳을 점유하였다.
오랜 기간 마카오는 서양 여러 나라의 대(對)중국 교류기지 역할을 했는데, 청나라가 힘을 잃기 시작한 1887년, 포르투갈은 이곳을 식민지로 만들었다.
그러나 새로운 중국과 국교를 수립하면서 포르투갈은 마카오를 반환하기로 결정했고, 1999년 12월 20일을 기해 중국에 반환하였다.

원명원 모습

당대 세계 최고 정원으로 꼽히던 원명원에는 모두 40개의 전통 건축물과 유럽풍 건축물이 있었는데, 1860년 서양 군대의 침략으로 대부분 소실되고, 지금은 흔적만 남아 있다. 그러나 아름다운 모습은 그림으로 남아, 우리에게 진한 아쉬움을 남긴다. 위는 파괴되기 전 방호승경전 모습. 아래는 유럽풍 건축물과 어우러진 분수를 새긴 동판화 작품.

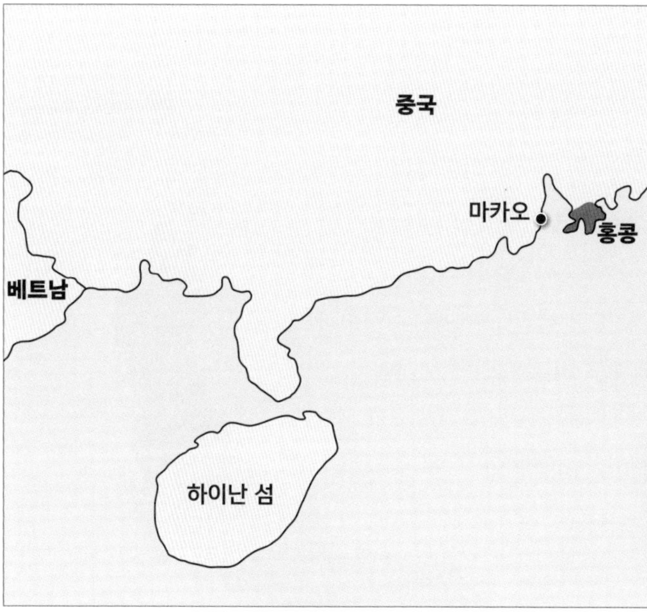

홍콩과 마카오 위치

홍콩은 오랜 영국 식민지를 거치면서 정치·경제·문화적으로 중국 본토와 현격한 차이가 나게 되었다. 이러한 두 사회의 간극은 오늘날 큰 갈등으로 이어지고 있다.

일본

일본이라는 나라에 대해 모르는 한국인은 없다. 그만큼 두 나라는 밀접한 관계를 맺어왔는데, 대한민국 역사의 많은 부분이 일본과 밀접한 관계를 맺고 있으며, 일본 역사 또한 한반도 역사를 빼놓고 말하기 힘들다.

그 역사 가운데는 긍정적인 부분도 많지만 부정적인 부분이 더 많은 게 사실이다. 그래서 한반도에 거주하는 사람들이 일본을 보는 시각은 썩 좋지만은 않다. 일본인들도 한국인들에 대한 인식이 긍정보다는 부정적인 듯싶다.

그러나 지난 역사가 무어라 하건 한반도와 일본은 앞으로도 영원히 밀접한 관계를 맺으며 살아가야 할 운명이다. 지리적으로, 역사적으로, 문화적으로 관계를 맺어온 나라끼리 기분에 따라 관계를 단절할 수는 없기 때문이다.

일본은 지리적으로는 일본열도라고 부른다. 지구본에서 보면 일본은 열도라는 말이 딱 어울린다. 북동쪽에서 남서쪽으로 미끄러져 내려가듯 섬들이 줄지어 늘어서 있기 때문이다.

일본열도에는 중요한 섬이 몇 개 있다. 홋카이도(북해도), 혼슈(본주), 시코쿠(사국), 규슈(구주)라는 네 개 섬이다.

특히 중요한 섬이 혼슈섬이다. 혼슈섬은 한자 뜻이 '본주', 즉 본토라는 뜻일 만큼 일본의 핵심 지역이다. 면적 역시 227,414km²로 한반도만큼 넓다. 일본 수도인 도쿄, 과거 수도인 교토, 오사카 등 주요 도시가 모두 이곳에 있다. 또 일본을 상징하는 후지산 역시 이 섬에 있다.

한편 일본에서 지리적으로 반드시 살펴보아야 할 곳이 오키나와다.

오키나와섬을 비롯해 오늘날 오키나와현에 속하는 섬들은 오래전부터 유구국(류큐국)이라는 나라였다. 유구국은 고려와도 교류를 이어갔고, 조선에 들어서도 마찬가지였다. 독립국이던 유구국은 17세기 초, 일본의 영주 시마즈 가문에게 정복되었고, 다시 1879년에 완전히 복속되어 오키나와현이 되었다.

그리고 제2차 세계대전이 마무리되어 가던 1945년, 미군이 이 섬을 점령하고 군정을 실시했다. 오늘날의 미군기지는 그때 설치한 것이다.

오키나와 시민들은 끊임없이 미군기지 반대운동을 펼치고 있어 일본 정부에 고민을 안겨주고 있다.

홋카이도, 혼슈, 시코쿠, 규슈의 네 섬과 그 밖의 여러 섬으로 이루어진 일본

네 개 섬 가운데 핵심 지역은 수도 도쿄가 위치한 혼슈 섬이다. 혼슈는 한자로 본주(本州), 즉 중심이라는 뜻이고, 이곳에는 일본 수도 도쿄, 교토, 오사카 등 주요 도시가 자리하고 있다. 홋카이도는 북해도(北海道), 즉 북쪽 바다 지역이라는 뜻으로, 홋카이도의 중심 도시는 삿포로이다. 시코쿠는 사국(四國)인데, 옛날 일본 행정구역을 뜻하는 '국' 가운데 네 곳이 있어서 이런 이름이 붙었다. 시코쿠는 네 섬 가운데 가장 작다. 규슈는 구주(九州)로, 옛 행정구역 가운데 9곳이 위치해 이름이 붙었다. 규슈는 쓰시마섬과 오키나와 등도 포함하는데, 천 개가 넘는 섬으로 구성되어 있다.

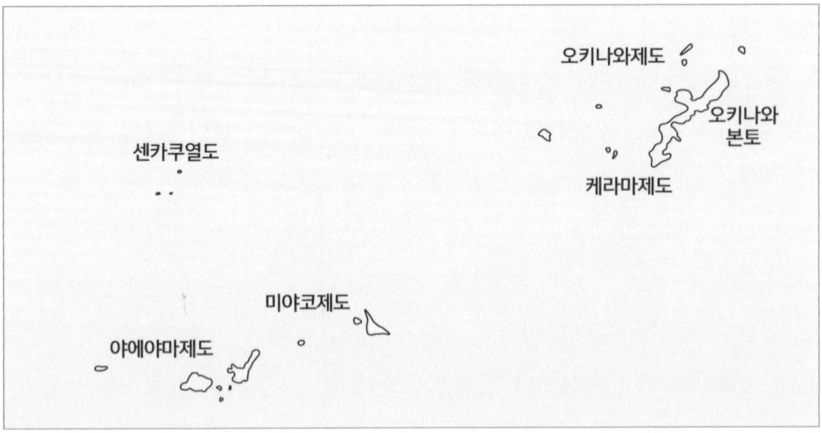

오키나와현 전도

오키나와현청이 자리한 오키나와 본섬부터 중국과 갈등을 겪고 있는 센카쿠열도에 이르는 많은 섬이 오키나와현을 구성한다.

오키나와(본섬)에 설치한 미군기지(붉은 색)

섬의 상당 부분을 미군기지로 사용하고 있다.

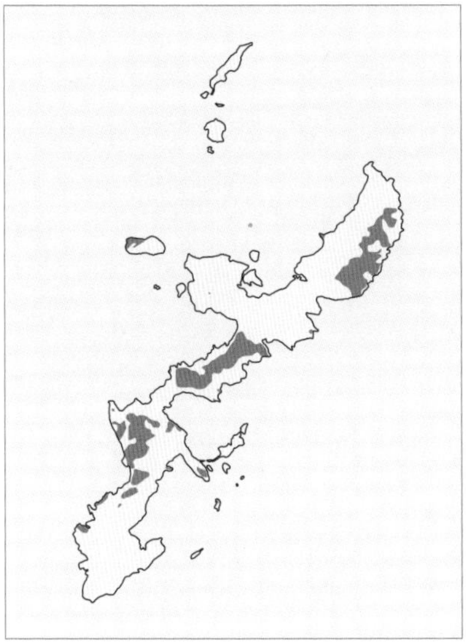

독립국에서 점령지로 변한 오키나와

오키나와라는 명칭에는 여러 뜻이 담겨 있다. 행정적으로는 오키나와현(현은 우리나라의 도에 해당)을 가리키는데, 모두 60여 개 섬으로 이루어져 있다. 그 가운데 중심이 오키나와섬이다. 언론에 오키나와가 등장하는 것은 대부분 그곳에 주둔하고 있는 미군기지 때문이다. 한편 지도에서 보듯이 오키나와는 대만과 중국, 일본 본토의 중간 지대에 놓여 있어, 지정학적으로 중요한 위치를 차지한다. 또 동중국해의 갈등 중심인 센카쿠열도(댜오위다오)와도 가깝다.

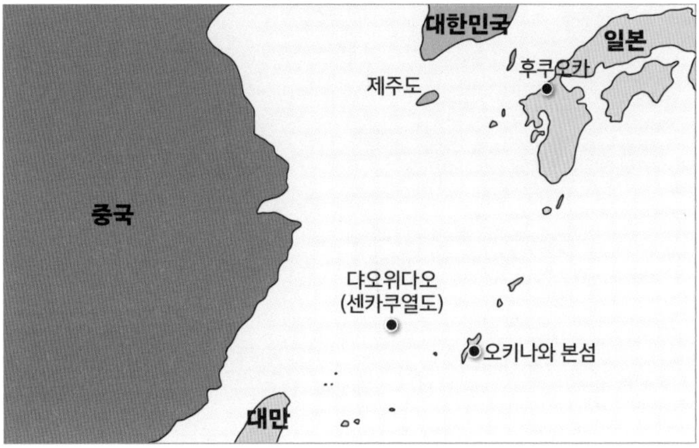

	국기	수도	면적 (단위: km²)	인구 (단위: 명)	언어	1인당 GDP (단위: 달러)	정식국호
대한민국		서울	100,410	5,150만	한국어	34,000	대한민국(Republic of Korea)
북한		평양	123,214	2,600만	한국어	—	조선 민주주의 인민공화국 (Democratic People's Republic of Korea)
중국		베이징	9,596,961	14억	중국어	12,500	중화 인민공화국(People's Republic of China)
대만		타이베이	36,197	2,400만	중국어	32,000	중화민국(Republic of China) 그러나 국제 행사 또는 국제기구 등에서는 중화타이베이(중화대북中華臺北, Chinese Taipei)로 불린다.
홍콩		—	1,110 (바다를 포함한 면적은 2,754)	720만	중국어 영어	51,000	중화 인민공화국 홍콩 특별행정구 (Hong Kong Special Administrative Region of the People's Republic of China)
마카오		—	26.8	70만	포르투갈어	54,000	중화 인민공화국 마카오 특별행정구 (Macao Special Administrative Region of the People's Republic of China)
일본		도쿄	377,975	1억 2500만	일본어	34,000	일본국(Japan)
몽골		울란바타르	1,564,116	330만	몽골어	5,400	몽골국(Mongolia)

3

동남아시아 섬나라들

지구를 대표하는 섬나라들과 지정학적 요충지

동아시아를 벗어나면 바닷길은 동남아시아로 이어진다. 동남아시아는 섬 지역과 대륙 지역으로 나눌 수 있는데, 세계에서 인구밀도가 가장 높은 지역 가운데 한 곳이다.

수십 년 전만 해도 동남아시아는 경제적으로 낙후하고, 더운 지역으로 여겨 온 게 사실이다. 그러나 최근 동남아시아는 경제적으로도 급속히 발전할 뿐 아니라 많은 인구, 그리고 젊은이들이 다수를 차지하는 인구 비율로 인해 세계적인 관심 지역으로 떠오르고 있다. 실제로 베트남, 말레이시아, 인도네시아 등의 젊은이 비율은 선진국들에 비해 매우 높아, 생산 인구뿐 아니라 국내 소비 또한 활성화할 것이라는 게 전문가들의 분석이다.

지정학적으로도 유라시아가 주목받으면서, 유럽과 중동을 동아시아로 연결하는 해상 실크로드라는 개념이 중시되고 있다. 이에 중국은 '일대일로(一帶一路, 중앙아시아, 유럽, 동남아시아 지역 등을 연결함으로써 무역 확대 및 경제 협력을 도모하기 위하여 추진하는 중국의 경제 전략)' 프로젝트를 추진하면서 이 지역의 중요성이 갈수록 증대하고 있다.

인도네시아

말레이제도

남중국해 아래로 눈을 돌리면 많은 섬이 펼쳐지는데, 한반도보다 넓은 섬이 많다. 이 섬들을 통틀어 말레이제도(諸島)라고 부른다. 말레이제도라는 명칭은 말레이시아가 위치한 지역을 말레이반도라고 부르는 데서 유래하였다.

말레이제도의 대표적인 나라가 인도네시아와 필리핀인데, 두 나라 모두 섬으로만 구성되어 있다.

인도네시아는 섬나라 가운데 세계에서 가장 넓다. 면적은 1,904,569km²에 이르러 한반도의 9배에 가깝고, 인구 또한 2억 7천만 명이 넘는다. 필리핀 역시 섬으로만 이루어져 있는데, 면적이 30만km²에 이르고 인구도 1억 명이 넘는다.

말레이시아는 대륙과 말레이제도의 보르네오 섬에 걸쳐 영토를 가지고 있다. 또 보르네오섬에는 브루나이, 티모르섬에는 동티모르가 있다.

앞서 살펴본(1-39쪽 참조) 뉴기니섬을 말레이제도에 포함하면 파푸아뉴기니도 여기에 속할 것이다. 그러나 뉴기니섬은 오세아니아에 속한다. 그러면 인도네시아 일부가 오세아니아에 속한다는 문제가 발생하지만 현실은 그렇다.

보르네오, 수마트라, 자바, 세 개의 섬

뉴기니섬을 제외하면 말레이제도 가운데 가장 큰 섬은 보르네오섬으로, 세계에서 세 번째로 크다. 그 크기만큼이나 이 섬에는 여러 나라가 있다. 보르네오섬 북부는 말레이시아 영토지만, 북동부에는 역사는 천 년이 넘었으나 1984년에야 비로소 영국으로부터 독립한 브루나이가 있다. 보르네오섬의 나머지 대부분은 인도네시아에 속하는데, 인도네시아에 속하는 땅만을 가리켜 칼리만탄(Kalimantan)이라고 부른다.

보르네오 섬은 75만 5000km²에 이른다. 한반도의 네 배 가까이 되니, 세 나라가 있다고 해도 결코 작지 않은 땅이다.

모두 인도네시아 영토인 수마트라섬 역시 세계 6위의 넓은 섬으로, 면적은 475,800km²다. 수마트라섬은 말레이제도 가운데 가장 서쪽에 위치하며, 말레이시아 및 싱가포르와도 가깝다.

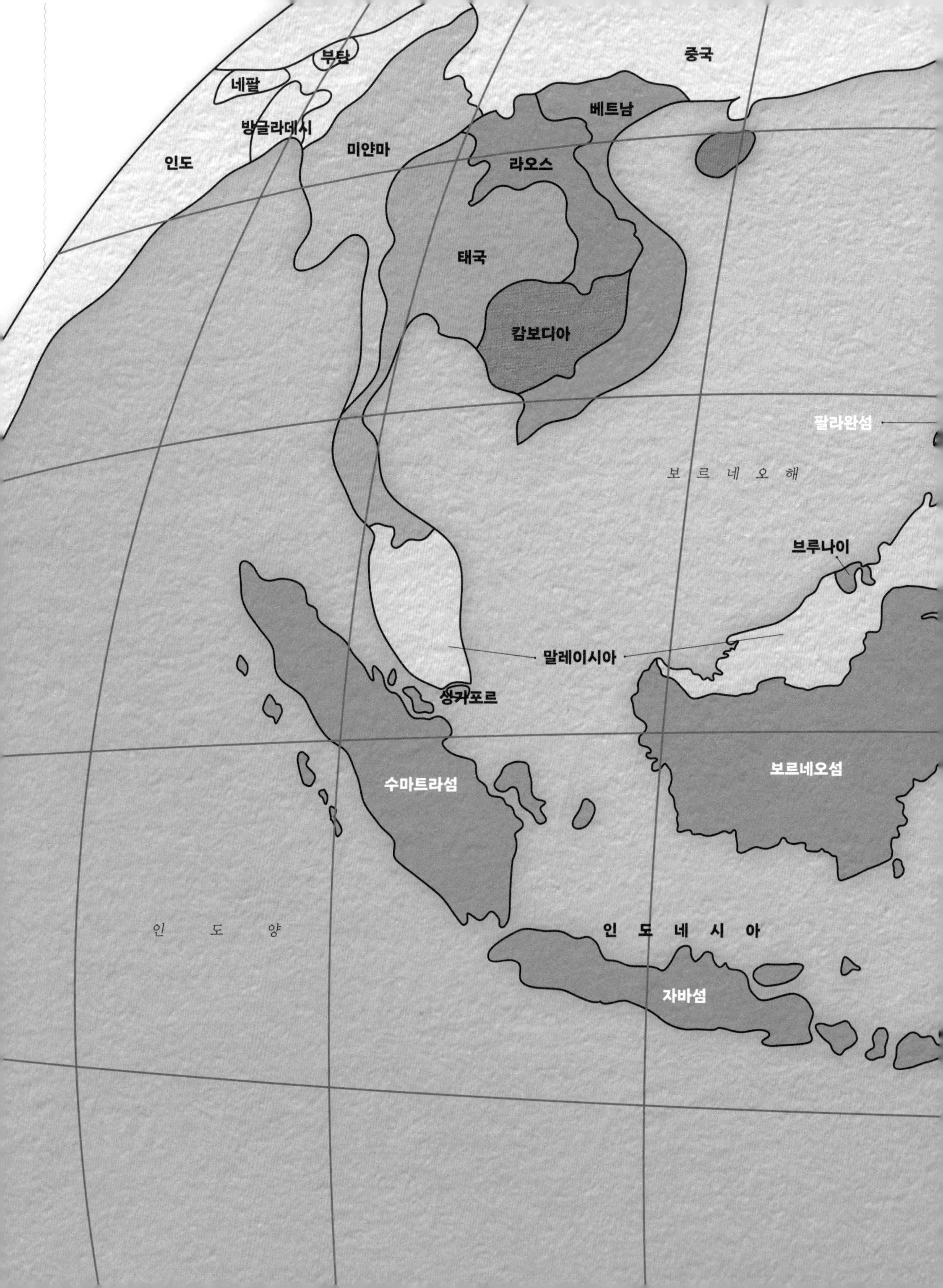

부탄
네팔
방글라데시
인도
미얀마
중국
베트남
라오스
태국
캄보디아
팔라완섬
보 르 네 오 해
브루나이
말레이시아
싱가포르
수마트라섬
보르네오섬
인 도 양
인 도 네 시 아
자바섬

세계에서 가장 넓은 섬들이 많이 속한 말레이제도

이곳에 있는 뉴기니섬(인도네시아, 파푸아뉴기니), 보르네오섬(말레이시아, 브루나이, 인도네시아), 수마트라섬(인도네시아), 술라웨시섬(인도네시아), 자바섬(인도네시아), 루손섬(필리핀), 민다나오섬(필리핀) 등이 면적순으로 세계 20위에 드는 섬들인 것만 보아도 알 수 있다.

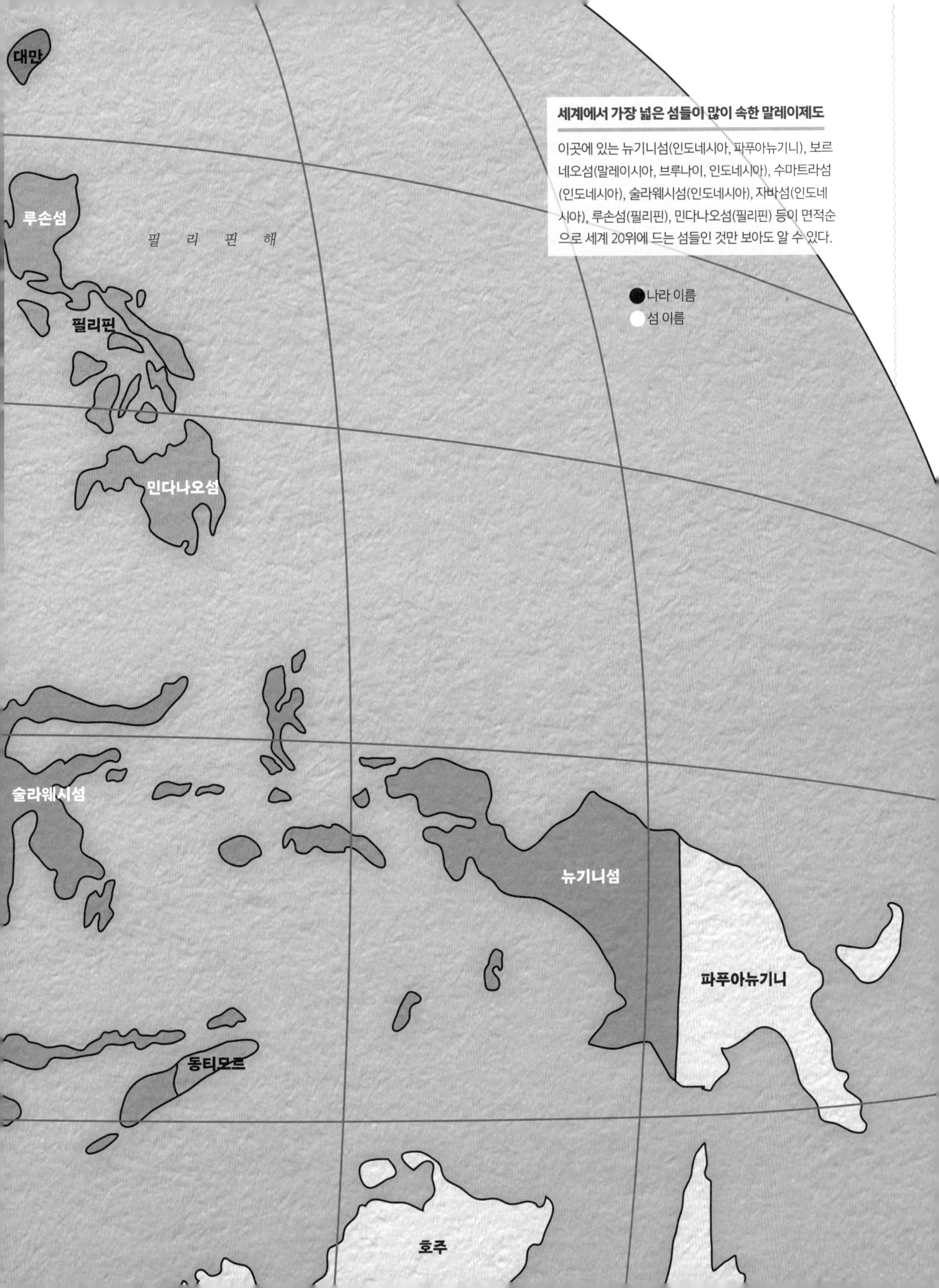

수마트라섬 동쪽에 있는 자바섬 역시 인도네시아 영토로 면적은 12만 4,413km²다. 보르네오나 수마트라섬에 비하면 작지만 세계 13위의 섬으로, 인도네시아 수도이자 동남아시아에서 가장 큰 도시인 자카르타가 있어 인도네시아의 중심 지역이다.

역사책을 읽다 보면 동남아시아 도시인 '바타비아'가 자주 등장하는데, 이곳이 바로 동인도회사를 통해 동남아시아를 침략한 네덜란드인들이 건설한 거점도시로, 자카르타이다.

한편 2019년 인도네시아는 수도 자카르타를 이전한다고 밝혀 세계적인 뉴스가 되었다.

보르네오섬

세계에서 세 번째로 큰 보르네오섬에는 말레이시아, 인도네시아, 브루나이의 세 나라가 자리하고 있다. 한편 인도네시아 정부는 자바섬에 있는 수도 자카르타를 보르네오섬으로 이전하겠다고 발표하였다.

인도네시아 인구는 2억 7천만 명이 넘는다. 게다가 인구증가율도 높다. 그런데 인구의 60% 이상이 자바섬에 거주한다. 우리나라보다 조금 큰 면적에 우리나라 인구의 약 3배 가까운 인구가 사는 셈이다. 우리나라도 인구밀도가 높은 것으로 유명한데, 자바섬의 인구밀도가 얼마나 높은지 알 수 있다.

인도네시아 수도 자카르타는 교통 체증은 말할 것도 없고, 너무 많은 인구와 건물로 골머리를 썩고 있다. 많은 인구가 마실 물을 공급하기 위해 지하수를 무분별하게 끌어올렸더니 땅이 가라앉으면서 도시 역시 급속히 가라앉게 되었다. 전문가들은 1년에 20cm 내외씩 가라앉는다고 밝혔는데, 도시의 약 40%가 해수면 아래로 내려갔다. 게다가 자카르타가 위치한 자바섬은 자연재해도 자주 일어나는 곳이다.

결국 인도네시아 정부는 이 모든 문제를 해결하기 위해 수도 이전을 선언했다. 수도는 인도네시아 최대 섬 보르네오(인도네시아어로는 칼리만탄이라고 한다. 그래서 언론에서는 보르네오섬과 칼리만탄섬이라는 용어를 함께 사용한다)의 동칼리만탄 지역에 새로 건설하며, 도시 명칭은 누산타라로 결정하였다.

보르네오섬은 지도를 보면 알 수 있듯이 인도네시아 중심부에 있을 뿐 아니라 가장 큰 섬이다. 그래서 수도가 위치하기에 여러모로 적합하다. 하지만 그 지역은 열대우림지역이라서 엄청난 규모의 환경 파괴가 불가피하다. 이에 세계적인 환경단체들은 이 천도 계획에 반대를 표하고 있다.

하나 더 기억해야 할 사실은 인도네시아가 세계 최대 이슬람국가라는 사실이다. 일반적으로 이슬람 하면 아랍국들을 떠올리지만, 실제로 이슬람교도가 가장 많은 나라는 인도네시아다.

세계에서 가장 큰 섬 20곳

순위	섬 이름	나라	순위	섬 이름	나라
1	그린란드섬	덴마크	11	술라웨시섬	인도네시아
2	뉴기니섬	인도네시아, 파푸아뉴기니	12	남섬	뉴질랜드
3	보르네오섬	말레이시아, 브루나이, 인도네시아	13	자바섬	인도네시아
4	마다가스카르섬	마다가스카르	14	북섬	뉴질랜드
5	배핀섬	캐나다	15	루손섬	필리핀
6	수마트라섬	인도네시아	16	뉴펀들랜드섬	캐나다
7	혼슈섬	일본	17	쿠바섬	쿠바
8	빅토리아섬	캐나다	18	아이슬란드섬	아이슬란드
9	그레이트브리튼섬	영국	19	민다나오섬	필리핀
10	엘즈미어섬	캐나다	20	아일랜드섬	아일랜드, 영국

세계 최대의 섬나라 인도네시아 모습

인도네시아는 수마트라섬, 자바섬, 칼리만탄섬(보르네오), 술라웨시섬, 뉴기니섬이라는 다섯 개의 주요 섬과 그 밖의 섬으로 이루어져 있는데, 모두 18,000여 개 섬이 있다. 수마트라섬은 인도네시아에서 가장 큰 섬이자 세계 6위의 섬이다. 현재 수도인 자카르타가 있는 자바섬은 인도네시아 정치경제의 중심지이다. 보르네오섬으로도 불리는 칼리만탄섬은 세계에서 3번째로 큰 섬이지만 말레이시아와 브루나이, 인도네시아 세 나라가 분할하고 있어, 인도네시아 영토로는 수마트라섬보다 작다. 현재 수도인 자카르타가 안고 있는 여러 문제로 인해 2020년대 중반에 이 섬 동북쪽에 누산타라라는 신수도를 건설하겠다는 계획을 추진 중에 있다. 술라웨시섬은 세계에서 11번째로 큰 섬이며, 뉴기니섬은 세계 2위 크기의 섬으로, 오세아니아에 속하는 파푸아뉴기니와 분할·소유하고 있다.

국가별 이슬람교도 숫자

- 2억 명 이상
- 1억 명 이상
- 5천만 명 이상
- 1천만 명 이상
- 5백만 명 이상
- 1백만 명 이상
- 50만 명 이상
- 50만 명 이하

세계에서 이슬람교도가 가장 많은 나라, 인도네시아와 파키스탄

인도네시아와 파키스탄 외에 인도, 방글라데시, 나이지리아, 이집트, 이란, 튀르키예, 알제리, 수단이 10대 이슬람국가다. 아랍 대부분 나라는 온 국민이 이슬람교도이지만 절대 숫자는 적다. 사막이 많은 자연환경 탓에 인구가 적기 때문이다.

동인도회사

근대 이후 세계를 이해하기 위해서는 동인도회사를 알아야 한다. 동인도회사라는 이름은 같지만 국적과 소유자가 전혀 다른 회사가 여럿 있었다. 그만큼 근대 이후에 인도를 중심으로 한 아시아는 유럽 국가들의 경제적 침탈 대상이었다.

17세기 초 영국과 네덜란드, 프랑스는 앞서거니 뒤서거니 하면서 인도를 중심으로 아시아 지역을 침탈하거나 교역을 추구했다. 아시아산 후추를 비롯한 향신료 수입이 목적이었다.

인도에 처음 발을 들여놓은 영국은 이후 진출한 네덜란드, 프랑스, 덴마크, 스웨덴 등과 각축을 벌여 최종 승리했다. 그래서 동인도회사라고 하면 영국 소유로 아는 것이 일반적이다. 그러나 다른 나라도 동인도회사를 설립하고, 아시아와의 교역을 통해 경제적 이득을 얻으려고 했다.

영국이 약탈에 중점을 둔 반면, 네덜란드는 교역에 방점을 찍었다. 17세기 중후반, 세 차례에 걸쳐 인

인도 벵골 지방에 있던 네덜란드 동인도회사 모습

1665년경.

도를 사이에 두고 영국과 네덜란드는 전쟁을 벌였다. 네덜란드가 이 전쟁에서 패해 인도에서의 주도권은 영국으로 넘어갔고, 네덜란드는 인도네시아를 중심으로 한 해상무역에 집중하였다. 영국은 이때부터 독점적으로 인도를 경영했다.

그 후 영국의 가혹한 약탈에 저항하여 세포이 항쟁(1-145쪽 참조)이 일어나자 무력으로 진압하였다. 그러고 나서 영국은 동인도회사 같은 허울을 벗어버리고 인도를 식민지화하였다.

네덜란드 동인도회사

네덜란드 동인도회사는 인류가 만든 첫 주식회사라고 할 수 있다. 인도네시아와 그 주변에 진출한 네덜란드인들은 여러 회사를 만들어 치열한 경쟁에 돌입했다. 회사가 많다 보니 초기에는 큰 수익을 거두었지만, 날이 갈수록 모두 손실을 입는 상황이 발생했다. 이에 네덜란드 정부가 이들 회사를 하나로 통합하고 지분을 각각의 투자자에게 배분하는 방식을 고안했는데, 이것이 동인도회사였다.

동인도회사가 오늘날 주식회사와 다른 점이 있다면, 경제적인 활동뿐 아니라 정치적으로 조약을 체결하거나 군사적으로 전쟁을 수행할 권리까지 부여받았다는 것이었다. 동인도회사는 네덜란드에 있는 본사와 함께 인도네시아 자바섬의 교역 중심지인 바타비아(오늘날 자카르타)에 교역 사무소를 설치했다. 바타비아가 이 지역의 중심 교역도시로 성장하기 시작한 것은 이때부터였다.

바타비아

오늘날 자카르타인 바타비아는 파자자 왕국의 영토였는데, 지리적 이점을 활용한 교역의 중심지였다. 자바섬에 진출한 네덜란드인들은 바타비아를 교역의 중심으로 활용하기 위해 이곳에 성채와 운하를 건설하고 신도시를 건설하였다. 그 뒤 이곳은 동인도 지역의 중심 도시로 성장하였다.

운하 양쪽으로 코코넛 나무가 서 있는 바타비아의 모습

1670년대 바타비아의 찬란했던 모습을 보여주는 그림이다.

인도네시아 독립

네덜란드는 인도네시아에 진출한 초기부터 이 지역을 식민지로 만들지는 않았다. 초창기에는 동인도회사를 통한 경제적 이득을 얻는 데 주안점을 두었고, 식민 활동은 필요한 범위 내에서만 수행하였다. 그러다 19세기 초, 인도네시아에 대한 지배권을 국제적으로 인정받아 인도네시아 지역 대부분을 통치하게 되었다. 이때부터 네덜란드 통치는 가혹했으며, 그에 따라 원주민들의 저항도 거세졌다.

그렇게 이어진 네덜란드의 인도네시아 통치는, 일본이 태평양전쟁에서 이 지역을 점령할 때까지 이어졌고, 일본이 패망한 후인 1945년, 인도네시아는 독립을 선언하였다. 그러자 네덜란드가 다시 인도네시아 공략에 나섰고, 이때부터 독립운동 세력이 저항을 시작했다. 마침내 1956년, 네덜란드의 영향력에서 완전히 벗어나 독립국으로 출범하였다.

디포 네고로가 네덜란드 장군 드 콕에게 항복하는 장면

인도네시아 원주민들이 네덜란드의 강압적인 토지정책에 반기를 들어 일어난 자바 전쟁은 1825년에 시작되었다. 술탄의 아들인 디포 네고로가 이끄는 주민들은, 바타비아까지 진격해 네덜란드인을 비롯한 지배계층을 제압했으나, 반격에 나선 네덜란드군에 밀려 1830년, 디포 네고로가 생포되어 유배되면서 막을 내렸다.

동티모르

동티모르는 티모르섬 동부에 위치한 작은 나라인데, 면적이 14,874km²로 충청도보다 조금 작다. 인구는 110만 명이 조금 넘는데, 이 나라가 우리에게 낯익은 것은 언어 때문이다. 동티모르인들이 사용하는 다양한 언어 가운데 하나인 테툼어를 표기할 때 한글을 사용하기로 했다는 소식이 전해왔기 때문이다. 그러나 이 소식은 사실이 아니었고, 그 후로도 이런 일은 없었다.

동티모르는 본래 인도네시아에 속했다가 2002년에 독립했다. 사용하는 언어는 포르투갈어(과거에 포르투갈 식민지였다), 테툼어, 인도네시아어(2002년까지 인도네시아가 점령하고 있었다), 영어(외국인과의 의사소통용) 등 다양하다. 이러한 사실만 보더라도 동티모르의 역사가 얼마나 굴곡이 많은지 알 수 있다.

필리핀

말레이제도를 구성하는 대표적인 나라 가운데 하나가 7,000개가 넘는 섬으로 이루어진 필리핀이다. 그 가운데 사람이 사는 섬은 880여 개이고, 이름조차 없는 섬이 4천 개가 넘는다.

필리핀이라는 나라 이름 속에는 필리핀 민족의 비극이 담겨 있다.

1521년, 포르투갈 출신 군인 마젤란(Ferdinand Magellan, 1480~1521)은 왕의 신임을 잃고 해고당한 뒤 에스파냐로 갔다. 그리고 서쪽으로 항해해 남아메리카를 돌아 태평양을 항해한 후 필리핀을 발견하였다. 마젤란은 그 덕분에 인류 최초로 세계일주를 했다는 명예를 얻었다. 그러나 그는 마지막에 상륙한 필리핀에서 원주민들 공격에 나섰다가 반격을 당해 죽고 말았다.

마젤란이 죽은 후 그가 이끌고 갔던 선단은 가까스로 에스파냐로 귀국하였고, 그들을 통해 필리핀의 존재를 알게 된 에스파냐는 필리핀을 공략하여 300년 이상 식민지로 삼았다. 필리핀이라는 명칭은 에스파냐 왕 펠리페 2세의 이름에서 따온 것이다. 동양의 국가 이름이 서양의 일개 왕 이름으로부터 유래했다는 사실은 필리핀의 비극을 잘 보여 준다.

한편 1898년, 쿠바를 사이에 두고 벌어진 미-스페인 전쟁에서 미국이 승리하면서 그때까지 스페인 식민지였던 쿠바, 필리핀, 괌, 푸에르토리코 등이 미국 소유로 넘어갔다. 쿠바는 1902년 독립하였고, 푸에르토리코와 괌은 오늘날까지 미

마젤란 해협

마젤란 선단 항해도

1519년 마젤란이 이끄는 선단은 에스파냐의 후원을 받아 출발했는데, 모두 5척의 배에 270명의 선원으로 구성하였다. 마젤란은 에스파냐 서쪽으로 가면 그 무렵 유럽에서 값비싸게 거래하던 정향, 육두구 등 향신료 산지인 몰루카제도에 닿을 수 있다고 믿었다. 몰루카제도는 인도네시아에 속하는 섬들이다. 에스파냐에서 동쪽으로 가면 몰루카제도에 쉽게 갈 수 있음에도 굳이 어려운 길을 찾은 것은, 그 무렵 동쪽 항로는 포르투갈이 지배하고 있었기 때문이다.
마젤란 선단은 그로부터 1년이 넘는 항해 끝에 남아메리카 남단을 지났는데, 그때부터 이 해협을 마젤란 해협이라고 부르게 되었다. 그러나 마젤란 해협을 지난 마젤란 선단 앞에는 더 두려운 장애물이 놓여 있었으니 바로 태평양이었다. 마젤란은 이 바다가 그토록 넓으리라고는 상상도 하지 못했고, 그 과정에서 배 한 척은 침몰하였고, 다른 한 척은 두려움에 도망치고 말았다. 그렇게 해서 3개월이 넘는 항해 끝에 도착한 곳이 필리핀에 속한 섬들이었다.
한편 마젤란이 죽은 후 남은 선원들은 서쪽으로 항해했다. 그들은 몰루카제도를 거쳐 남은 한 척의 배에 18명만이 탑승한 채 3년이 넘는 기간이 지나 1522년에 에스파냐로 귀환했다.
한편 1561년에 작성한 세바스티안 뮌스터의 아메리카 지도(위 지도)에는 마젤란 해협이라는 명칭이 등장한다.

국 자치령으로 남아 있다. 필리핀은 제2차 세계대전 시기에 일본에 점령당했으나, 일본이 패망한 후 다시 미국 통치를 받다가, 1946년 독립하였다.

오늘날 필리핀이 아시아 유일의 기독교 국가가 된 까닭은 스페인과 미국 식민지로 긴 기간을 보냈기 때문이다. 언어 역시 타갈로그어라고 하는 필리핀 고유 언어와 함께 영어가 공용어로 사용될 만큼 미국의 영향력은 오늘날에도 남아 있다. 필리핀이 비극의 섬이 된 것은 이러한 역사에도 기인하지만, 더욱 안타까운 것은 독립 이후 과정 때문이다.

필리핀은 독립 이후 1970년대 초반까지만 해도 아시아에서 일본 다음가는 경제대국이었다. 그뿐 아니라 동남아시아의 정치·경제·문화 공동체를 지향하는 동남아시아국가연합(ASEAN) 창설을 주도할 만큼 아시아의 주도국 가운데 하나였다.

그러나 독재자 마르코스(Ferdinand E. Marcos, 1917~1989)가 21년에 걸친 장기집권을 하는 동안 나라 경제는 구렁텅이로 빠져들기 시작하였고, 지배층의 부정부패는 심화하였다. 그 결과 오늘날 필리핀은 세계에서도 빈부 격차가 가장 큰 나라 가운데 하나일 뿐 아니라, 국민총생산 역시 하위에 머물러 있다. 치안도 매우 불안해 공식적으로는 불법인 총기

필리핀 국보이자 유네스코세계문화유산에 등재된 파오아이 성당

바로크 양식의 이 성당은 뛰어난 자태와는 별개로 동양에 있다는 까닭에 관광객들로부터 특별한 관심을 받지 못한다. 서양에 뛰어난 사찰이 있는 셈이나 마찬가지다.

소유가 만연하고 마약, 폭력 등 범죄의 온상이라는 이미지가 강하다.
그런 까닭인지 필리핀 인구의 10% 이상이 일자리를 찾아 해외로 진출해, 매년 상당한 액수를 본국에 송금하는 것으로 알려져 있다.

	국기	수도	면적 (단위: km²)	인구 (단위: 명)	언어	종교 (단위: %)	1인당 GDP (단위: 달러)
필리핀		마닐라	300,400	1억 1천만	필리핀어 영어	가톨릭 80 개신교 10 이슬람 6	3,900
인도네시아		자카르타	1,904,569	2억 8천만	인도네시아어	이슬람 87 기독교 11	5,500
동티모르		딜리	14,609	135만	테툼어 포르투갈어	가톨릭 98	1,500
브루나이		반다르 세리 베가완	5,765	50만	말레이어	이슬람 81 기독교 7 불교 7	35,000

필리핀 주요 섬

우리나라 3배에 달하는 면적에 1억 명이 넘는 인구를 보유한 필리핀의 쇠락을 보면서 많은 것을 느낀다. 침략의 역사, 독재의 역사, 문화의 상실이 한 민족에게 어떤 재앙을 내리는지 잘 보여 주는 반면교사라 할 것이다. 그러나 독재자 마르코스의 아들인 페르디난드 봉봉 마르코스 주니어가 2022년 6월 9일, 선거에서 다시 대통령에 당선된 것을 보면, 독재를 가능케 하는 것 역시 시민의 판단임을 확인하게 된다.
수천 개에 이르는 필리핀 섬 가운데 가장 큰 섬은 수도 마닐라가 위치한 루손섬으로, 면적이 대한민국과 비슷하다. 가장 북쪽에 있는 루손섬에서 내려가다 보면 가장 남쪽에 민다나오섬이 있다. 민다나오섬은 필리핀에서 두 번째로 큰 섬인데, 이곳에는 필리핀의 골칫거리인 이슬람교도의 근거지가 있다. 그렇다고 이슬람교도가 문제의 근원은 아니다. 본래 이 지역 원주민들 가운데 다수를 차지하는 모로족은 이슬람교도였는데, 미국의 침략 이후 북쪽에서 기독교도들이 들어오면서 갈등이 시작되었다. 근거지를 잃은 이슬람교도들은 오랜 무장투쟁 끝에 2012년, 이슬람 자치지역을 획득하였다. 현재 이슬람교도는 필리핀 인구의 약 6%를 차지하고 있다.

4

다시 대륙으로!

떠오르는 아시아, 말레이시아에서 인도대륙까지

말레이반도

세계에는 많은 반도가 있다. 반도(半島)는 한자 뜻을 보면 '절반 반', '섬 도'이다. 그러니까 절반만 섬이라는 뜻으로, 삼면이 바다로 둘러싸여 있고, 한쪽만 육지와 연결된 지형을 가리키는 말이다.

반도는 여러 가지 이유로 형성되는데, 넓은 반도는 대부분 지각변동으로 생긴다. 그에 비해 좁은 반도는 단단한 암석 부분이 침식되지 않고 남아 형성되거나, 본래는 섬이었는데 육지에서 흘러나온 퇴적물이 쌓여 육지와 연결되면서 형성된다.

특히 우리는 반도에 익숙한데, 우리 터전이 한반도이기 때문이다. 반도인 한반도 내에 다시 수많은 작은 반도가 포함되어 있다.

세계적으로 커다란 반도로는 아라비아반도, 인도반도, 발칸반도 등이 있다. 말레이반도는 동남아시아에 있는데, 싱가포르, 말레이시아, 태국, 미얀마의 네 나라가 자리하고 있다. 바다에서 육지로 오르면 가장 먼저 만나는 나라가 싱가포르다.

말레이반도 현황

말레이반도를 오르면 가장 먼저 만나는 곳이 도시국가 싱가포르다.
그 위로 말레이시아와 태국, 미얀마가 위치한다.

싱가포르

국가 명칭이 '사자의 도시'라는 뜻을 품고 있는 도시국가 싱가포르의 역사는 생각보다 깊다. 3세기 무렵 이미 중국 기록에 등장한다. 이후 수많은 열강의 침략과 약탈을 당하던 싱가포르는 1965년 8월에 이르러서야 독립했다.

건국 초창기에는 자원도 없고 기간산업도 부족해 어려움을 겪었다. 그 후 말라카해협에 자리한 지정학적 이점과 안정된 정치·사회적 기반을 바탕으로 아시아의 4마리 용 가운데 하나로 자리 잡을 만큼 크게 성장하였다.

5백만 명이 넘는 인구 가운데 약 77%는 중국계이며, 말레이계는 14% 정도에 불과하다. 그러니 싱가포르는 중국의 일부라고 할 만큼 중국계의 힘이 센데, 싱가포르뿐 아니라 세계적으로 중국계, 즉 화교의 영향력은 중국의 성장과 함께 갈수록 강해지고 있다.

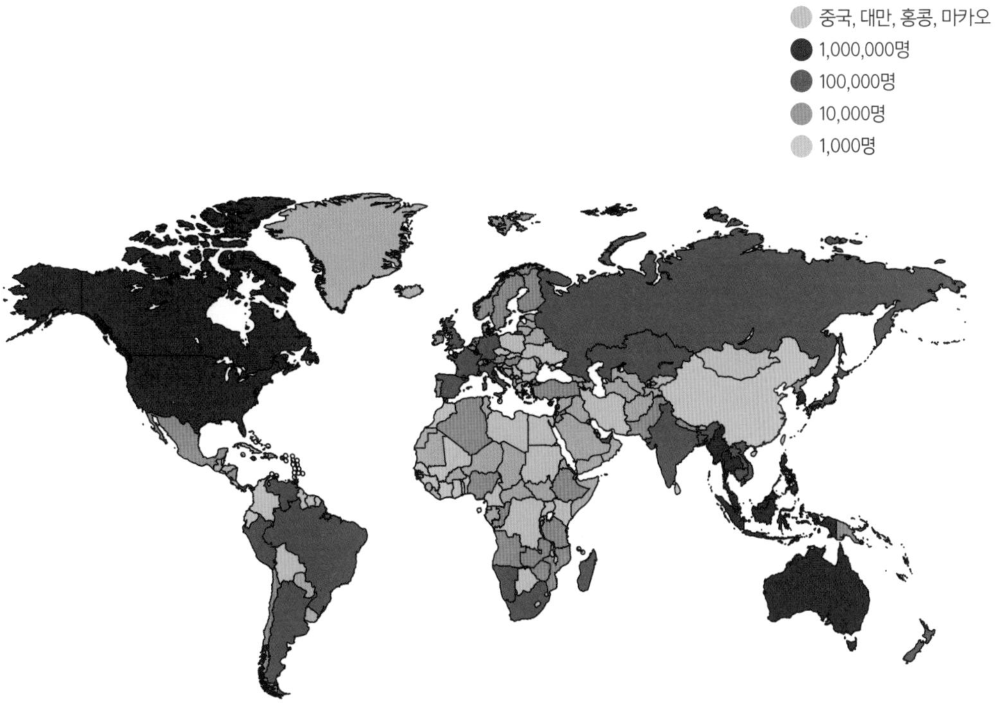

세계 각국에 분포한 화교

태국에는 천만 명에 가까운 화교가 거주하고 있으며, 말레이시아에도 7백만 명 가까운 화교가 있다. 화교라고 분류할 수 있는 인구는 전 세계적으로 약 5천만 명으로 추산한다.

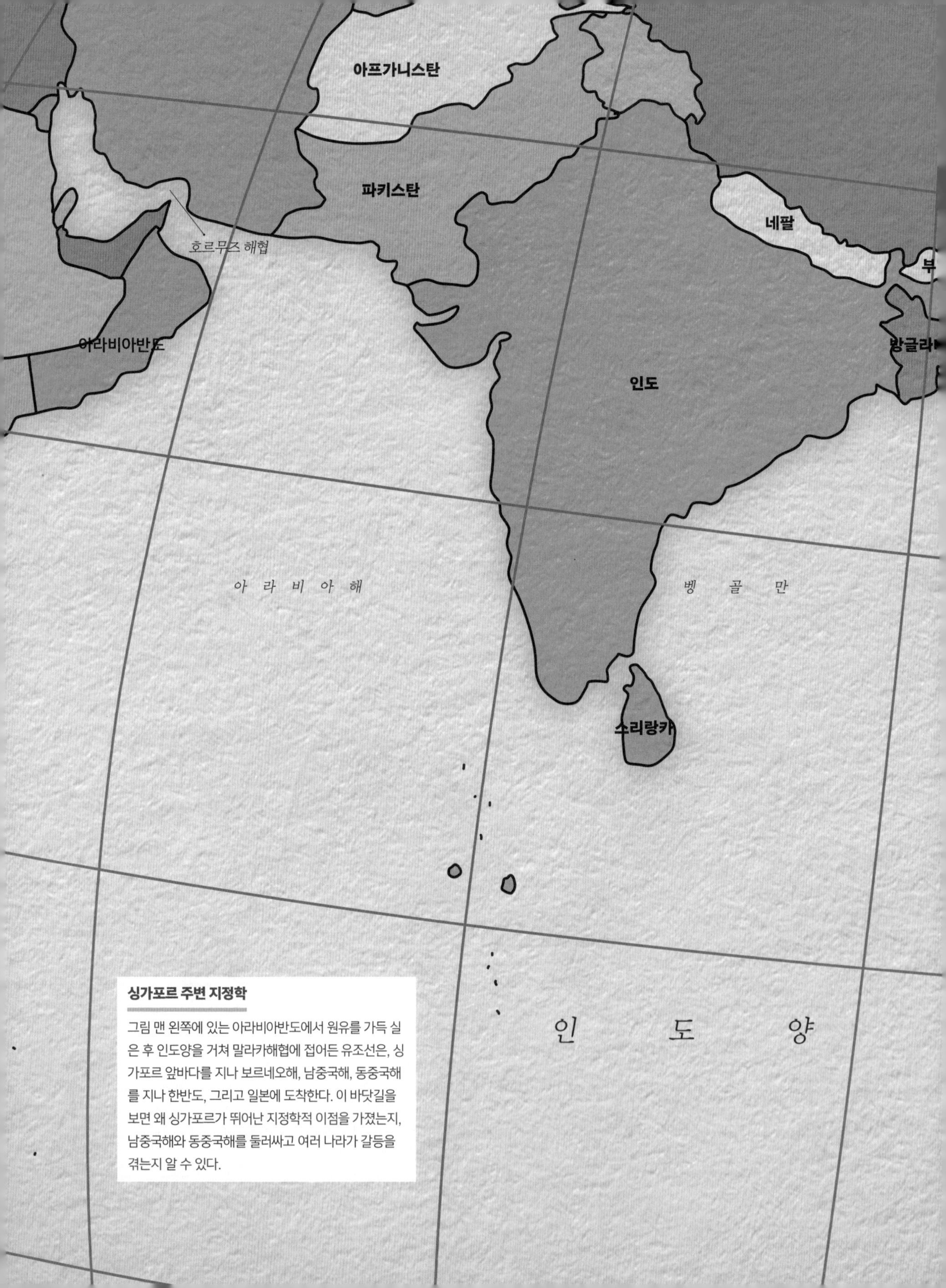

싱가포르 주변 지정학

그림 맨 왼쪽에 있는 아라비아반도에서 원유를 가득 실은 후 인도양을 거쳐 말라카해협에 접어든 유조선은, 싱가포르 앞바다를 지나 보르네오해, 남중국해, 동중국해를 지나 한반도, 그리고 일본에 도착한다. 이 바닷길을 보면 왜 싱가포르가 뛰어난 지정학적 이점을 가졌는지, 남중국해와 동중국해를 둘러싸고 여러 나라가 갈등을 겪는지 알 수 있다.

독도
울릉도
대한민국
중국
동 중 국 해
미얀마
베트남
라오스
남 중 국 해
태국
안 다 만 해
필리핀
캄보디아
보 르 네 오 해
말라카해협
브루나이
말레이시아
말레이시아
싱가포르
인 도 네 시 아

말레이시아

말레이반도의 중심 국가는 반도 명칭에도 드러나듯이 말레이시아다. 말레이시아는 면적이 329,847km²에 이르는 꽤 큰 나라로, 말레이반도 지역을 서말레이시아, 보르네오섬 북서쪽 지역을 동말레이시아라고 부른다. 한 나라가 두 지역으로 나뉘어 있는 셈이다. 수도 쿠알라룸푸르는 서말레이시아에 있다.
말레이시아는 대표적인 다민족국가로 말레이인이 약 절반을 차지하고, 중국인이 약 24%, 그 외에 원주민과 인도인 등으로 구성되어 있다. 이에 따라 공용어는 말레이어이지만 영어와 중국어, 타밀어(인도 타밀족의 언어)도 흔히 쓰인다.
종교적으로도 이슬람이 약 60%, 불교가 20%, 기독교가 10%, 힌두교가 6% 정도를 차지하는 다종교 국가다.

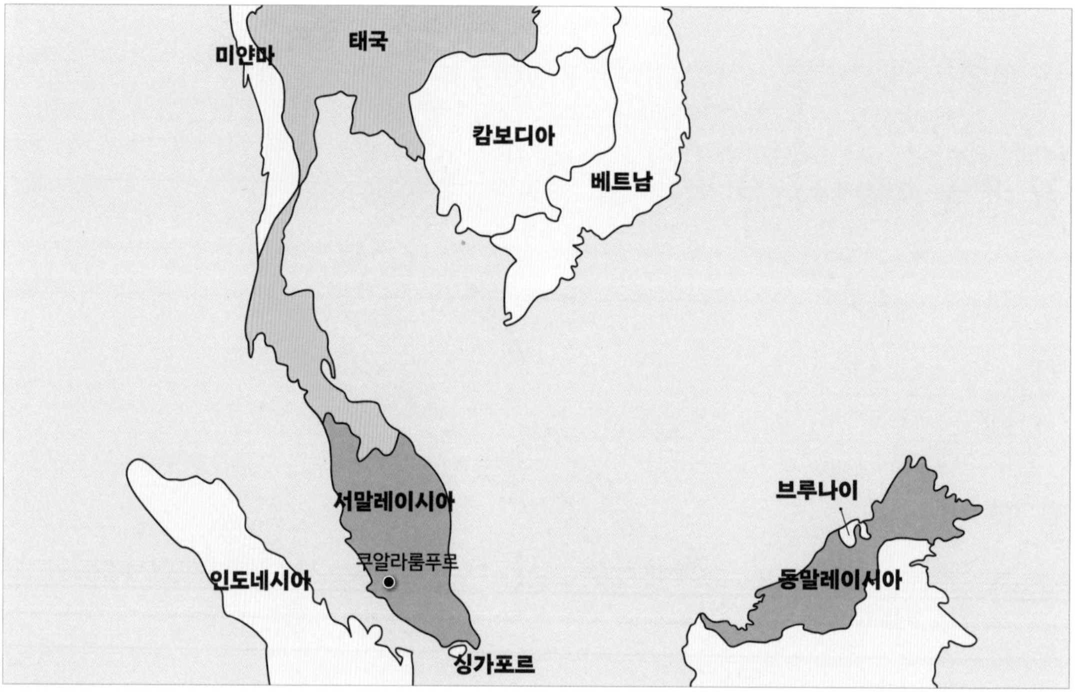

말레이시아

말레이시아는 말레이반도에 있는 대륙 영토와 보르네오섬 북부 영토로 구성되어 있다. 대륙 영토는 서말레이시아라고도 부르는데 면적은 약 13만km²이며, 동말레이시아라고도 부르는 보르네오섬의 영토는 약 20만km²로, 육지 영토보다 더 넓다.

태국(타이)

말레이시아 위쪽에는 동남아시아의 대표적 국가 가운데 하나인 태국이 있다. 정식 국호가 타이왕국(Kingdom of Thailand)인 태국은, 자국어로 쁘라텟 타이(Prathet Thai) 또는 므앙 타이(Mueang Thai)라고도 한다. 본래 명칭은 시암(Siam)이었는데, 1939년에 타이로 개칭하였다. 면적은 약 513,000km^2, 인구는 약 7천만 명이다.
태국은 동남아시아에서는 유일하게, 나아가 아시아를 통틀어서도 서구 열강의 식민지 시대를 겪지 않은 드문 국가이다. 그런 까닭에 태국 국민들의 자긍심은 매우 높다. 또한 태국은 미얀마와 함께 대표적인 불교 국가로 이름이 높다.
태국은 지구본을 보면 알 수 있듯 서쪽은 말레이반도, 동쪽은 인도차이나반도에 걸쳐 있다. 특히 말레이반도에 있는 태국 중부는 매우 좁아, 이곳 너비는 10여 km밖에 안 된다. (1-122쪽 지도 참조)

미얀마

말레이반도 북서쪽으로, 태국과 말레이반도를 나누어 보유한 나라가 미얀마다. 미얀마는 좋은 의미에서 세계적인 주목을 받는 경우는 드물다. 군사 쿠데타나 민주주의 억압 또는 소수민족 분쟁 등의 부정적인 이유로 주목받곤 한다.
그러나 미얀마는 동남아시아 주요 국가 가운데 하나다. 면적도 676,500km^{2}가 넘고 인구도 5천 5백만 명에 육박하는 큰 나라다.
1950년대만 하더라도 미얀마는 세계 최대의 쌀 수출국이었으며, 경제를 비롯해 모든 분야에서 뒤떨어진 나라가 아니었다. 그러나 군부독재와 그로 인한 국제 사회의 고립화 등으로 누구도 주목하지 않는 나라로 전락하고 말았다. 당연히 경제적인 어려움도 뒤따른다.
미얀마는 1820년대부터 옆 나라 인도를 통치하던 영국의 침략으로 고통을 겪다가 결국 영국 식민지가 되었다. 그때부터 영국은 미얀마를 자원 보급지로 활용하였으며, 안으로는 여러 소수민족을 이용해 분할통치 정책을 펼쳤다. 그 결과 미얀마는 오늘날에도 다수인 버마족과 소수민족인 카렌족, 샨족 등 사이에 내전을 겪고 있다.

시암 왕국의 수도 수코타이

수코타이는 시암 왕국의 수도로, 13세기 무렵 번성하였다. 수코타이에 남은 유적들은 수코타이 양식이라는 독특한 유산으로 오늘날까지 전한다. 유네스코 세계유산에 등재되었다.

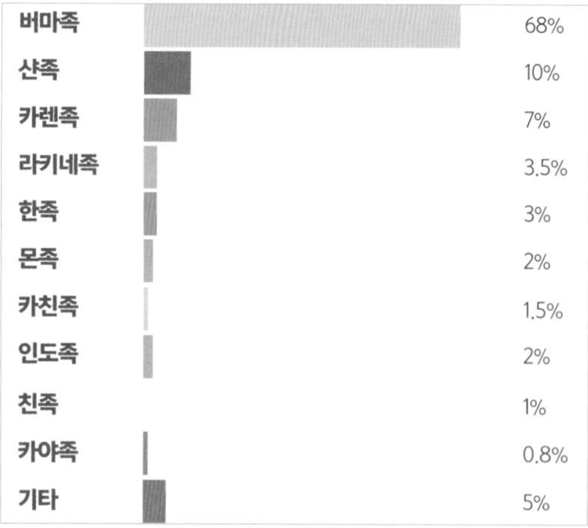

미얀마 소수민족 현황

미얀마를 지배하던 영국은 미얀마 소수민족을 통치에 이용하여 미얀마의 다수를 차지하는 버마족을 견제하였다. 그 후 독립을 달성하자, 버마족은 과거 자신들을 통치하던 소수민족을 철저히 탄압하였다. 지금도 미얀마는 버마족과 소수민족 사이에 끊임없이 갈등을 빚고 있다. 특히 미얀마 소수민족들은 산악지대에 머물며 무장투쟁을 지속하고 있다.

	국기	수도	면적 (단위: km²)	인구 (단위: 명)	인종 구성 (단위: %)	언어	종교 (단위: %)	1인당 GDP (단위: 달러)
싱가포르		싱가포르	734	590만	중국계 76 말레이계 15 인도계 8	영어 말레이어 중국어	불교 30 기독교 19 이슬람 16	88,000
말레이시아		쿠알라룸푸르	330,803	3,300만	말레이계 70 중국계 22 인도계 7	말레이어	이슬람 61 불교 20 기독교 9 힌두교 6	13,000
태국		방콕	513,120	7,000만	타이계 80 중국계 10	타이어	불교 94 이슬람 5	7,700
미얀마		네피도	676,578	5,800만	버마족 68 샨족 10 카렌족 7	버마어	불교 88 기독교 6 이슬람 4	1,400

인도차이나반도

유럽의 화약고가 발칸반도라면, 아시아의 화약고는 한반도를 포함한 동아시아 지역과 인도차이나반도라고 할 수 있다. 그만큼 인도차이나반도는 20세기 이후로 끊임없이 전쟁과 분쟁의 아픔을 겪어왔다.

인도차이나라는 이름을 통해 인도와 차이나(중국) 사이에 위치한 지역임을 알 수 있는데, 이는 두 거대 세력 사이에 끼어 고통을 겪어온 이 땅의 운명을 보여준다.

왜 인도차이나는 고난의 운명을 짊어졌을까?

그림을 보면 인도차이나반도를 둘러싼 지역 상황을 알 수 있다. 동쪽에는 오늘날에도 치열한 경쟁이 벌어지고 있는 남중국해가 위치하고, 아래로는 인도와

인도차이나반도 현황

태국도 인도차이나반도에 걸쳐 있으나, 일반적으로 인도차이나 국가를 일컬을 때는 베트남, 캄보디아, 라오스를 가리킨다.

중국, 나아가 동아시아를 연결하는 말라카해협과 보르네오해가 흐른다. 그러니 아시아에 눈독을 들이는 나라라면 당연히 이곳에 관심을 가질 수밖에 없다.
인도차이나반도에는 베트남, 캄보디아, 라오스의 세 나라가 있다. 그 가운데 대표적인 나라가 우리에게 익숙한 베트남이다.

베트남

면적이 331,699km^2인 베트남은 태국이나 미얀마보다 작지만 인구는 1억 명이 넘는다. 지구본을 보면 알 수 있듯이 베트남은 해안선이 무척 길어, 무려 3천4백km가 넘는다. 지구상 모든 지역에서 해안선을 끼고 많은 인구가 거주한다는 사실을 떠올리면, 베트남 인구가 이토록 많은 것은 당연하다.
베트남 북부는 중국과 맞닿아 있는데, 고대 중국 역사서를 보면 오래전부터 중국과 교류가 있었다. 그 무렵 남월(南越, 이로부터 오늘날 사용하는 한자어 국명 월남이 탄생했다)이라고 불리던 베트남은, 강대국 중국과의 교류가 늘 평화로운 것은 아니어서 끊임없는 침략을 받았다. 특히 베트남은 지정학적으로 동서 교역의 가교가 되었을 뿐 아니라 인도차이나반도의 핵심 지역이어서, 근대에 들어와서도 여러 나라의 침략을 받았다.
1858년 다낭 공격을 시작으로 이듬해 사이공까지 점령한 프랑스는, 1884년에는 베트남 전역을 손에 쥐었다. 이때부터 베트남은 독립운동을 시작했는데, 베트남의 대외 항쟁은 1세기가 넘도록 지속되었다.
프랑스 지배 아래 있던 베트남에 변화가 일어난 것은 제2차 세계대전 시 일본이 침략하였을 때이다. 프랑스가 물러난 자리에 들어온 일본을 상대로, 베트남 공산주의 세력은 베트남독립동맹(베트민)을 결성하여 맞섰다. 그리고 1945년 일본이 패망하자 당연히 베트민이 중심이 되어 베트남 민주공화국을 수립하였다.
그러나 과거 식민지배를 하던 프랑스가 다시 진주하면서 기득권을 주장하자, 호찌민을 지도자로 한 베트남은 프랑스를 상대로 저항하기 시작했다. 그 과정에서 베트남은, 영국연방을 본떠 프랑스

베트남의 혁명가이자 정치인인 호찌민(1890~1969)

호찌민을 빼고는 오늘날 베트남을 이야기할 수 없다. 프랑스 지배 무렵부터 독립운동에 투신한 그는 이후 미국과의 전쟁에서도 놀라운 지략과 불굴의 의지로 20세기 최초로 미국에 패배를 안겨준 지도자가 되었다. 오늘날 그의 이름은 베트남 최대 도시의 명칭으로 남아 있다.

밀라이 학살 모습

1968년 3월 21일, 베트남 밀라이라는 작은 마을에 진입한 미군은 남녀노소를 가리지 않고 모두 374명(미국 주장)에서 504명(베트남 주장)에 이르는 주민을 학살했다. 이곳에 베트콩 게릴라와 동조자가 숨어 있다는 이유에서였다. 그런 후 128명의 적을 사살했다며 전투에서 세운 공로를 조작하여 보고했다. 결국 이 사건은 수면 위로 드러나 베트남 내부에서는 반미감정이 고조되었다. 이 사건이 미국에 보도되자 미국에서도 반전운동이 본격적으로 전개되었다.

연방 아래 독립한다는 협약을 수용했는데, 프랑스는 이에 만족하지 않고 베트남 남부에 월남국이라는 보호령을 세웠다.

당연히 베트남은 이에 반발했고, 그 후 프랑스의 북베트남 공격을 시작으로 두 나라 사이에 전쟁이 발발했다. 전쟁은 1954년까지 이어졌다. 그리고 끈질긴 베트남의 저항을 못 이긴 프랑스가 철수하면서 휴전협정이 체결되었다.

1954년 4월, 스위스 제네바에서 개최된 제네바회담에서 베트남은 북위 17도선을 경계로 북쪽은 호찌민이 이끄는 베트민, 남쪽은 미국이 지원하는 베트남이 통치하며, 향후 2년 내에 총선거를 실시한다는 결정을 내렸다.

그러나 남쪽 베트남과 미국이 이를 거부했고, 미국의 지원을 등에 업은 남베트남은 반대 세력을 탄압하였다. 이에 반발한 이들은 남베트남민족자유전선을 결성하여 저항을 시작하였고, 남베트남 군부 세력들 사이에는 정권을 두고 쿠데타가 자주 일어났다.

그런 와중에 1964년 8월 통킹만 사건이 일어나면서, 북베트남과 남베트남 사이에 본격적인 전쟁이 벌어졌다. 이 전쟁은 겉으로는 북베트남과 남베트남 사이의 전쟁이지만, 실제로는 북베트남을 지원하는 나라들과 미국을 중심으로 한 나라들의 전쟁이었다. 이 전쟁에 우리나라도 30만 명의 군대를 파견하였다.
그 후 북베트남의 지속적인 저항을 견디지 못한 미국이 전쟁 개입을 최소화하기 시작하였고, 1973년 1월 프랑스 파리에서 휴전협정이 이루어졌다. 이로써 베트남에서 모든 외국 군대가 철수하면서 남베트남 세력은 지리멸렬하였고, 1975년 북베트남 세력에 의해 베트남이 통일되었다.
베트남 전쟁은 20세기 들어서 미국이 패배한 최초의 전쟁으로 유명하다. 오랜 기간 외세의 침략을 받으면서도 오뚝이처럼 일어난 베트남 민족의 힘을 보여주는 예다.

통킹만 사건

1964년 8월 2일, 베트남 북부에 위치한 통킹만에서 작전 중이던 미국 구축함 매독스호가 북베트남 어뢰정에 공격을 받았다. 이에 미군은 즉각 대응에 나서, 북베트남 어뢰정 한 척을 격침하고 2척에 대해서도 큰 타격을 가하였다. 미군 항공모함 타이콘디로거호와 구축함 터너 조이호도 공격에 가세하였다.
이미 베트남 전쟁에 개입하고 있던 미국은 통킹만 사건을 빌미로 베트남 전쟁에 본격적으로 개입하기 시작하였다.

매독스호를 향해 질주하는 북베트남 모터 어뢰정 3척

사진은 매독스호가 1964년 8월 2일 통킹만에서 북베트남 모터 어뢰정 3척과 교전 중에 찍은 것이다. 세 척의 배가 매독스를 향해 질주하는 모습인데, 매독스호에서 찍었으므로 매독스는 사진에 보이지 않는다.

그러나 그로부터 7년이 지난 1971년, 《뉴욕타임즈》는 〈펜타곤 페이퍼〉를 입수하여 통킹만 사건의 조작 가능성을 제기하였다. 베트남 전쟁에 본격적으로 개입하기 위한 명분을 쌓기 위해 이 사건을 확대·조작했다는 것이었다.
그리고 1995년에는 베트남전 당시 미국 국방장관을 지낸 로버트 맥나마라가 자신의 회고록에서 이 사건이 미국의 자작극임을 고백했다.*

* 《두산백과사전》 '통킹만 사건' 항목 참조.

캄보디아

인도차이나반도에 위치한 캄보디아는 생각보다 낯익은 나라인데, 세계적인 고대 유적 앙코르와트 덕분이다. 캄보디아는 앙코르와트 유적이 건설되기 훨씬 전부터 강력한 국가였다.

《삼국지》에 등장하는 손권이 오나라를 다스릴 때, 캄보디아에 있던 왕국 부남과 교류했다는 기록이 전해 온다. 또 오래전부터 캄보디아 지역에 기반을 둔 국가들은 인도 및 중국과 교역을 해 왔다.

그리고 802년 크메르 제국을 건국한 이후 전성기를 맞는다. 그 무렵 크메르 제국은 태국 일부, 라오스와 베트남 일부까지 다스릴 만큼 강력한 국가였다. 이러한 국력을 바탕으로 앙코르와트와 앙코르톰 같은 거대한 건축물을 세웠다.

오늘날에도 수많은 관광객의 눈길을 사로잡는 앙코르와트는 12세기에 크메르 제국이 세운 유적인데, '앙코르Angkor'는 '왕도(왕궁이 있는 도시)', '와트Wat'는 '사원'을 뜻한다. 따라서 앙코르와트는 '왕궁의 사원'인 셈이다. 앙코르와트에서 1.5km 떨어진 곳에 위치한 앙코르톰은 '대왕도'라는 뜻이다.

앙코르와트는 크메르 유적 가운데 가장 온전하게 보전되어 온 편이지만, 세월과 전쟁의 참화에서 벗어날 수는 없어서 수많은 유적이 파괴되고 사라졌다. 앙코르와트 유적은 한 나라를 넘어 인류 모두의 유산이라는 인식 아래 우리나라를 포함한 세계 각국이 복원 사업에 참여하고 있다.

캄보디아 역시 인도차이나 다른 나라들과 마찬가지로 1863년 이래 프랑스 식민지로 있다가 1953년 독립하였다.

캄보디아 강역의 변화

크메르 왕국 최대 강역
현재의 캄보디아 영토
1760년대 캄보디아 영토

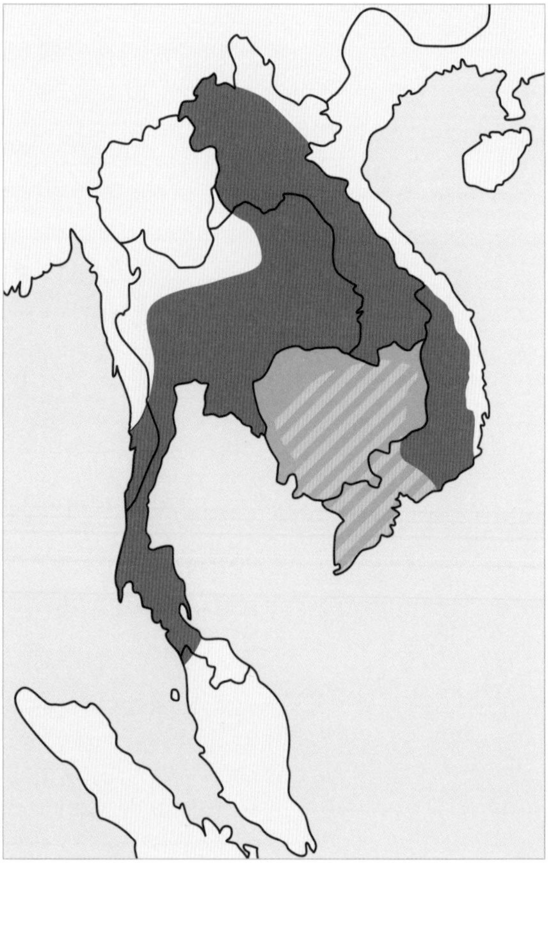

1431년, 크메르 제국 멸망 후 이 지역은 주변 왕국들로부터 끊임없이 침략을 받으며 고통스런 나날을 보냈다. 결국 1863년, 프랑스 보호령이 되고 말았다.

캄보디아 전도

캄보디아 중앙에 있는 호수가 앙코르와트 관광객들이 즐겨 찾는 톤레샵 호수이다. 톤레샵 호수는 평소 면적이 3,000km^2이지만 우기에는 9,000km^2까지 확장된다. 호수 부근이 완전히 바다가 되는 셈이다. 이 호수에서는 상당한 양의 물고기가 잡혀 주변 주민들의 식량원이 되고 있다.

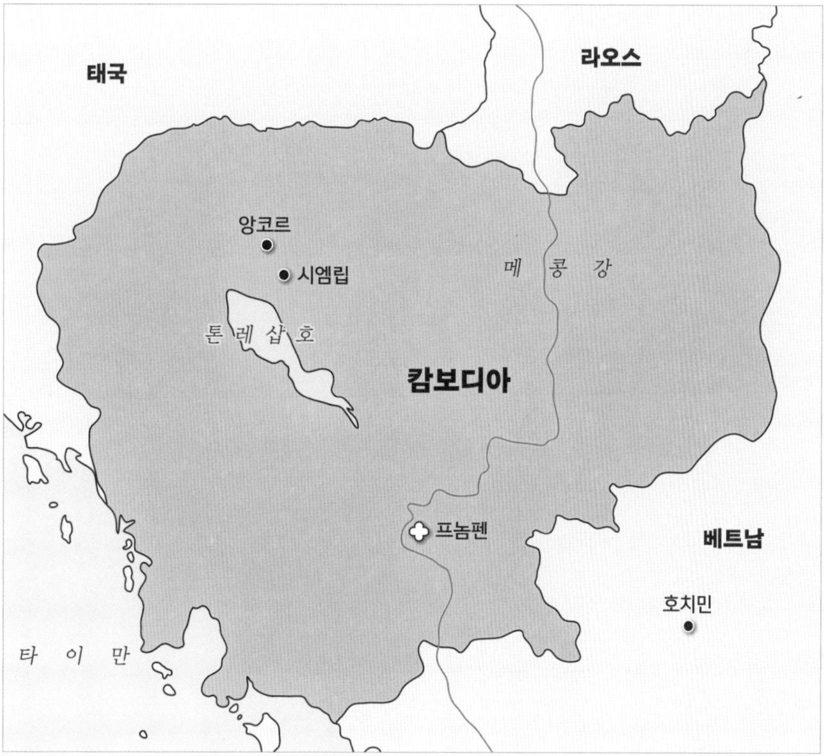

톤레삽 호수의 변화

건기에 짙푸른 면적이던 호수는 우기가 되면 주변 지역으로 확대되어 본래 면적의 약 세 배까지 확장된다. 톤레삽 호수에는 배에서 생활하는 주민들이 많다. 톤레삽 호수는 세계적인 관광지 앙코르와트 국립공원에서 가까워 많은 관광객들이 찾는다.

라오스

라오스는 면적이 236,800km²로 상당히 넓지만 인구는 7백만 명이 조금 넘는다. 동남아시아 다른 나라들에 비해 인구밀도가 낮은 편인데, 바다를 갖지 못한 내륙국가라는 점이 크게 작용했을 것이다.

라오스는 인도차이나반도 내륙 북부에 위치한 까닭에, 다른 나라들에 비해서 늦은 14세기에 이르러 비로소 통일된 국가가 등장하였다. 그 후 다른 인도차이나 국가들과 마찬가지로 프랑스 지배를 받았다.

제2차 세계대전이 끝나면서 독립을 꿈꾸었으나, 프랑스는 라오스에 대해서도 다시 침략을 감행하였다. 그러나 베트남에서 패하여 물러날 때 라오스에서도 영향력을 상실하였고, 1953년 라오스는 입헌군주제 국가인 왕립라오정부로 출범하였다.

그러나 이후에도 라오스는 평화를 얻지 못하였다. 사회주의 세력의 지원을 받는 측과 미국, 태국의 지원을 등에 업은 왕립라오정부 사이에 내전이 지속되었고, 결국 1973년에 내전이 종식되면서 대중들의 지지를 받은 사회주의 정권이 수립되었다.

라오스의 대표적 관광지, 루앙프라방 전경

메콩강이 흐르는 루앙프라방은 도시 전체가 유네스코 문화유산으로 지정되어 있다. 고대부터 이 지역의 중심지 역할을 한 루앙프라방에는 왕궁, 불탑, 사원 등 이름 높은 유적이 많다. 인구는 약 10만 명.

그러나 오늘날 라오스를 사회주의 국가라고 분류하는 사람은 없는 듯하다. 대신 사람들이 세계에서 가장 가보고 싶은 여행지로 손꼽는 나라가 라오스다. 공업화가 빠르게 이루어지지도 않았을 뿐 아니라, 인구도 적고 자연환경도 크게 훼손되지 않은 까닭에 소박한 여행지를 찾는 사람들 사이에 입소문이 난 까닭이다. 특히 조용하고 느리며 평화로운 지역 루앙프라방은 세계인이 꼽는 최고의 여행지에서 빠지지 않는다.

	국기	수도	면적 (단위: km²)	인구 (단위: 명)	언어	종교 (단위: %)	1인당 GDP (단위: 달러)
베트남		하노이	331,700	1억	베트남어	불교 15 기독교 8	4,500
캄보디아		프놈펜	181,035	1,700만	크메르어	불교 97 이슬람 2	2,100
라오스		비엔티안	237,955	780만	라오어	불교 66 전통종교 31	2,000

인도 대륙을 향해!

발길을 인도로 돌리자.

인도가 자리한 곳을 가리켜 인도 아대륙(Indian subcontinent) 또는 인도반도라고 한다. 반도라고 하기에는 너무 크고, 독자적인 대륙이라고 하기에는 작아서 인도 아대륙(亞大陸), 즉 '대륙에 버금가는 인도'라고 부르는 것이다. 영어로도 sub-continent는 대륙을 뜻하는 continent에 '~아래'라는 뜻의 sub를 붙인 것이다. 인도 아대륙에는 인도를 포함해 여러 나라가 있다.

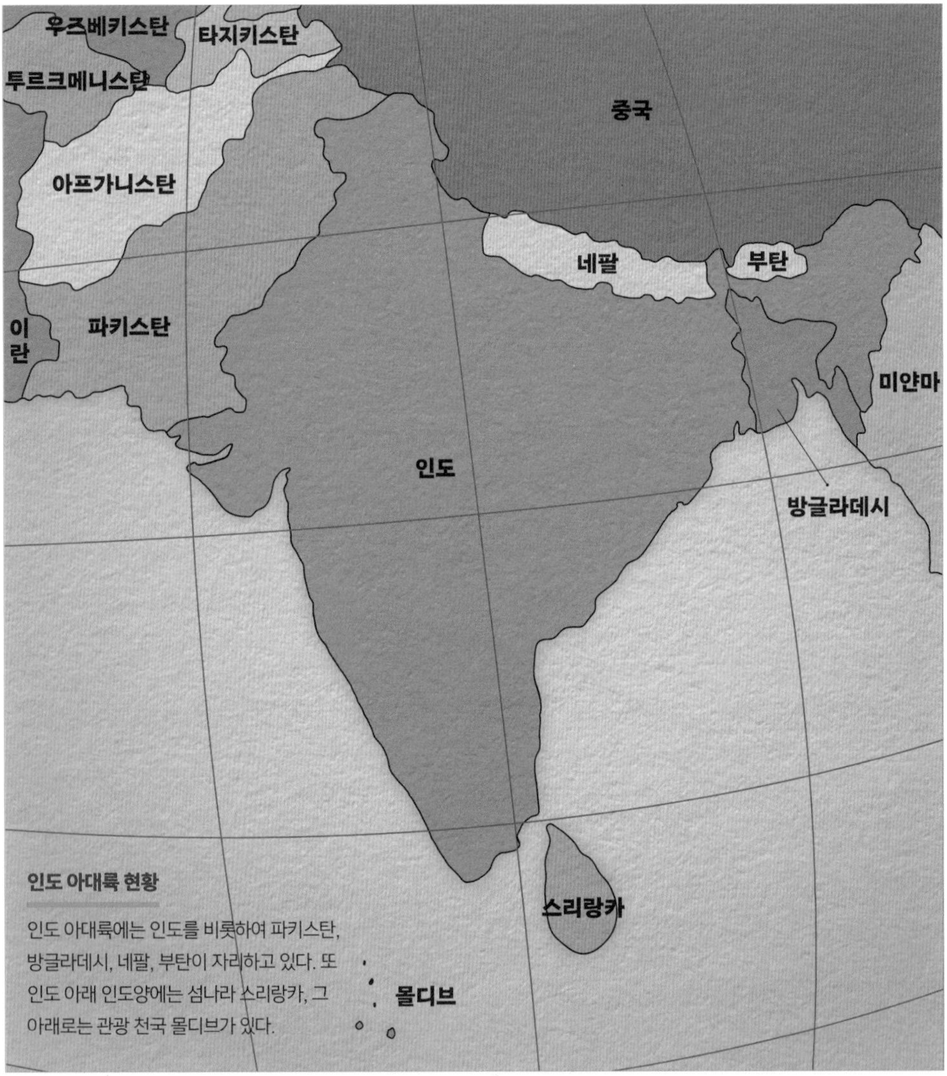

인도 아대륙 현황

인도 아대륙에는 인도를 비롯하여 파키스탄, 방글라데시, 네팔, 부탄이 자리하고 있다. 또 인도 아래 인도양에는 섬나라 스리랑카, 그 아래로는 관광 천국 몰디브가 있다.

부탄

부탄이라는 나라에 관심이 있는 사람은 거의 없다. 그만큼 부탄은 정신없이 돌아가는 오늘날 세계와는 무관해 보이는 나라다. 그래서 부탄을 가 본 사람도 별로 없고 부탄과 교역을 하는 일도 별로 없으며, 부탄과의 외교 관계에도 별 관심이 없다.

그런데 외교 관계는 우리가 맺고 싶어도 맺지 못한다. 부탄의 국방과 외교권은 인도에 위임되어 있기 때문이다. 물론 그냥 위임한 것은 아니고, 매년 인도로부터 상당한 원조를 받는 조건이다.

부탄은 면적이 38,394km^2, 인구는 약 80만 명이다. 북쪽은 히말라야산맥을 통해 중국 티베트와 맞닿아 있고, 나머지는 모두 인도에 둘러싸여 있는 내륙국가다. 게다가 부탄은 대부분 국토가 해발고도 2,000m 이상 산악지대여서 평야도 거의 없다.

부탄은 외국인 여행이 금지된 나라다. 부탄을 여행하기 위해서는 부탄 정부의 승인을 받아, 국가 승인 가이드와 동행해야만 가능하다. 게다가 부탄은 공식적으로 선언한 세계 최초의 금연국가다. 물론 여기저기서 담배를 피울 수는 있지만 공식적으로 그렇다.

그러니 부탄을 여행하는 일은 수고도 많이 들고 비용도 많이 들며, 신경 써야 할 일이 많은 은둔의 나라다.

부탄 수도 팀푸 모습

부탄 수도 팀푸 인구는 10만 명을 갓 넘는 수준이다.

방글라데시

방글라데시는 그곳 출신 외국인 노동자들이 우리나라에 들어오면서 낯익은 나라가 되었다. 물론 방글라데시 출신 외국인 노동자 숫자가 다른 나라에 비해 많지는 않지만, 그전에는 우리와 별 교류가 없던 나라이기에 오히려 눈에 뜨이는 듯하다.

방글라데시는 나라 이름부터 벵골이라는 지역을 빼고는 말할 수 없다. 벵골은 인도 본토와 미얀마 사이에 위치한 벵골만을 둘러싸고 있는 육지를 가리키는데, 서벵골은 인도에, 동벵골은 방글라데시('벵골의 나라'라는 뜻)에 속한다.

한편 면적 236,322km²인 이 땅에는 약 1억 7천만 명이 살고 있다. 면적은 한반도에 비해 8% 정도 넓은 데 비해 인구는 2배가 훌쩍 넘는다. 한반도도 세계적으로 인구밀도가 높은 곳인데, 벵골 지방에 비하면 아무것도 아니다. 그러니 그곳 사람들의 삶이 어떠할지는 상상이 갈 것이다.

방글라데시 역사는 복잡하다.

약 천 년 전부터 힌두교 땅인 인도 북부에 이슬람교도들이 침략해 왔고, 그때부터 인도 북부에 이슬람 사회가 형성되었다. 그렇다고 이곳이 다른 나라가 된 것은 아니었고 그대로 인도였다. 그 후 인도는 오랜 기간 영국의 식민 통치를 받았기에 당연히 방글라데시도 영국 식민지였다.

그러나 1947년, 인도가 영국으로부터 독립하면서, 벵골 지역은 힌두교도의 서벵골과 이슬람교도의 동벵골로 분리되었다. 이는 영국의 인도 통치 전략 때문인데, 영국은 독립운동 주축 세력인 힌두교도의 세력 약화를 노려 이슬람교도

방글라데시 독립전쟁의 희생자들을 기리는 국립순교기념관

방글라데시 독립전쟁에서 약 3백만 명이 희생되었다.

치타공 폐선 처리 산업 현장에서 일하는 노동자들 모습

방글라데시는 지리적 특성을 살려 오래전부터 조선업이 발달하였다. 그러나 현대에 들어서면서 방글라데시 조선업은 사양길에 접어들었고, 남동부 항구도시인 치타공은 세계적인 폐선 처리 산업의 중심지가 되었다. 배를 만들던 유명 국가가 배를 해체하는 국가로 탈바꿈한 것이다. 이는 값싼 인건비와 넘쳐나는 노동력을 이용하는 생산성 낮은 산업이다.

를 지원했고, 이때부터 인도 내 힌두교 세력과 이슬람교 세력 사이에 갈등이 시작되었다. 그 결과 영국이 철수한 후 두 세력 사이에 대립이 표면화된 것이다. 인도 북부 이슬람 지역 역시 파키스탄으로 분리, 독립하게 되었다. 그러자 때를 노렸다는 듯이 동벵골 역시 이슬람 국가 파키스탄에 참여하였다.

그렇게 방글라데시는 파키스탄의 일부로 출범하였는데, 이때는 동파키스탄이라고 불렀다. 그러나 정치적으로 힘을 가진 서쪽 파키스탄이 우르두어를 공용어로 채택하면서 동파키스탄과 갈등을 겪기 시작했다. 동파키스탄은 문화권이 벵골 지방인 까닭에 언어 역시 벵골어를 사용하였기 때문이다. 결국 서파키스탄과 동파키스탄(동벵골) 사이에 갈등이 일어났고, 급기야 방글라데시 독립전쟁으로 이어져 1971년 방글라데시의 독립이 확정되었다.

방글라데시는 20세기에 들어 인도로부터 독립한 후, 다시 파키스탄으로부터 독립하는 이중의 독립을 이룬 셈이다.

오늘날 방글라데시 국민들 삶은 곤핍하다. 세계에서 가장 덥고 비가 많이 오는 지역인데다 시시때때로 자연재해도 닥쳐온다. 그렇다고 뛰어난 유적이나 환경을 갖추어 관광산업이 발달한 것도 아니다. 인구밀도는 도시국가를 제외하고는 유례가 없을 정도로 과밀하다. 지구본을 보아도 방글라데시 국토는 주변 국가에 비해 매우 좁은 것을 알 수 있다.

딱히 발달한 산업도 없고 천연자원도 별로 없으니, 빈곤으로부터 탈출하려면 오직 인적 자원밖에 없다. 그런데 낙후한 정치와 사회 기반 시설 부족으로 문맹률도 높고 빈부격차도 크다. 하루에 2달러 미만으로 살아가는 빈곤층이 국민의 3/4을 넘는다.

네팔

부탄에서 서쪽을 바라보면 히말라야로 유명한 네팔이 자리하고 있다. 네팔은 147,516km^2 면적에 약 3천만 명의 인구를 가진 나라다.

네팔에는 유명한 불교 성지인 룸비니가 있는데, 불교 창시자 석가모니의 고향이다. 그런 까닭에 네팔의 종교, 하면 불교를 떠올린다.

그러나 인구의 80% 이상이 힌두교를 믿고 있으며, 불교도는 10% 내외에 머문다. 다만 네팔의 힌두교는 불교와 공생한다고 할 정도로 두 종교가 혼합된 모습이다. 불교 사원 내에 힌두 사원이 있기도 하고, 힌두 사원 내에 불상이 있기도 하니, 불교가 익숙한 우리 눈에는 모두 불교로 보이는 것인지 모른다.

그러나 무엇보다도 네팔, 하면 떠오르는 것은 에베레스트산을 비롯해 히말라야 산맥에 위치한 세계 최고 높이 산들이다.

네팔 소재 히말라야 8좌

에베레스트 8,848m	**칸첸중가** 8,586m	**로체** 8,516m
마칼루 8,462m	**초오유** 8,201m	**다울라기리** 8,167m
마나슬루 8,163m	**안나푸르나** 8,091m	

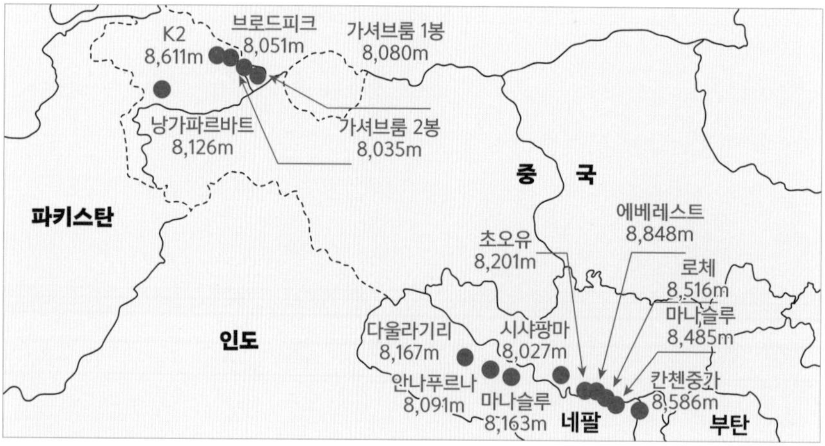

히말라야 14좌 위치

히말라야산맥에 위치한 봉우리들 가운데 8,000m가 넘는 것들을 가리켜 히말라야 14좌라고 한다. 그 가운데 네팔에 위치한(네팔과 주위 나라들에 걸쳐 있는 경우도 포함한다) 봉우리들은 앞서 살펴본 8좌이고, 나머지는 K2(8,611m, 중국과 파키스탄), 낭가파르바트(8,126m, 파키스탄), 브로드피크(8,051m, 중국과 파키스탄), 가셔브룸 1봉(8,080m, 중국과 파키스탄), 가셔브룸 2봉(8,035m, 중국과 파키스탄), 시샤팡마(8,027m, 중국)의 6좌다.

네팔 국토의 해발고도

나라 전체가 높은 지역에 있다. 그러다 보니 경작지도 부족하고 자연을 훼손하지 않으면 공장이나 산업 시설을 건설하기도 어렵다. 경작지는 남쪽 인도와의 국경을 따라 좁고 길게 있을 뿐, 국토 대부분이 농사에는 어울리지 않는 산지·빙하지대·숲으로 이루어져 있다.

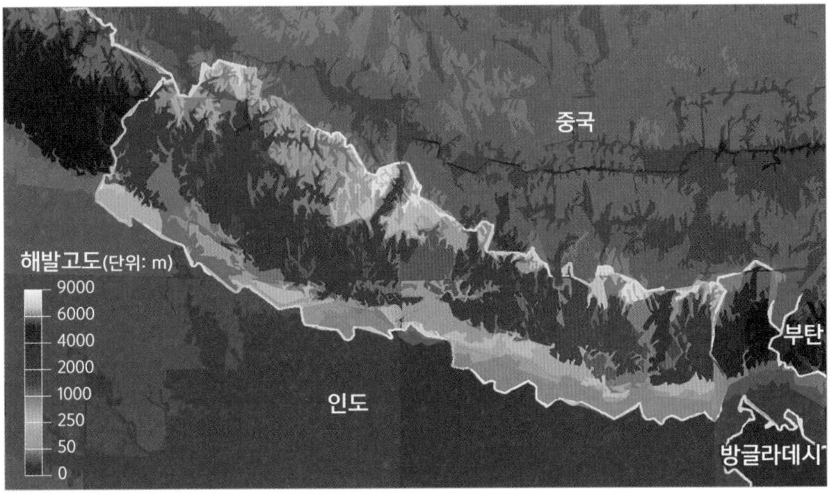

파키스탄

파키스탄은 앞서 살펴보았듯이 인도에서 종교적 이유로 독립한 나라다. 파키스탄은 인도와 함께 핵무기 보유국으로도 유명하다. 이는 인도와 파키스탄 사이 갈등이 심각하다는 사실과 함께, 아시아에서 중국을 둘러싼 강대국들의 이해관계가 두 나라 핵무기 보유에도 영향을 미쳤음을 말해 준다. 인도의 핵무기 개발은 티베트 지방을 중심으로 국경 분쟁을 겪고 있는 중국의 핵무기 개발에 영향을 받은 바가 크다. 물론 파키스탄과의 갈등도 한몫했다.

한편 미국은 구소련을 견제하기 위해 파키스탄의 핵무기 보유를 용인했다는 의혹을 받고 있으며, 파키스탄의 핵무기 개발 능력은 후에 북한과 이란 등에 수출된 것으로 알려져 있다.

파키스탄 면적은 약 80만km^{2}에 달하고(면적은 인도, 중국과 잠정협정을 맺은 카슈미르 지방을 포함하느냐 아니냐에 따라 변한다), 인구는 2억 3천만 명에 가깝다. 게다가 핵무기까지 보유하고 있으니 명실상부한 대국이다. 물론 경제면만 본다면 그렇지 않겠지만.

그러나 동쪽으로는 적대적인 인도, 북서쪽으로는 20세기 후반부터 서아시아의 화약고가 된 아프가니스탄, 북쪽으로는 세계의 강대국으로 부상 중인 중국, 그리고 서쪽으로는 미국과 이스라엘의 위협 속에서 끊임없이 군사적 긴장을 놓지 않고 있는 이란이 자리한 지정학적 위치 때문에 파키스탄의 정치·사회적 상황

파키스탄 주변 현황

이란과 아프가니스탄, 중국, 인도, 그리고 끊임없는 분쟁으로 이름 높은 카슈미르로 둘러싸인 파키스탄은 정치·외교적으로 안정을 찾기 어려운 지역이다. 한편 이 지역 국가명은 대부분 '-스탄'으로 끝나는데, 이는 페르시아어로 '지방, 나라'를 뜻한다.

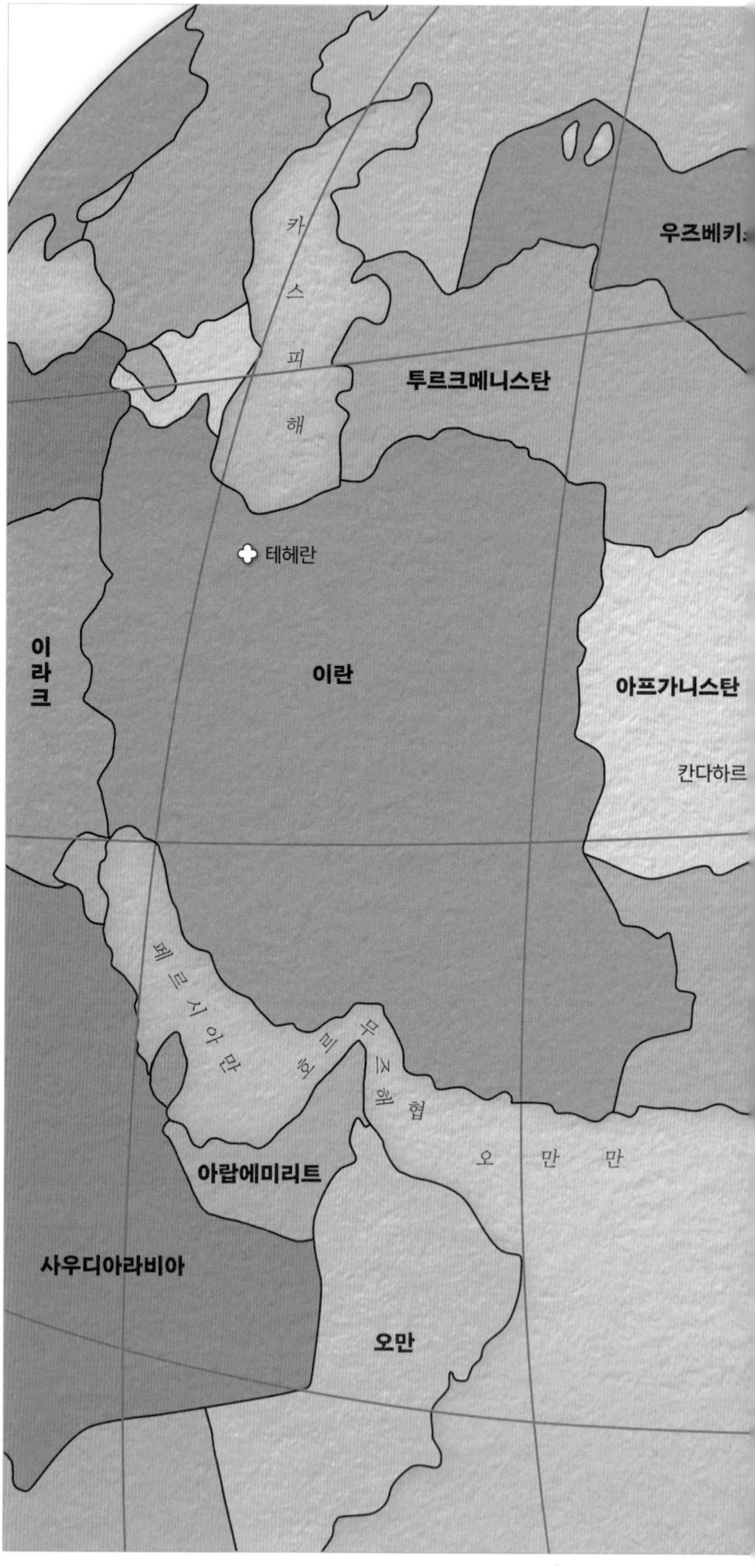

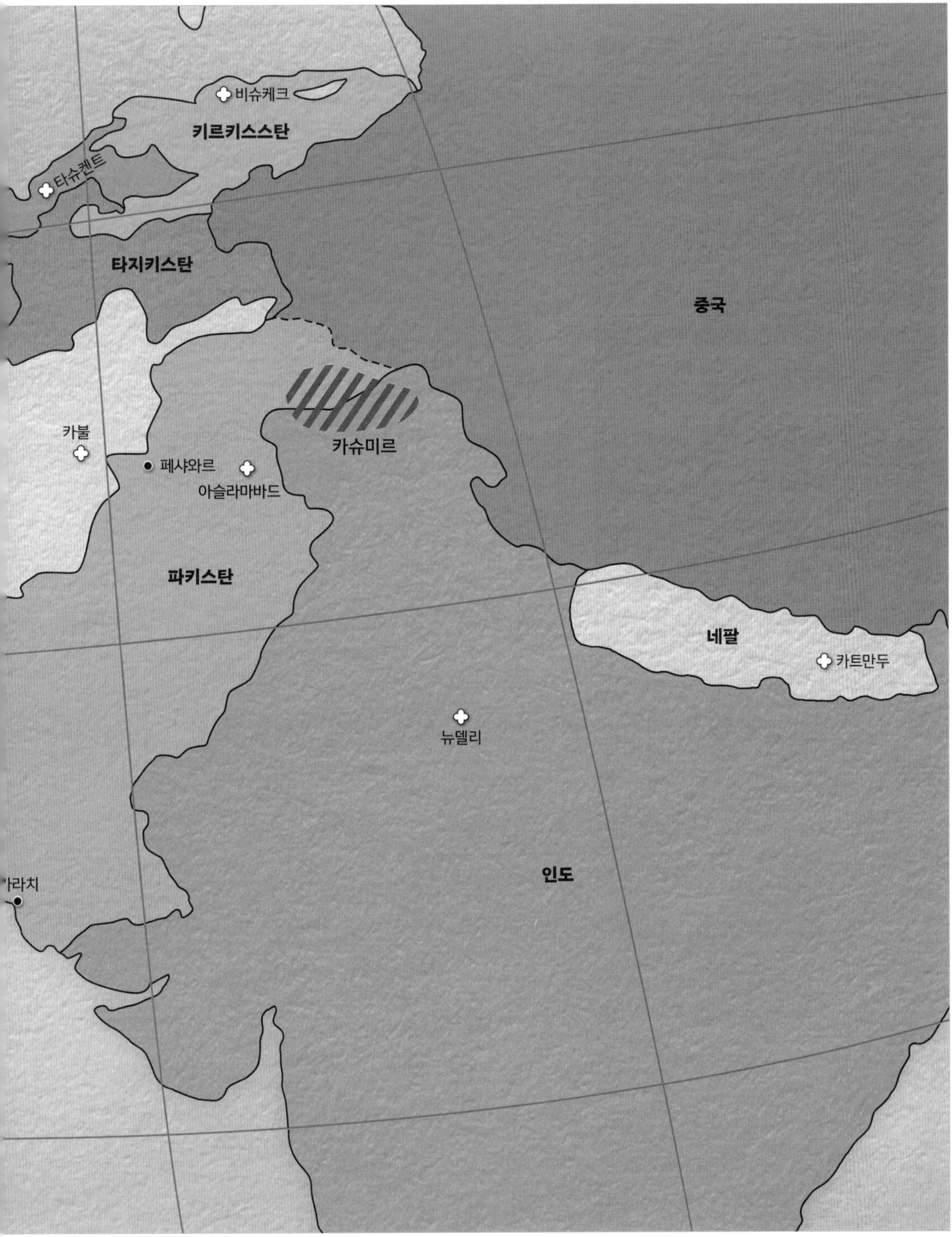
비슈케크
키르키스스탄
타슈켄트
타지키스탄
중국
카불
페샤와르
아슬라마바드
카슈미르
파키스탄
네팔
카트만두
뉴델리
인도
라치

은 녹록지 않다. 게다가 카슈미르 지역을 사이에 두고 인도와 크고 작은 다툼을 하고 있어, 언제든 큰 사건으로 비화할 가능성이 있다.

파키스탄은 겉으로 드러나는 대국의 모습과는 달리 경제적으로는 낙후되어 있다. 그런 까닭인지 수백만 명의 파키스탄인들이 해외에 나가 노동자로 일하며 번 외화를 본국으로 송금하는데, 이 돈이 파키스탄 외화보유고에서 큰 몫을 차지한다.

그럼에도 파키스탄은 UN과 세계 각국 경제 전문가들이 진단하듯 미래의 잠재적 강대국임이 분명하다. 천연자원도 풍부하며 인구 역시 많은데, 그 대부분이 젊은이들이다. 최근에는 인터넷 분야에서도 빠른 속도로 발전하고 있어 그러한 예측을 뒷받침하고 있다.

카슈미르 분쟁

파키스탄 북동부, 인도 북부에 위치한 카슈미르 지방은 인도와 파키스탄 사이 갈등이 분출하는 대표적인 지역이다.

영국으로부터 인도와 파키스탄이 독립할 무렵, 카슈미르는 영국 통치 아래 있던 토호국 가운데 하나였다.

카슈미르 지역 현황

지도에서 볼 수 있듯이 파키스탄 동쪽에 있는 카슈미르는 종교적으로는 주민의 70% 가까이가 무슬림인 반면, 30% 가까이는 힌두교도다. 한편 우리에게는 '오래된 미래'라는 상징적인 표현으로 유명한 소박하면서도 환경친화적이고 전통문화를 지키며 살아가는 라다크 지방이 바로 카슈미르 지역에 있다. 라다크 주민들은 대부분 티벳불교도들인데, 과거에는 인도와 파키스탄 사이에, 오늘날에는 인도와 중국 사이에 국경분쟁을 겪고 있다.

라다크 중심 도시 레의 모습

남한의 절반 가까운 59,146km² 면적에 인구라야 고작 30만 명도 안 되는 라다크 지방이 평화롭고 자적한 것은 당연할지 모른다.

그 무렵 카슈미르 주민 대다수는 이슬람교도였으며, 파키스탄으로 편입에 찬성했다.

그러나 카슈미르를 지배하고 있던 영주는 힌두교도여서 인도에 편입되기를 희망하였고, 이때부터 카슈미르 분쟁이 촉발되기에 이른다. 그 후 카슈미르를 둘러싸고 인도와 파키스탄 사이에는 두 번이나 전면전이 벌어졌으며, 두 나라의 핵무기 개발은 직접적으로는 카슈미르 분쟁으로부터 기인했다고 볼 수 있다.

두 나라는 카슈미르를 둘러싸고 평화협정을 맺기는 했으나, 그 후에도 틈만 나면 다툼이 이어지고 있다. 최근에는 카슈미르 내부에서 카슈미르 분리·독립운동까지 벌어지고 있어 또 다른 불씨가 되고 있다. 카슈미르 분리·독립운동은 인도령 카슈미르인 잠무카슈미르를 중심으로 벌이는데, 당연히 이슬람교도들이 중심으로 활동한다.

그러나 힌두민족주의가 점차 강해지는 인도 역시 이러한 운동을 용납할 수 없다는 입장이어서 이 지역의 긴장은 한층 고조되고 있다.

한편 카슈미르 동쪽은 인도와 중국 사이에 국경 분쟁을 겪고 있는 지역이다.

인도

인도는 한 권의 책으로도 부족할 만큼 문명사적(인도는 잘 알려진 것처럼 세계 4대 문명 가운데 하나인 인더스 문명의 발상지이다)으로도 중요하고, 역사적·종교적(인도 주변에서 탄생한 대표적인 종교만 해도 힌두교, 불교, 자이나교, 시크교 등이 있다)·경제적(근대 세계사는 인도를 두고 쟁탈전을 벌인 서양 여러 나라의 각축전으로 점철되어 있다. 그 대표적인 것이 인도로 향하는 새로운 길을 찾다가 엉뚱한 땅을 찾은 콜럼버스와, 동인도회사를 설립하고 나아가 인도를 식민지화해 부를 쌓은 영국, 그리고 네덜란드의 사례다)·정치적(인도를 둘러싸고 벌어진 근현대 역사는 길고도 험하다. 오늘날에도 인도는 세계 정치의 중심

계획적으로 건설된 것이 분명한 모헨조다로 유적지 모습

기원전 20세기 이전에 건설한 모헨조다로 유적은 계획도시 모습을 갖춘 곳으로, 인더스 문명이 남긴 소중한 유산이다. 그런데 많은 이들이 인더스 문명은 인도에 자리하고 있다고 여긴다. 실제로는 모헨조다로 유적은 파키스탄에 있다.

에 놓여 있다)으로도 수많은 사연을 품고 있는 나라다.

그뿐이 아니다. 인도는 외국인에게는 이해하기 힘든 나라 가운데 하나로 꼽힌다. 전근대적인 인류의 유산인 신분제도(카스트 제도)가 21세기에도 유지되는가 하면, 세계 IT산업을 이끄는 첨단국가이기도 하다. 또한 세계에서 경제가 가장 가파르게 성장하는 나라인가 하면, 아직도 강 위에서 시신을 불태우는 행위를 성스럽게 여기기도 한다. 불교의 탄생지에 가깝지만 불교도는 찾아보기 힘들고, 거리에는 소가 어슬렁거리며 돌아다녀도 누구 하나 통제하지 않는다.

그러한 팔색조 같은 인도의 모습이야말로 인도의 매력이요, 다른 나라에서는 찾아볼 수 없는 인류 문명의 다른 면이라고 여기는 사람이 무척 많다. 그래서 인도 여행을 한 번도 하지 않은 사람은 있어도, 한 번만 한 사람은 없다는 말이 떠돌 정도로 여행객을 사로잡는 곳이기도 하다.

인도 국토 면적은 세계 7위로 3,287,263km^{2}나 될 뿐 아니라, 인구는 14억 명을 훌쩍 넘어 15억 명을 향해 나아가, 중국을 제치고 세계 1위가 되었다.

서구 여러 나라가 세운 동인도회사는 초기에는 무역뿐 아니라 본국을 대신해 인도에서 국가 역할까지 했다. 그러한 서구 열강의 각축전은 급기야 그들끼리 분쟁으로 이어졌고, 최후의 승자는 영국이 되었다. (1-109쪽 참조)

그 후 영국은 동인도회사를 통해 인도를 지배하였는데, 1857년 일어난 세포이 항쟁을 계기로 영국 정부가 직접 인도를 지배하는 식민지 체제로 돌입했다. 그렇게 한 세기 가까이 영국의 통치를 받은 인도가 독립한 것은 1947년 8월 15일이었다.

세포이 항쟁

'세포이'는 페르시아어로 '병사'를 뜻하는데, 영국 동인도회사가 고용한 인도인 용병을 가리킨다. 인도에서 프랑스를 물리친 영국 동인도회사는 인도를 실질적으로 지배하였는데, 그때 인도 지배를 위해 고용한 것이 세포이다.

그 후 영국은 주변 지역을 추가로 침략하기 위해 세포이들을 파병하고자 했으나 세포이들은 이에 반발했고, 급기야 영국인들에 대한 항쟁으로 이어졌다.

항쟁의 배경에는 이 외에도 영국군에 비해 차별받는 세포이들의 불만, 영국 선교사들 부임에 따른 종교적 갈등 등도 있었다. 그러한 불만이 팽배한 상태에서, 직접적으로는 영국군이 세포이들에게 배급한 총포에 바른 소와 돼지기름이 힌두교와 이슬람을 믿는 자신들을 부정한 것이라고 여겨 1857년 5월 10일, 델리 근교 미루트에서 항쟁을 시작했다.

세포이들은 영국인 장교를 살해하고 무기를 탈취한 뒤 델리로 진격하였다. 처음에 세포이들이 일으킨 항쟁이 차츰 영국의 침탈에 고통을 받던 농민층으로 확산되었고, 그 결과 인도 전역으로 퍼져 나갔다. 이에 세포이들은 영국의 침략 아래 명목상 유지되던 무굴 제국의 부활을 선언하고, 황제 바하두르 샤 2세를 지도자로 옹립하였다.

그러나 강력한 지도층이 없었던 세포이들의 저항은 다양한 종교와 신분 차이, 그리고 지역적 차이 때문에 효율적인 항쟁으로 이어지지 못했다. 이후 영국 본토에서 정부군이 파견되자 점차 밀리기 시작하였고, 1857년 9월 델리를 빼앗긴 후 무굴 제국 황제는 체포되어 버마(오늘날의 미얀마) 양곤으로 유배되었다. 이후로도 산발적으로 저항했지만 항쟁 세력은 1859년 완전히 진압되었다.

그로써 명목상으로라도 존재하던 무굴제국은 역사 속으로 사라졌고, 영국은 인도 지배를 담당하던 동인도회사를 폐지하고, 영국 정부가 직접 지배하기 시작했다. 이로써 인도는 영국의 명실상부한 식민지가 되었다.

세포이 항쟁 당시 붙잡혀 교수형을 받는 세포이의 모습

인도는 땅이 넓은 만큼 문화적 다양성도 대단해, 인도 공용어는 힌디어와 영어지만 인도 전역에서 사용하는 언어는 수백 개에 이른다. 게다가 인도 인구가 워낙 많아 인구의 5%만 사용한다 해도 그 언어 사용자가 우리말 사용자에 버금갈 정도이다.

인도 수도 뉴델리는 인도 북부에 위치하며, 인도 경제 중심지이자 교역 중심인 뭄바이는 항구도시로 인도 중부의 서쪽에 있다. 뭄바이는 지구본을 보면 알 수 있듯이 서쪽에 아라비아해가 있어, 오래전부터 유럽에서 오는 물자의 관문 역할을 하였다. 그렇게 발달한 뭄바이는 수에즈 운하가 개통되면서 더욱 중요한 항구도시가 되었고, 19세기 중엽 이후 인도 산업의 중심지로 발돋움하였다.

1995년 11월에는 영국 식민지 시절부터 사용하던 봄베이(Bombay)라는 도시 명칭을 뭄바이(Mumbai)로 바꾸었다.

한편 우리에게는 낯선 편이지만 인도는 세계에서 영화를 가장 많이 제작하는 나라로, 1년에 1,500편이 넘는 영화를 제작·상영한다.

뉴델리 시내 중심가의 해질녘 모습

흡족한 경제 발전에 수반하는 심한 매연이 태양을 가리고 있다.

인도 중심 도시 현황

경제적으로 세계에서 가장 빠르게 성장하는 인도는, 다른 개발국가들에 비해 인구 또한 가파르게 증가하고 있다. 전통적인 세계 최다 인구 보유국 중국을 넘어서 세계 1위에 오른 인도의 인구수는 미래 인도 경제 발전을 담보하는 기반이라고 할 수 있다.

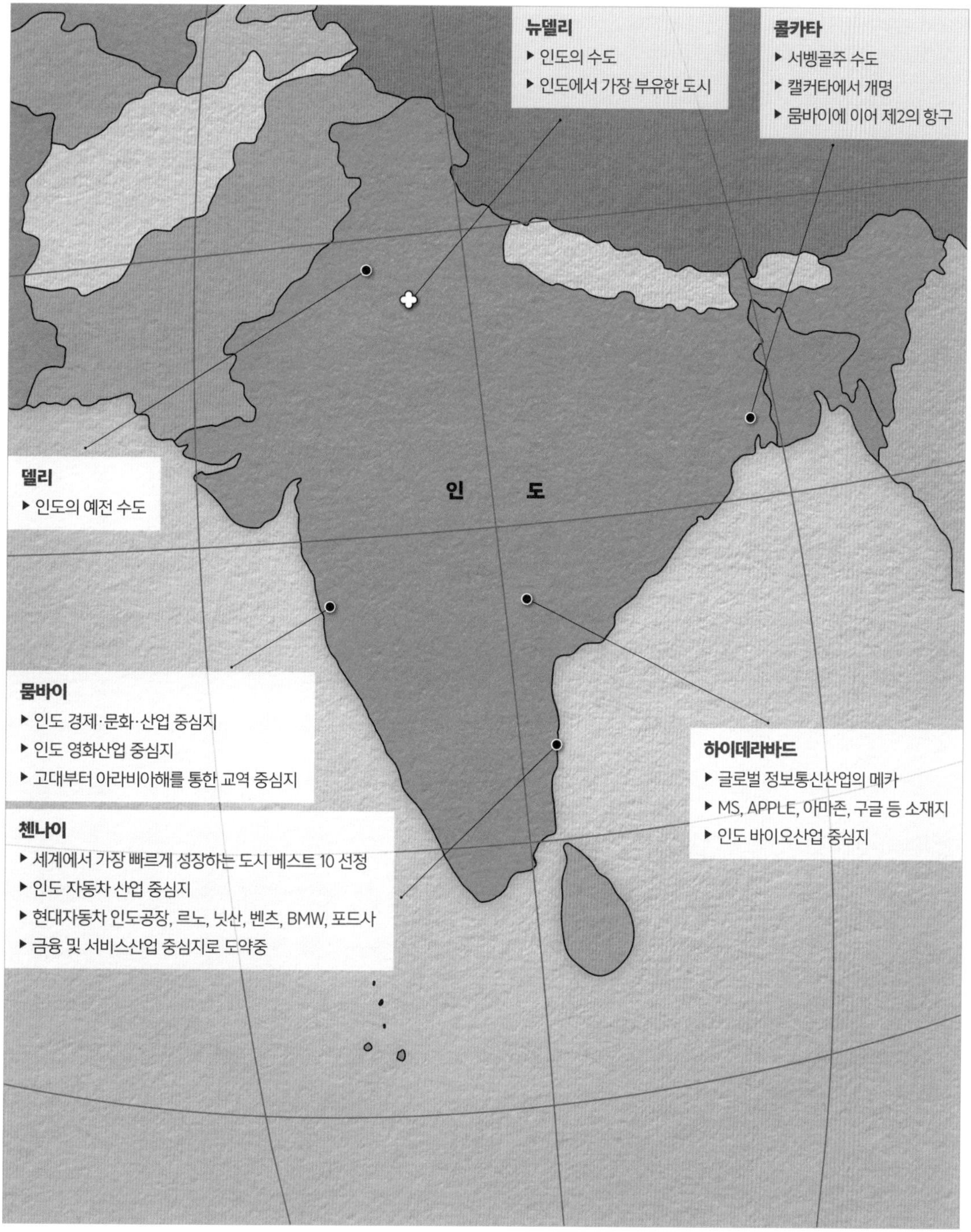

인도양

인도아대륙을 둘러싸고 있는 바다가 인도양이다. 3,287,263km²에 이르는 인도라는 대국도 인도양 앞에서는 보잘것없어 보인다. 그만큼 인도양, 나아가 바다가 지구에서 차지하는 비중이 크다. 인도양은 면적이 7,344만 km²에 달하며, 바다 위에 스리랑카, 몰디브, 세이셸, 모리셔스, 마다가스카르, 코모로의 6개국이 자리하고 있다. 그 가운데 아시아 국가는 스리랑카와 몰디브, 2개국이고 나머지는 아프리카에 속한다.

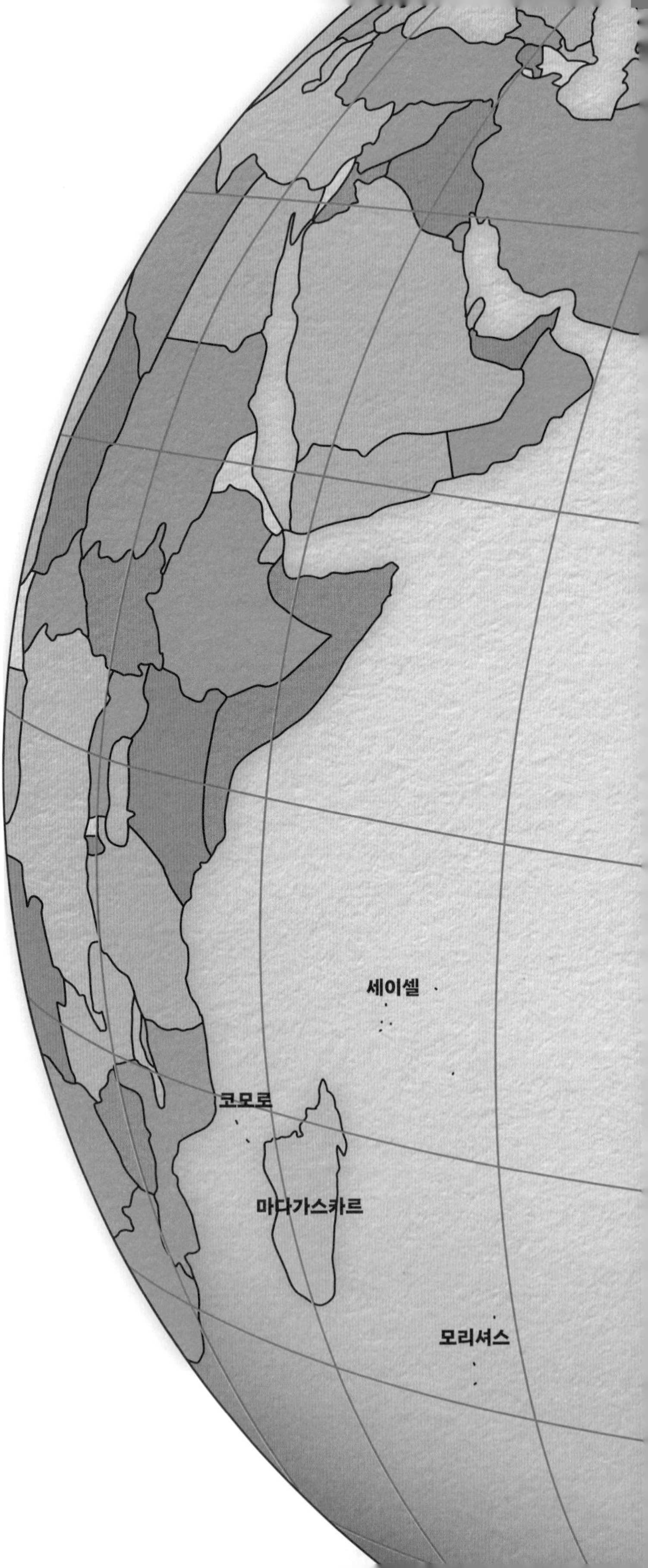

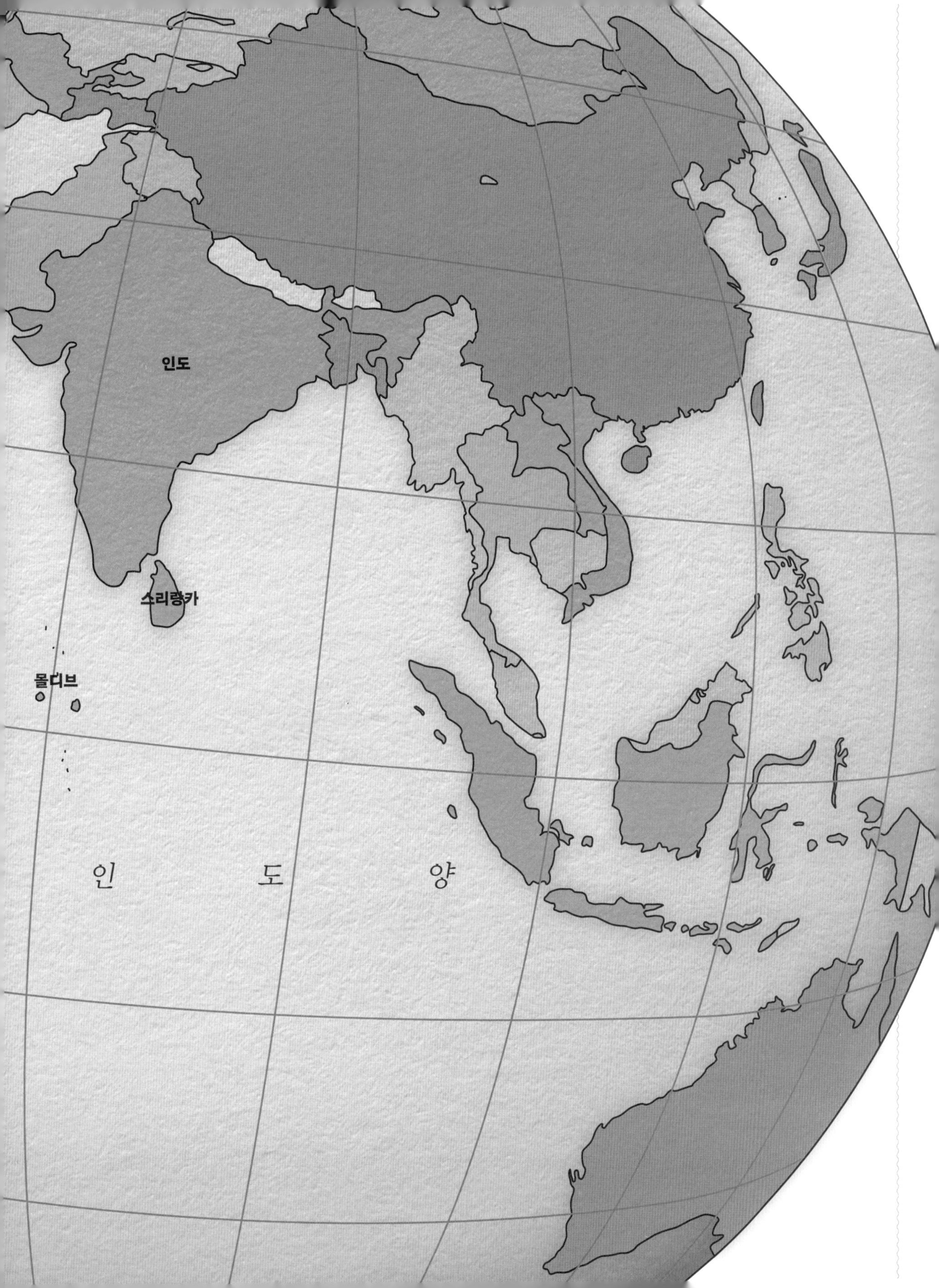
인도
스리랑카
몰디브
인 도 양

스리랑카

인도 남부로 눈길을 돌리면 인도양이 눈에 들어오는데, 인도양 입구에 자리한 섬나라가 스리랑카다. 스리랑카는 한눈에 보아도 인도와 밀접한 관계를 맺고 있는 게 분명할 만큼 인도 대륙과 가깝다.

인도에서 건너온 싱할라족이 원주민을 정복한 후 나라를 세운 것이 기원전 6세기경인데, 그 후 인도 남부에서 건너온 타밀족의 공격으로 싱할라족 역시 섬 남쪽으로 밀리기 시작했다. 16세기에 접어들면서 포르투갈이 가장 먼저 이곳에 상륙하였다. 그 후 네덜란드인들이 건너와 포르투갈을 물리쳤으며, 1795년에는 다시 영국이 들어와 네덜란드를 몰아낸 후 식민지화했다.

그 후 영국인들은 타밀족을 이주시켜 플랜테이션* 농업을 경영하였다.

제2차 세계대전 이후인 1948년, 영국으로부터 독립하였다. 그러나 이후에도 영국의 영향력이 지속되다가 1972년 5월, 제헌국회 소집과 함께 영국으로부터 완전 독립을 이루었다. 나라 이름 또한 이전에 사용하던 실론을 폐기하고 스리랑카 공화국으로 바꾸었다. 그리고 1978년에는 다시 스리랑카 민주사회주의 공화국으로 국명을 바꾸었다.

스리랑카는 싱할라어로 '위대한 섬'이라는 뜻이다. 반면 옛 국명인 실론은 고대 그리스인들이 이 지역을 부르던 명칭에서 유래한 것이다. 실론이라는 국명은 사라졌지만, 이곳에서 나는 홍차가 워낙 유명해 오늘날에도 '실론티'라는 상표를 사용할 정도다. 차 산업은 스리랑카를 지탱하는 경제적 토대 가운데 하나로, 수출의 10% 이상을 차지한다.

* 열대, 아열대기후지역에서 선진국이나 다국적기업의 자본 및 기술과 원주민의 값싼 노동력을 결합하여 단일 작물을 대규모로 경작하는 농업 방식.

스리랑카 국기

스리랑카 인구는 싱할라족이 약 75%, 타밀족이 약 15%, 무어족이 9% 정도로 구성되어 있다. 싱할라족은 불교, 타밀족은 힌두교, 무어족은 이슬람을 신봉한다. 이러한 인구 구성은 스리랑카 국기에도 반영되어 있다.

국기 오른쪽 사자는 사자의 자손인 싱할라족을 나타내며, 네 귀퉁이에는 싱할라족의 종교인 불교를 의미하는 보리수 잎을 배치하였다. 국기 왼쪽 초록색은 이슬람교를 믿는 무어족을 나타낸다. 또 가운데 주황색은 타밀족과 그들의 종교인 힌두교를 나타낸다. 인구 비율에 따라 국기 면적까지 배분했지만 민족 간 갈등은 좀처럼 사라지지 않는다.

한편 국명을 바꾼 후 타밀족 반군과 정부군 사이에 끊임없는 내전이 이어져 수십만 명이 희생되었는데, 2009년에 이르러서야 내전은 끝이 났다. 그러나 종족 갈등은 여전히 스리랑카 내부에 남아 있다.

몰디브

인도에서 남쪽으로 눈길을 돌리면 작은 섬나라 몰디브가 인도양 입구에 자리하고 있다. 천 개가 넘는 산호섬과 환초로 구성된 몰디브는 1년에 1백만 명 이상의 관광객이 찾는 관광 천국이다.

그런데 천혜의 관광지도 피해갈 수 없는 것이 지구온난화로 인한 해수면 상승이다. 국토 대부분이 산호섬인 몰디브에서 가장 높은 곳이라고 해야 해발 2m에 불과하니(몰디브에 직접 가보면 그보다 높은 지역이 있는데, 이는 건설을 위해 기반을 높인 것이다) 해수면 상승의 위협이 눈앞에 다가왔다.

전문가들은 늦어도 2100년에는 몰디브가 바닷속으로 가라앉을 것으로 예측한

인공위성 사진으로 본 몰디브

인공위성 사진을 보면 수많은 섬과 환초가 보인다.

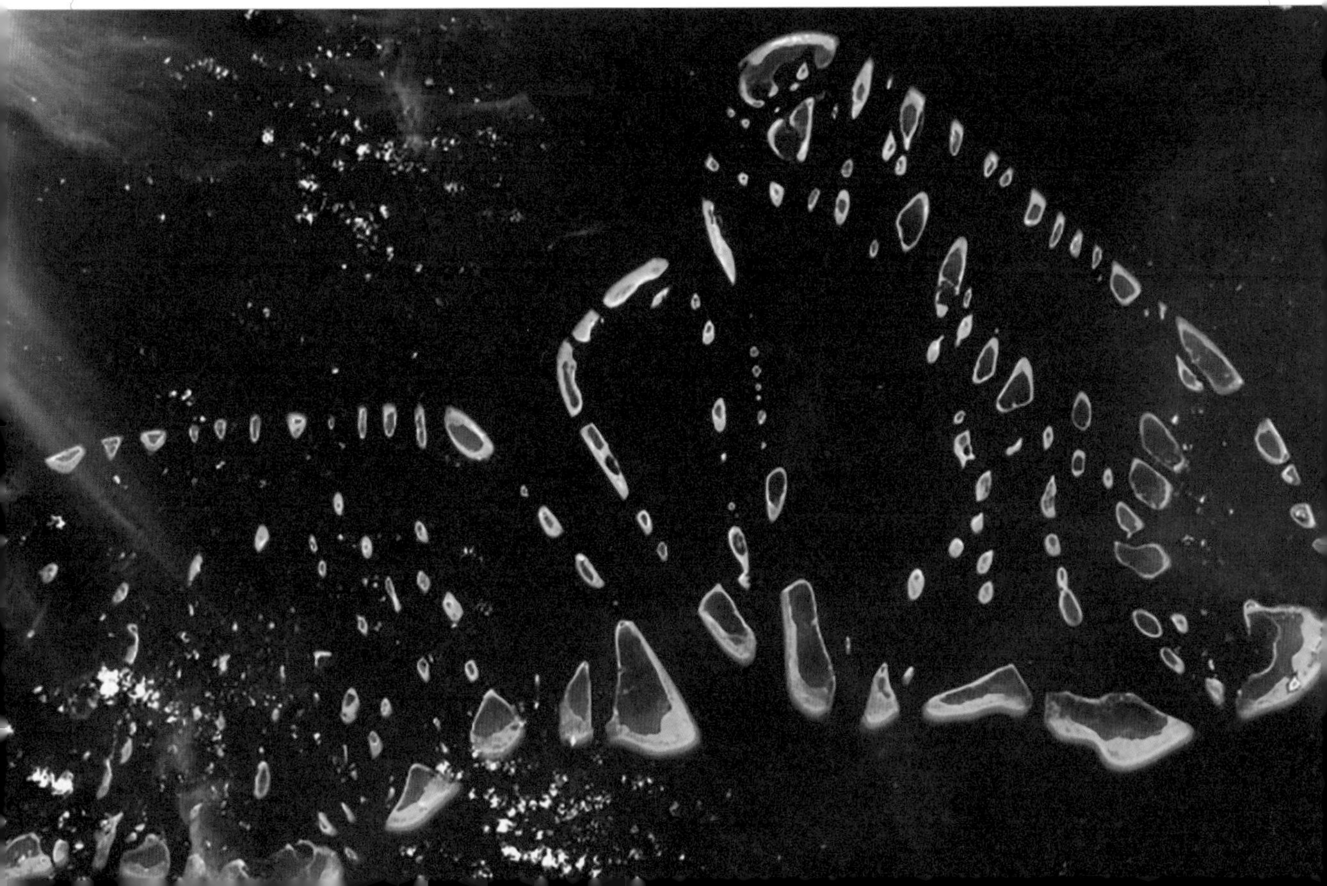

다. 몰디브 정부는 이때를 대비해 국민을 이주시킬 방도를 찾고 있는데, 인도나 스리랑카 또는 호주를 상대로 국민 전체 이주 협상을 추진하고 있다.

	국기	수도	면적 (단위: km^2)	인구 (단위: 명)	언어	종교 (단위: %)	1인당 GDP (단위: 달러)
부탄		팀푸	38,394	80만	종카어	불교 75 힌두교 23	3,500
방글라데시		다카	148,460	1억 7천만	벵골어 치타공어	이슬람 90 힌두교 9	2,900
네팔		카트만두	147,516	3천 1백만	네팔어	힌두교 81 불교 9 이슬람 5	1,400
파키스탄		이슬라마바드	881,913	2억 4천 2백만	우루두어 영어 펀잡어 등 토착어	이슬람 96 힌두교 2	1,600
인도		뉴델리	3,287,263	14억 3천만	힌디어 영어 외 수백 개의 토착어	힌두교 80 이슬람 14	2,700
스리랑카		스리자야와르데네푸라코테 (입법 수도) 콜롬보 (행정·사법 수도)	65,610	2천 2백만	싱할라어 타밀어	불교 70 힌두교 13 이슬람 10	3,300
몰디브		말레	298	55만	토착어 영어	이슬람	18,000

드넓은 평원, **중앙아시아를 향해!**

인도에서 발길을 북쪽으로 옮기면 중앙아시아가 나타난다.
중앙아시아건 동남아시아건, 아니면 서남아시아건 이렇게 넓은 지역을 지칭하는 용어에 절대적으로 정해진 기준은 없다. 국제적으로 "어느 지역을 중앙아시아라고 부른다."라고 정해진 규칙은 없다는 말이다. 다만 편의상 아시아 중부 지역, 그 가운데서도 내륙 지역을 중앙아시아라고 부른다.
그렇다면 중앙아시아는 어디에서 어디까지를 가리킬까?
중앙아시아는 좁게는 파미르고원을 중심으로 동쪽으로는 중국 신장위구르자치구에서 서쪽으로는 카자흐스탄까지를 가리키고, 넓게는 몽골에서 아프가니스탄까지를 가리킨다. 중앙아시아는 유목민들의 국가였고, 바다와 연결되지 않는다는 공통점이 있다. 역사적으로는 이 지역 대부분이 몽골 제국의 지배를 받았고, 그 후에는 제정러시아의 지배를 받았으며, 소비에트연방이 출범하면서 그 일부로 편입되었다는 공통점이 있다.
대부분 과거부터 유목 생활을 해오던 지역이라 특별한 산업이 발달하지 않아 경제적으로 어려움을 겪었다. 그러나 최근 들어 유럽과 아시아, 즉 유라시아 대륙의 연결점이라는 지정학적 중요성과 더불어 이 지역에 묻힌 막대한 천연자원으로 인해 전 세계의 주목을 받고 있다. 특히 몇몇 나라는 석유나 천연가스 발굴로 경제적으로도 풍족한 삶을 이어가고 있다.
'~스탄'은 페르시아어로 '지방' 또는 '나라'를 뜻한다. 그래서 페르시아어를 사용하는 이란과 인접한 중앙아시아 많은 나라 이름에 '~스탄'이 들어간다. 막상 이란에는 '~스탄'이 없지만. 한편 국명에 '~스탄'이 들어가는 나라들 대부분은 구소련(오늘날 러시아 이전에 그 땅에 존재했던 공산주의 국가 소비에트 연방 공화국을 가리켜 '구소련'이라고 부른다) 영토에 속했거나 구소련의 영향력이 미친 곳, 그리고 대부분 주민이 이슬람을 믿는다는 공통점이 있다.

키르기스스탄

중국 서쪽과 인접해 있는 키르기스스탄은 중앙아시아 국가 가운데 가장 동쪽에 있다. 면적은 약 20만km², 인구는 700만 명을 웃도는 전형적인 중앙아시아 국가이다. 국토의 50%가 넘는 땅이 유목민의 터전이며, 지하자원도 풍부한 편이다.

중앙아시아 국가들

중앙아시아에 속하는 나라들은 모두 나라이름에 '-스탄'이 들어간다. '스탄'은 페르시아어로 '지방' 또는 '나라'를 뜻하는데, 대부분이 구소련과 이란 주변에 위치하며 종교는 이슬람을 믿는다. 한편 파키스탄에도 '-스탄'이 들어가지만 일반적으로 중앙아시아에 속하는 것으로 보지 않는다.

키르기스스탄-타지키스탄-우즈베키스탄을 연결하는 이른바 '파미르 하이웨이'는 파미르 고원 지대를 연결하는 소중한 도로이다.

타지키스탄

키르기스스탄 아래 위치한 타지키스탄은 동쪽으로는 중국과 맞닿아 있다. 면적은 14만 2,300km², 인구는 1천만 명을 웃돈다. 국토 대부분이 산지이며, 지구상에서 가장 높아 '세계의 지붕'이라고 불리는 파미르고원이 국토 절반 정도를 차지하고 있다.

중앙아시아 최빈국 가운데 하나로, 알루미늄과 금, 면화 등 자원 수출이 경제의 근간을 이룬다.

우즈베키스탄

44만 7,400km² 면적에 3,600만 명이 넘는 인구를 보유한 우즈베키스탄은 중앙아시아에서 강국에 속한다. 특히 우즈베키스탄에는 오래전 소련 지도자 스탈린에 의해 강제 이주된 고려인이 약 20만 명이나 살고 있어, 우리와는 밀접한 관계가 있다.

우즈베키스탄은 독립국가연합 가운데 한인동포가 가장 많이 거주하고 있는 지역이어서, 현지 동포의 한글 교육과 한민족 전통문화 소개나 계승을 위하여 우리 정부가 수도 타슈켄트에 한국교육원을 설치하였다. 또한 경제적 교류도 활발해 우즈베키스탄 교역국 가운데 대한민국은 러시아 다음으로 2위를 차지한다. 한편 우즈베키스탄은 천연가스, 석유, 전력 등이 풍부하여 중앙아시아 최대 제철소를 보유하고 있다.

6세기에서 8세기 무렵 건설한 아야즈 칼라 요새에서 바라본 키질쿰 사막

카자흐스탄 남부에서 우즈베키스탄을 관통해 투르크메니스탄 북부에 걸쳐 있는 키질쿰 사막은 면적이 약 30만 km²에 이르는 넓은 지역이다. 그러나 사진에서 보듯이 우리가 상상하는 사막이라기보다는 황량한 초원에 가깝다.

독립국가연합(Commonwealth of Independent States)

1991년 12월 31일 소련(소비에트 사회주의 공화국 연방: USSR)이 사라지면서 소련에 속해 있던 많은 나라들이 독립하였다. 그 나라들은 아시아와 유럽에 걸쳐 있는데, 소련 해체 이후 독립한 11개국은 독립국가연합이라고 하는 정치공동체를 결성하였다. 구성원에는 계속 변화가 있다.

지도를 보면 알 수 있듯이 구소련으로부터 독립한 나라들 가운데 이른바 발트해 3국(에스토니아, 라트비아, 리투아니아)을 제외한 벨라루스, 우크라이나, 몰도바, 아르메니아, 아제르바이잔, 투르크메니스탄, 타지키스탄, 키르기스스탄, 우즈베키스탄, 카자흐스탄, 그리고 러시아까지 11개국이 모여 처음 결성하였는데, 그 후 조지아가 가입하였다. 그러나 이후 조지아와 우크라이나가 탈퇴하였고, 투르크메니스탄은 탈퇴한 후 준회원으로 가입하여 현재는 9개 나라로 구성되어 있다. 그러나 몰도바 역시 2023년, 탈퇴를 선언한 상태이다.

고려인 강제 이주

1937년 소련은 극동 지방에 거주하던 고려인, 즉 한반도에서 건너온 사람들을 중앙아시아 지역으로 강제 이주시키기로 결정한다. 강제 이주 결정의 이유로는 몇 가지가 거론된다.

첫째는 그 무렵 극동 지방과 만주 지방에서 점차 세력을 확대하던 일본인들을 통제하는 데 고려인들이 걸림돌로 작용한다는 것이었다. 생김새가 비슷한 조선인과 일본인을 구별하기 힘들고 서로 통할 것이라고 여겨, 모든 고려인을 중앙아시아로 이주시킨 것이다.

둘째로는 극동 지방에서 고려인들의 영향력이 점차 확대되고 있어, 향후 고려인들이 자치권을 요구할 수 있다는 점을 고려하였다.

셋째로는 인구가 부족해 농업 생산력이 떨어지는 중앙아시아에 외부 노동력을 투입하기 위한 목적도 있던 것으로 판단된다. 특히 고려인들은 농업에 뛰어났기 때문이다.

소련 지도자 스탈린은 고려인 강제 이주 명령을 내렸고, 1937년 갑작스럽게 강제 이주가 이루어졌다. 고려인들은 시베리아 횡단열차를 타고 한 달 이상의 여정 끝에 오늘날 카자흐스탄과 우즈베키스탄 지역에 도착하였다. 이때 강제 이주한 숫자는 모두 17만여 명으로 전한다. 강제 이주 후 고려인의 거주 이전은 불가능했는데, 이러한 조치는 스탈린이 사망한 1953년에 종료되었다. 그 후에는 고려인 거주 이전의 자유가 확보되었지만, 수십 년에 걸쳐 조성한 삶의 터전을 버리고 다시 동아시아로 갈 수 있는 사람은 드물었다.

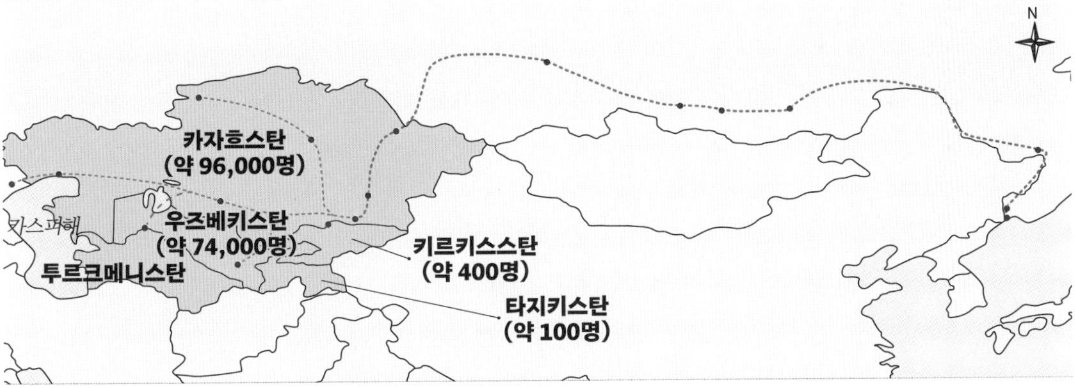

-- 강제 이주 경로
-- 분산 경로

고려인 강제 이주 경로

러시아 동북쪽 블라디보스토크에서 출발하는 시베리아 횡단열차에 실린 고려인들은 하바롭스크, 이르쿠츠크, 노보시비르스크, 오늘날 카자흐스탄인 세이에를 거쳐 카자흐스탄 제1의 도시 알마티에서 하차한다. 그곳에서 오늘날 카자흐스탄, 우즈베키스탄, 키르기스스탄 등으로 뿔뿔이 흩어져 터를 잡아야 했다. 강제 이주된 고려인들은 농업은 물론 공장 노동자, 탄광 노동자 등으로 힘겨운 삶을 살아야 했다.

(출처:서울대 아시아연구소 〈1937년, 애도받지 못한 비극-고려인 강제이주는 어떻게 기억할 것인가?〉와, 민족문화대백과사전을 참조하여 작성.)

홍범도(1868~1943) 장군

강제 이주된 고려인 가운데 기억해야 할 사람이, 독립운동사에 길이 남을 봉오동전투와 청산리전투에 참가하여 큰 공을 세운 홍범도 장군이다.

1907년부터 무장 독립운동에 나선 홍범도는 1920년 봉오동전투와, 같은 해 벌어진 청산리전투에서 수많은 일본군을 무찌른 무장투쟁의 선봉이었다.

그러나 이후 무장 독립운동이 어려움을 겪으면서, 집단농장을 통한 민족의식 고취에 힘을 쏟다가 1937년 강제 이주당하고 만다.

이역만리에 고립된 홍범도는 투사에서 고려극장 수위로 변신해야 했고, 1943년 76세를 일기로 광복을 보지 못한 채 한많은 일생을 마친다.

그리고 2021년 8월 15일, 그의 유해가 고국으로 돌아와 국립현충원에 안장되었다.

카자흐스탄

중앙아시아 국가 가운데 가장 고위도에 위치한 카자흐스탄은 면적 또한 다른 나라들과는 비교할 수 없을 만큼 넓어 2,724,900km²에 달하는데, 세계 9위이다. 그러나 대부분 국토가 스텝(steppe, 전통적으로 유목민의 생활터전인 짧은 풀로 이루어진 초원) 지역이라서 인구밀도는 1km²당 6명 남짓밖에 안 된다. 우리나라 인구밀도가 500명을 넘으니 가장 사람이 귀한 땅에 속하는 셈이다.

카자흐스탄은 러시아정교도 비율이 약 18%, 인구에서 러시아인이 차지하는 비중도 20%에 가까울 만큼 러시아의 영향력이 큰 나라다.

한편 카자흐스탄은 넓은 영토만큼이나 부존 천연자원도 풍부해 수출 대부분을 원유와 천연가스가 차지한다.

그러나 중앙아시아에서 IT산업이 가장 발달한 나라로 인정받는 등 최근 들어 높은 경제성장률을 기록하고 있으며, 향후 더욱 빠른 성장이 기대되는 나라이다.

또 지구본에 나타나듯이 카자흐스탄은 지정학적으로도 유럽과 아시아를 연결하는 교통의 요충으로, 새로운 실크로드로서 주요한 역할을 할 것으로 평가받는다.

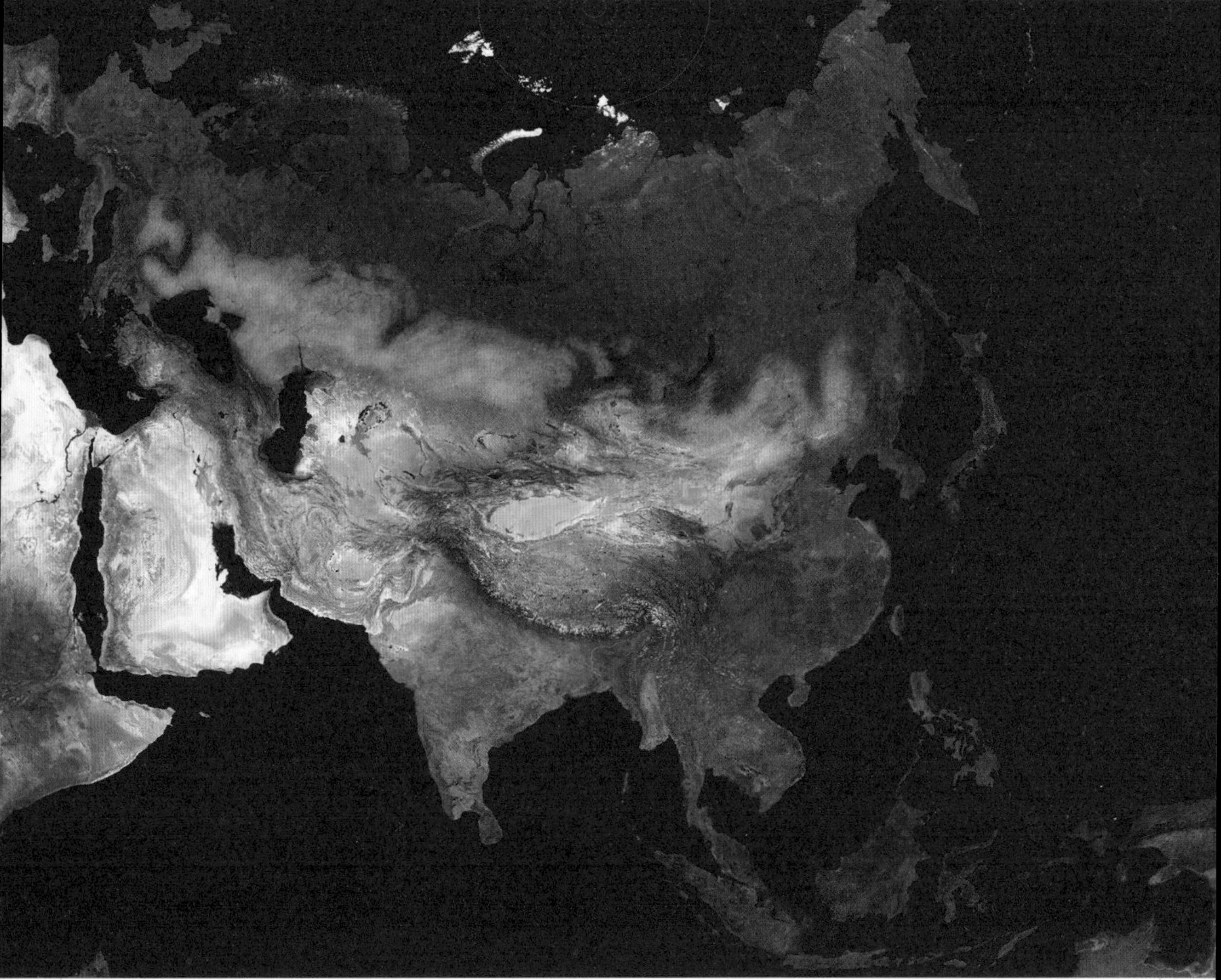

인공위성에서 바라본 유라시아 대륙

그림에서 밝은 푸른빛으로 표시한 부분이 유라시아 스텝 지역이다. 카자흐스탄 국토 대부분이 스텝 또는 산지, 사막임을 알 수 있다.(NASA 제공 사진을 가공)

아랄해

우즈베키스탄과 카자흐스탄에 걸쳐 있는 내해(內海)로 아랄해가 있다. 내해는 육지로 둘러싸인 호수를 말하는데, 명칭에 바다를 뜻하는 '해(海)'를 붙일 정도로 큰 호수를 말한다.

아랄해는 면적이 약 68,000km^{2}에 달하였고, 풍부한 어족 자원으로 오래전부터 러시아에서는 이곳에 큰 배를 띄웠다. 그런데 1960년경, 구소련 정부에서 우즈베키스탄과 카자흐스탄의 척박한 땅을 농지로 만들기 위해 주변 강과 지하수를 끌어 사용하면서 아랄해는 완전히 다른 모습으로 변한다. 사진에서 보듯이 대한민국의 70% 정도였던 면적이 점차 줄어 이제는 1/10만 호수로 남아 있다.

한편 유입되는 물이 줄어들면서 아랄해의 염분 농도도 올라가, 물고기가 살 수 없는 좁은 호수로 변하고 말았다. 또 과거와 같은 항구로서 기능은 두말할 것도 없이 사라졌다.

아랄해의 극적인 변모는 수많은 이에게 충격을 안겨주면서 인간에 의한 재해로 기록되고 있다. 세계 4대 내해였던 자연환경이 인간의 탐욕으로 사라지는 모습을 바라보는 일은 누구에게나 괴로운 일이다.

아랄해의 비극은 비단 아랄해만의 것은 아니어서 지구 곳곳에서 지하수의 과잉 개발로 땅이 사막화되고 예상치 못한 부작용이 발생하고 있다.

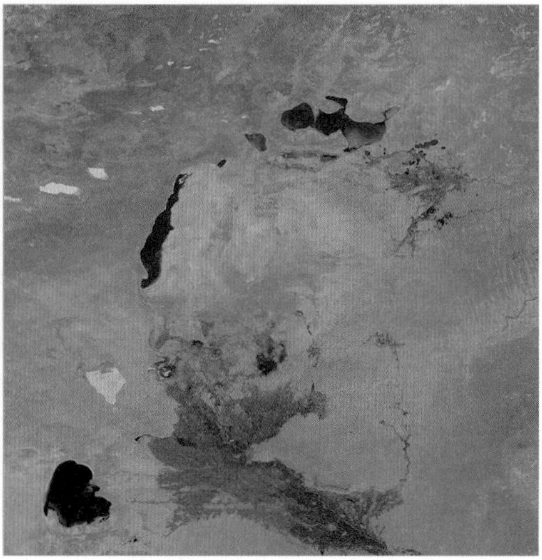

1985년 아랄해 사진과 2021년 아랄해 사진

이제 아랄해는 바다는커녕 호수라고도 부를 수 없을 만큼 고갈되었다. 더욱 안타까운 것은 물이 빠진 지역은 사막이 되었다는 사실이다. 물로 가득한 지역이 물 한 방울 없는 땅으로 변한 셈이다.

투르크메니스탄

투르크메니스탄은 북쪽에 우즈베키스탄, 남쪽에 이란, 동쪽에 아프가니스탄이 있으며, 서쪽으로는 카스피해를 접하고 있다.

투르크메니스탄은 국토의 80% 정도가 사막에 가까운 지대인 까닭에 인구는 적다. 그러나 그곳에 묻힌 지하자원은 풍부하여 국민의 생활 수준은 이 지역에서 높은 편이다.

투르크메니스탄 다르바사에 있는 가스 분화구

'지옥의 문'이라는 별칭답게 언제부터인지 모르는 과거부터 오늘날에도 여전히 불타고 있다.

아프가니스탄

면적이 65만km^2가 넘는 아프가니스탄은 오늘날 세계에서 가장 위험하고 낙후되었으며, 테러가 난무하는 곳이라는 이미지가 박혀 있다. 그런 까닭에 아프가니스탄 역사와 문화, 그리고 지정학적 중요성은 지나쳐 버리기 일쑤다. 하지만 끊임없는 정치·군사적 갈등이 지속된다는 사실은, 오히려 이 지역이 지정학적으로 매우 중요한 의미가 있음을 보여 준다고 하겠다.

아프가니스탄은 중동으로 향하는 이란과 강대국 중국을 연결하는 길목에 위치한 매우 중요한 지역이었다. 이러한 지리적 중요성으로 인해 경제적·종교적 문화 교류의 요충지가 되었다. 그러나 그런 요충지로서의 중요성은 아이러니하게도 이민족의 침략을 불러왔다.

기원전 4세기경 알렉산드로스 대왕의 침략부터 시작해 인도 침략, 페르시아 공격, 몽골 지배가 끊이지 않았으며, 근대에 들어와서도 영국과 제정러시아의 침략을 받았고, 결국 영국의 보호국이 되기에 이르렀다.

제1차 세계대전 이후 가까스로 독립하였으나, 이후에도 주변 강대국의 지속적인 개입으로 바람 잘 날이 없었다. 1978년에는 옛 소련군이 침공하였다가 10여 년 만에 철수하였다. 그 후 정권을 잡은 무자헤딘도 극단주의 이슬람 단체인 탈레반('학생'이라는 뜻) 세력에 의해 축출되었는데, 탈레반 세력 역시 2001년 9·11

테러* 이후 미국의 강력한 공격을 받고 축출되었다.

그러나 탈레반을 축출하기까지는 상당한 기간과 희생이 필요했다. 미군이 공식적으로 아프가니스탄 전쟁 종식을 선언한 것이 2014년 12월로, 미국이 해외에서 벌인 전쟁 가운데 가장 오랜 기간 지속한 것이었다. 그런데도 전쟁 종식 선언은 형식적인 것이어서, 그 후로도 미군은 아프가니스탄에 주둔해 있었지만 혼란과 내전 상황은 지속되었고 급기야 2021년 여름, 미국은 아프가니스탄에 대한 특별한 후속 처리 없이 철수하였다. 그 후 아프가니스탄은 다시 탈레반 손에 넘어갔다.

이처럼 역사적으로 '강대국의 무덤'이 된 아프가니스탄은 지형적·종교적·정치적 문제로 인해 안정을 되찾기까지는 상당한 시간이 걸릴 듯하다.

아프가니스탄은 과거에는 불교국가였으나, 7세기경 아랍의 지배 아래 들어가면서 이슬람 국가로 변모했다. 그래서 아프가니스탄은 이슬람 국가임에도 불교 유적이 상당하다. 또 아프가니스탄은 문명의 요충지였던 만큼 다민족국가이기도 하다.

* 2001년 9월 11일 오사마 빈 라덴이 이끄는 알 카에다 조직원들이 벌인 민간 항공기를 이용한 자살 폭탄 테러를 가리킨다. 오전 8시 45분 미국 아메리칸항공 소속 비행기는 뉴욕 소재 110층 세계무역센터(WTC) 쌍둥이 빌딩 중 북쪽 건물에 충돌했고, 그로부터 18분 후에는 유나이티드항공 소속 비행기가 쌍둥이 빌딩 남쪽 건물에 충돌하였다. 또 30여 분 후에는 아메리칸항공 소속 비행기가 워싱턴 소재 미 국방부 건물에 충돌하였다. 마지막으로 20여 분 후에는 유나이티드항공 소속 비행기가 피츠버그 동남쪽에 추락하였다. 이 테러는 텔레비전을 통해 생중계되면서 전 세계인이 경악하였다. 미국은 이 사건을 계기로 오사마 빈 라덴이 은신해 있던 아프가니스탄 침공에 나섰다. 그러나 2003년에는 테러와의 전쟁을 명분으로 이라크 전쟁을 일으키면서, 9·11사태를 빌미로 중동에서의 주도권 확보에 나섰다는 비난을 받기도 했다.

아프가니스탄의 지형

그림에서 보듯이 아프가니스탄은 국토 중심에 힌두쿠시산맥이 자리하고 있을 뿐 아니라, 대부분 국토가 고원지대이다. 그런데도 지역 자체가 지정학적 중심에 놓인 까닭에 수많은 세력의 침략 대상이 되어 왔다.
한편 아이러니하게도 산악과 사막, 초원 등 척박한 국토 덕분에 첨단 무기로 무장한 구소련과 미국을 상대로 오랜 기간 게릴라전을 펼칠 수 있었고, 결국 외국의 침략을 물리칠 수 있었다.

아프가니스탄 중부 바미안에 있는 바미안 석굴은 6세기 무렵에 조성한 것으로 알려져 있는데, 약 2만 개 동굴에 수많은 불상과 유적을 새겨 놓아 인류의 소중한 문화유산으로 이름이 높다. 그러나 칭기즈칸 침략 때 큰 피해를 입었고, 다시 20세기에 들어 이슬람 원리주의를 내세우는 탈레반에 의해 파괴되는 수난을 겪었다.

바미안 유적 가운데 가장 유명했던 53미터 크기의 세계 최대 석불

《왕오천축국전》의 저자인 신라 승려 혜초도 다녀온 것으로 전한다. 그러나 오늘날 그 모습은 사라졌다. 2001년 탈레반이 파괴한 까닭이다. "종교가 없어도 착한 사람은 착한 일을 하고 나쁜 사람은 나쁜 짓을 한다. 그러나 착한 사람이 나쁜 짓을 하려면 반드시 종교가 필요하다."라는 노벨 물리학상 수상자 스티븐 와인버그의 말을 상기시키는 사건이다.

	국기	수도	면적 (단위: km²)	인구 (단위: 명)	언어	종교 (단위: %)	1인당 GDP (단위: 달러)
키르기스스탄	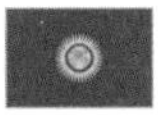	비슈케크	199,951	710만	키르기스스탄어	이슬람 90 러시아정교 7	1,900
타지키스탄		두샨베	143,100	1,020만	타지크어 러시아어	이슬람 98	1,200
우즈베키스탄	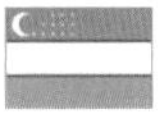	타슈켄트	448,969	3,600만	우즈벡어 러시아어 타지크어	이슬람 96	3,300
카자흐스탄		누르술탄	2,724,900	2,000만	카자크어 러시아어	이슬람 70 러시아정교 18	13,000
투르크메니스탄		아시가바트	491,210	720만	투르크어 우즈벡어	이슬람 94 러시아정교 6	13,000
아프가니스탄		카불	652,867	4,000만	다리어 파슈토어	이슬람 99	650

5

서아시아, 중동, 아랍!

세계가 주목하는 지역

마침내 아시아 서쪽 끝에 도착했다. 바로 서아시아 지역이다. 서아시아라는 명칭은 매우 낯설다. 이 지방을 가리키는 중동 또는 아랍이라는 명칭이 오히려 낯익다.

그렇다면 이 용어들의 차이는 무엇일까?

서아시아와 중동이 지리적 개념이라면, 아랍은 언어·문화적 개념이다.

서아시아는 동아시아, 동남아시아, 중앙아시아라는 말처럼 아시아 서부를 가리키는 지리적인 명칭인 셈이다. 그러나 모든 지리적 명칭은 단순히 지리적인 요소만 품고 있지 않다.

서아시아는 대체로 아시아 서부 지역을 가리킨다.

중동과 아랍

일반적으로 서아시아보다는 중동이라는 용어를 많이 사용하는데, 중동은 어느 지역을 가리키는 용어일까?

중동은 '동쪽 중간'이라는 뜻으로, 영어로는 Middle East이다. 우리나라가 위치한 곳을 극동, 즉 '동쪽 맨 끝'이라 부르는 것은 유럽인들의 시각이다. 중동 역시 유럽인들 입장에서 바라본 시각이다. 유럽인들이 동쪽으로 가다 중간쯤에서 만나는 지역이어서 중동이라고 부른 것이다.

중동이라는 개념 탄생이 모호한 것처럼, 오늘날에도 중동이 어디부터 어디까지인지 정확한 정의는 없다. 일반적으로 서아시아 국가들에 이집트를 포함한 곳을 중동으로 보는데, 오늘날 유럽에 속하는 튀르키예, 그리고 정체성이 명확하지 않은 이스라엘까지를 포괄한다. 더 넓게는 북아프리카의 이슬람 국가들인 모로코, 알제리, 튀니지, 리비아를 포함하기도 한다.

서아시아 현황

남북으로는 이란부터 수에즈 운하 동부 이집트까지, 동서로는 튀르키예 이스탄불 앞을 지나는 보스포루스해협에서 이란까지를 포함한다. 그러나 오늘날 튀르키예는 유럽으로 간주하며, 이집트 역시 서아시아에 영토를 포함하고 있지만 아프리카로 간주한다. 한편 바레인은 서아시아 국가 가운데 유일한 섬나라다.

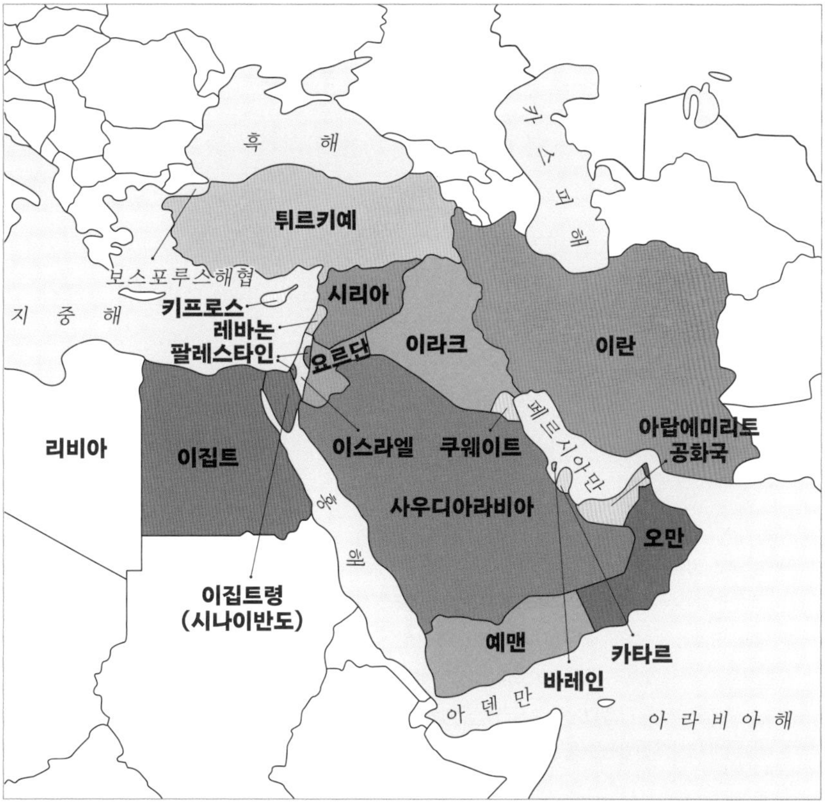

또한 이 지역을 가리키는 명칭으로 아랍이란 용어가 있다. 어떤 의미에서는 서아시아나 중동보다 '아랍(아랍권)'이라는 명칭을 더 자주 사용하기도 한다. 서아시아와 중동이 지리적 개념이라면 아랍은 언어·문화적 개념이다.

아랍이라는 명칭은 중동의 대표적인 지형인 아라비아반도에서 유래한 것으로, 문화적으로는 아랍어를 사용하고 종교적으로는 이슬람교를 믿는 민족과 지역을 가리킨다.

이때 이란은 아랍에 포함하지 않는다. 이란은 이슬람국가이고 산유국이라는 점, 그리고 아랍문자를 사용한다는 점에서 다른 아랍 국가들과 공통점이 있지만, 아랍어가 아니라 페르시아어를 사용하며, 아랍 민족이 아니라 아리안족이라는 결정적인 차이가 있다. 뒤에(1-171쪽 참조) 설명이 다시 나온다.

한편 이슬람 국가에 원유를 생산한다고 해서 아랍으로 분류해서도 안 된다. 중앙아시아에도 그런 나라들이 많을 뿐 아니라, 세계 최대 이슬람국가인 인도네시아도 원유와 천연가스 생산 수출국이다.

유네스코의 지리적 기준

유네스코에는 세계유산을 분류할 때 사용하는 지리적 기준이 있는데, 그중 아랍권을 살펴보자.

유네스코는 아랍권에 알제리(아프리카), 바레인, 이집트, 이라크, 예루살렘(동예루살렘)*, 요르단, 레바논, 리비아(아프리카), 모리타니(아프리카), 모로코(아프리카), 오만, 팔레스타인, 카타르, 사우디아라비아, 수단(아프리카), 시리아, 튀니지(아프리카), 아랍에미리트, 예멘, 쿠웨이트를 포함한다.

반면에 튀르키예와 이스라엘은 유럽에 포함하였다. 튀르키예는 나라도 유럽과

* 예루살렘은, 이스라엘이 건국할 때부터 누구의 소유도 아닌 땅으로 유엔이 국제법으로 정하였다. 그러나 제1차 중동 전쟁에서 승리한 이스라엘은 예루살렘 서부를 점령했고, 이때부터 서예루살렘은 이스라엘이, 동예루살렘은 요르단이 실효 지배하였다. 그 후 1967년 일어난 제3차 중동 전쟁에서 이스라엘은 동예루살렘까지 점령하고 예루살렘을 수도로 정하였다. 그러나 유엔은 이를 인정하지 않는다. 미국 역시 예루살렘을 이스라엘의 수도로 인정하지 않았으나 2017년, 도널드 트럼프 대통령이 예루살렘을 이스라엘 수도로 인정한다고 발표하여 세계의 반발을 샀을 뿐 아니라 중동에 분란을 일으켰다. 유네스코가 '예루살렘(동예루살렘)'을 아랍이라고 표기한 것은 이러한 역사적 논란을 의식한 것으로 보인다.

아시아에 걸쳐 있을 뿐 아니라 튀르키예 동쪽에 있는 아르메니아와 아제르바이잔, 조지아 등이 모두 유럽으로 분류되기에 한편으로는 이해가 된다.
그러나 아시아 대륙인 아라비아반도와 연결되어 있으며 아시아 국가인 시리아, 레바논, 요르단, 팔레스타인에 둘러싸인 이스라엘을 유럽에 포함한 것은 납득하기 어렵다. 그러나 국제문제에 관심이 없는 세계인들조차 관심을 갖는 월드컵 축구대회에서도 이스라엘은 유럽에 속한다. 이는 이스라엘이 아랍 지역 내에서도 이질적인 존재임을 보여 주는 증거다.
이스라엘에 대해서는 뒤에 더 살펴보기로 하자.

이란

페르시아 제국의 건설자로 일컫는 키루스 대왕

그는 페르시아 제국의 출발로 알려진 아케메네스 왕조의 시조로, 고대 오리엔트 지방을 통일하여 페르시아 제국을 건설한 인물이다. 특히 그는 바빌론에 잡혀 있던 유대인을 해방시킨 것으로 이름이 높다. 위 흉상은 독일 함부르크에 있는 것으로, 그가 이란을 넘어 세계적인 인물임을 보여 주고 있다.

많은 사람이 이란을 막연히 아랍권 국가라고 여긴다. 이란이 다른 아랍권 국가들처럼 세계적인 산유국이고, 대부분 국민이 이슬람교도라는 것, 그리고 아랍과 같은 문자를 사용한다는 점 때문이다. 그러나 이러한 판단은 오히려 이란을 객관적으로 이해하기 어렵게 만든다.
이란은 석유 매장량이 세계 3위, 생산량이 세계 4위인 대표적 산유국이다. 그러나 종교면에서 차이가 크다. 이란인들이 믿는 이슬람은 시아파 이슬람으로, 이슬람권 대부분 나라가 수니파 이슬람을 믿는 것과 다르며, 이 차이 때문에 때때로 큰 갈등이 일어난다.
이란인들이 사용하는 문자 역시 아랍문자이지만 언어는 전혀 다른 페르시아어를 사용한다. 반면에 다른 아랍권 국가들은 아랍어를 사용한다. 페르시아어가 인도-유럽어족에 속하는 반면 아랍어는 셈 어족에 속하는 것으로, 두 언어는 다르다.
지구본을 보아도 이란은 아라비아반도를 중심으로 위치한 아랍 국가들로부터는 한 걸음 떨어져 있다.
이란에 처음으로 국가가 형성된 것은 기원전 550년 경으로, 이때부터 페르시아 제국의 역사는 시작한다. 오늘날 우리가 알고 있는 나라 이름 '이란'은 1935년에야 비로소 탄생하였다. 그 전에 이 땅은 늘 페르시아였다.
이 땅에 가장 먼저 탄생한 아케메네스 왕조(기원전 559~기원전 330)를 가리켜 페르시아 제국이라 불렀다. 아케메네스 왕조는 마라톤 전투로 알려진 싸움에서 그리스에 패한 다음부터 쇠퇴하기 시작하였다.

그 후 여러 왕조가 흥망성쇠를 거듭했는데, 유럽인들은 이들을 모두 페르시아 제국이라고 불렀다. 그 가운데 가장 유명한 것이 사산조 페르시아(226년경-651년경)로, '사산 왕조'라고도 부른다. 이때 이란은 로마와 우열을 다툴 정도로 강력했는데, 종교 역시 자신들 땅에서 탄생한 조로아스터교를 국교로 삼고 주위 여러 나라로 전파하였다. 조로아스터는 아케메네스 왕조 시절에 탄생한 것으로 알려져 있는데, 창시자 조로아스터의 본명은 스피타마 자라투스트라이다. 니체가 쓴 유명한 책 《자라투스트라는 이렇게 말했다》에 등장하는 그 사람이 조로아스터다.

통치의 영광을 상징하는 아후라 마즈다는 조로아스터교가 신봉하는 유일신이기도 하다. 그림 오른쪽이 아후라 마즈다. 왼쪽은 조로아스터교의 여신 아나히타, 가운데는 사산조 페르시아 황제 호스로우 2세. 두 신이 황제에게 통치권과 신성을 수여하는 모습을 새긴 석굴로, 이란 케르만샤에 있다.

잘 나가던 사산 왕조는 651년 아랍인들의 침략을 받아 나라도 잃고 종교도 잃었다. 오늘날 이란이 믿는 이슬람교가 전파된 것도 이때다.

그 후 사파비 왕조(1502~1736)에 이르러 이란은 다시 한 번 세계적인 강국으로 발돋움한다. 다른 이슬람 국가들과 달리 시아파 이슬람을 국교로 선포한 것도 이 시기인데, 그때부터 수니파 이슬람 국가들과 지속적으로 대립했다.

사파비 왕조가 멸망한 후 이란은 쇠퇴의 길을 걷다가 1918년, 영국 보호령이 되기에 이른다. 그 후 레자 칸이 일어나 팔레비 왕조를 세우고 국호도 이란으로 바꾸는 등 여러 개혁을 시행하였다. 그러다 1979년 팔레비 왕조가 무너지고 이슬람혁명을 주도한 호메이니가 이슬람 공화국을 선포하면서 이란은 급격히 보수화의 길로 들어선다.

이렇게만 보면 개혁적인 팔레비 왕조가 보수적인 이슬람 정권에 밀려난 것처럼 보이지만, 현실은 달랐다. 초창기 개혁 정책을 펼쳤던 팔레비 왕조는, 레자 칸의 아들에게 제위가 넘어간 후 급격히 보수화되면서 미군을 끌어들여 이슬람 세계와 갈등을 빚었다. 또 국내적으로는 비밀경찰을 통한 공포정치로 이슬람 지도자들의 반감을 샀다. 그러다 결국 이슬람 지도자들에게 권력을 빼앗기고 만 것이다.

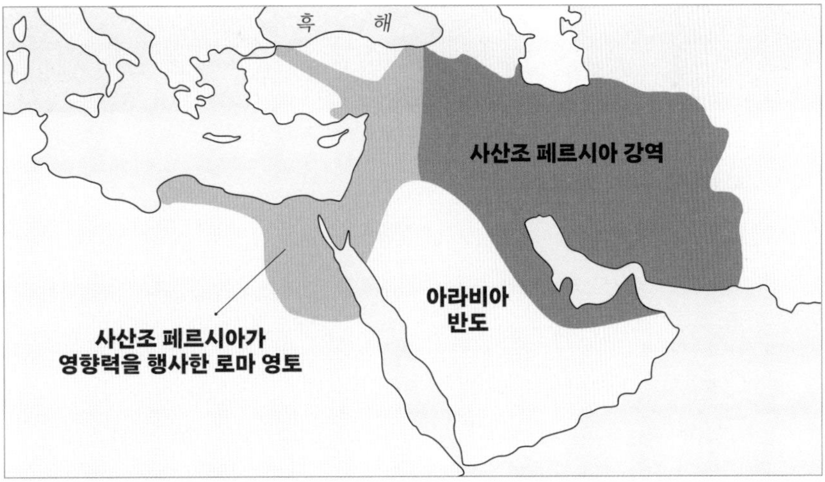

사산조 페르시아의 최대 강역(7세기 초)

지도의 짙은 부분이 사산조 페르시아의 중흥기를 이끈 불후의 지도자 호스로우1세 치하 강역으로, 이때부터 사산조 페르시아는 전성기를 구가한다. 호스로우1세 사망 후에는 그의 손자인 호스로우2세 대에 이르러 동로마 제국 수도 콘스탄티노플까지 공략하는 등 로마 제국 영토까지 진출했다. 그러나 성공에 도취한 호스로우2세가 얼마 지나지 않아 전쟁에 패하고 반대파에 처형당하면서 전성기는 막을 내린다.

친미에서 반미로!

이란의 현대사는 이때부터 친미국가에서 반미국가로 극적인 전환을 맞는다. 미국은 믿었던 원유 공급 기지를 잃었을 뿐 아니라 아랍권에 미치던 영향력마저 일정 부분 상실했다. 오늘날 미국과 이란 사이에 형성된 뿌리 깊은 불신과 반목의 역사는 이때부터 시작된 셈이다.

이란은 약 165만km^2의 넓은 영토에 인구도 8천만 명이 넘는다. 게다가 세계 3위의 석유 매장량을 가진 나라이니 강대국임이 분명하다. 오늘날 이란이 미국의 경제 제재를 받으면서도 꿋꿋이 버틸 수 있는 것도 이러한 국력 때문일 것이다.

이란의 반미 감정

당연히 미국 정부 역시 이란을 협상의 대상보다는 정복의 대상으로 여긴다. 두 나라의 이러한 감정 대립은 주변 지역으로 퍼져 중동의 불안 요소가 되고 있다.

수니파 이슬람 대 시아파 이슬람

이슬람은 수니파와 시아파로 나뉘어 서로 대립한다.

사실 같은 종교 내에서 교리나 형식 등을 놓고 갈등하고 대립하는 것은 흔하다. 기독교 역시 크게는 천주교(가톨릭)와 개신교로 나뉘어 있고, 그 안으로 들어가 보면 수백, 수천 개 지파로 나뉜다. 불교 역시 크게는 소승불교와 대승불교 등으로 나뉜다.

그러한 갈등이 종교 수준을 넘어 군사 대립으로 이어지면 문제가 된다. 근대 유럽의 역사는 개신교와 가톨릭의 전쟁사이기도 하다. 이슬람교 역시 수니파와 시아파 사이의 갈등이 전쟁으로 이어진 경우가 흔하다.

수니파와 시아파의 가장 큰 차이는 이슬람교의 창시자 무함마드(Muhammad, 570~632. 마호메트라고도 한다)의 후계자를 누구로 삼을 것인가에 있다. 무함마드는 후계자를 지정하지 않은 채 사망했다. 무함마드의 유일한 핏줄은 그의 사촌동생이자, 그의 딸과 혼인한 알리였다. 그러나 후계자는 무함마드의 친구이자 장인인 아부 바크르가 된다. 후계자를 칼리프라고 부르는데, 아부 바크르 사후 2대 칼리프로 우마르, 3대 칼리프로 우마이야 가문 출신인 우스만이 선출된다. 그 후 4대 칼리프로 알리가 선출되는데, 이때부터 문제가 발생한다. 알리의 존재가 위협이 된다고 여긴 우마이야 가문은 알리를 암살하고 자신들이 후계자가 된 후 세습하기 시작한다. 이슬람에서는 4대 칼리프까지를 '정통 칼리프 시대'라고 부른다.

한편 우마이야 가문의 세습 칼리프 시대가 시작하자, 오직 무함마드의 자손만이 이슬람의 지도자가 되어야 한다고 여긴 이들은 우마이야 가문에 맞서 시아파 이슬람을 만들었는데, 이것이 수니파와 시아파가 분리한 유래다.

오늘날 세계 무슬림(이슬람교도를 무슬림이라고 부른다) 가운데 90% 정도는 수니파, 9% 정도는 시아파, 그리고 나머지 파로 구성된다. 따라서 대부분 국가는 수니파가 다수를 차지하는데 이란, 이라크, 바레인 등에서는 시아파가 다수를 차지한다.

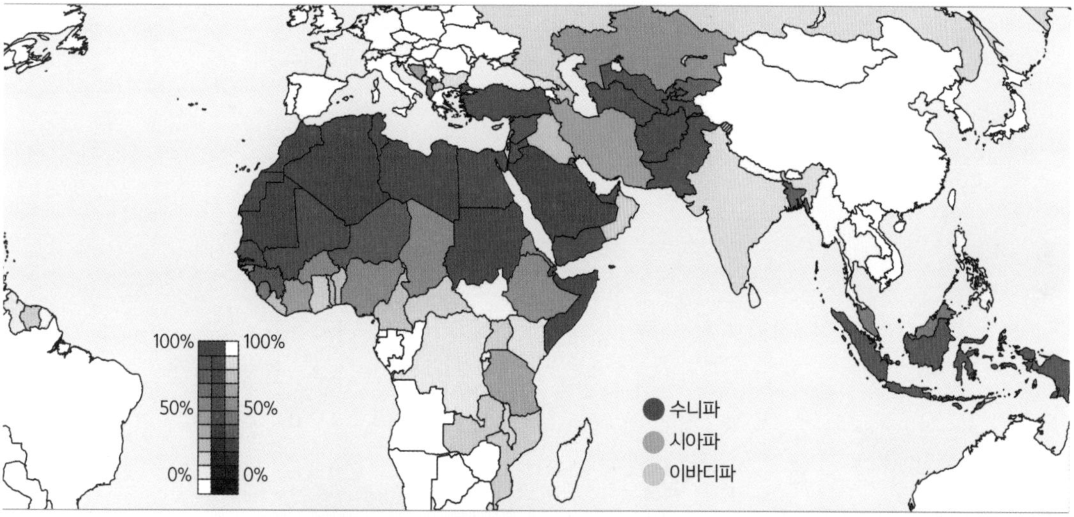

수니파와 시아파 무슬림 분포도

세계 무슬림 가운데 90% 이상이 수니파이고, 시아파는 9% 정도에 불과하다. 대표적인 시아파 국가로는 이란(90% 이상), 이라크(45% 내외), 바레인(50% 내외) 등을 들 수 있다. 그 외에 오만은 수니파가 약 50%, 이바디파가 약 35%를 차지한다.

	국기	수도	면적 (단위: km²)	인구 (단위: 명)	언어	종교 (단위: %)	1인당 GDP (단위: 달러)
이란		테헤란	1,648,195	8,800만	페르시아어	시아파 이슬람 94 수니파 이슬람 5	7,000

아라비아반도

눈길을 이란 서쪽으로 돌리면 아시아 대륙 남서부에 큰 반도가 있는데, 아라비아반도다. 아라비아반도 면적은 약 300만km^2로, 한반도의 14배에 이른다. 반도 동쪽은 페르시아만과 오만만, 서쪽은 홍해, 남쪽은 아라비아해와 아덴만에 둘러싸여 있다.

이라크, 시리아 등 메소포타미아 문명 이외 아라비아반도의 역사는 기원전 11세기 무렵까지 거슬러 올라간다. 그 무렵에도 오늘날같이 척박한 땅이었지만 댐을 만들고 관개 시설을 이용해 농경을 한 흔적, 그리고 여러 왕궁의 흔적도 전한다.

아라비아반도가 역사의 중심에 등장한 것은 이 지역에 위치한 메카 태생의 무함마드가 등장하면서부터이다. 무함마드의 가르침에 따라 이슬람교가 탄생하였고, 이곳이 이슬람 영향권 아래 처음 통일되었다. 그 대표적인 세력이 우마이야 왕조로, 750년 무렵 이슬람에 바탕을 둔 최초의 제국을 건설했다. 이때 스페인까지 세력을 넓혔다.

그 후 쇠락하는 우마이야 왕조의 뒤를 이어 아바스 왕조가 등장했다. 이들은 무

우마이야 왕조의 최대 강역

750년, 우마이야 왕조 무렵 이슬람 세력은 오늘날 아프가니스탄 영토부터 유럽 끝 이베리아반도에 이르는 광대한 영토를 정복하여 위세를 떨쳤다. 이후 아바스 왕조에 의해 멸망한 후 남은 세력은, 이베리아반도에서 후우마이야왕조를 세우고 명맥을 이어 나갔다.

함마드 숙부의 자손들로서, 우마이야 왕조와는 달리 그 누구건 무슬림이라면 동등하게 대우하여 세력을 크게 넓혔다. 바그다드를 건설한 것도 아바스 왕조 시기였다.

아바스 왕조 시기에 이슬람 문화권 역시 크게 융성해, 동서 문명을 수용하면서 새로운 문명을 형성하였다. 또 고대 그리스의 수많은 저서들을 아랍어로 번역해 보관한 것도 이때였다. 이 저서들은 훗날 유럽으로 건너가 유럽의 르네상스 시대를 여는 데 크게 기여하기도 했다.

그러나 몽골인들의 침략을 받아 아바스 왕조는 무너졌고, 그 후로는 오스만 제국의 영향력 아래 들어간 채 근대를 맞이하게 된다.

아라비아반도는 사막과 석유로 대표되는 지역으로 사우디아라비아, 쿠웨이트, 예멘, 오만, 아랍에미리트, 바레인, 카타르의 7개국이 위치한다. 그 외에 반도 위쪽으로는 이라크, 요르단, 시리아, 레바논, 이스라엘, 팔레스타인이 위치하는데, 이 지역은 세계의 화약고로 늘 긴장과 불안 속에 놓여 있다.

아라비아반도 현황

아라비아반도는 아시아 서쪽에 자리한 드넓은 반도로 세계 최대의 원유 매장량을 보유하고 있는 요충지다. 그런 까닭에 아라비아반도를 위·아래에서 감싸고 있는 페르시아만과 홍해는 늘 긴장을 유지하는 좁은 바닷길이다.

사우디아라비아

석유! 하면 떠오르는 나라가 사우디아라비아다. 약 2,150,000km² 면적에 인구는 3천 2백만 명을 웃돈다. 이 넓은 땅의 98% 이상이 사막을 비롯한 척박한 땅이고, 농경지는 0.1%에도 못 미친다. 그러니 이 나라에서는 석유가 가장 싼 게 당연할 것이다.

사우디아라비아 국기

국기에 쓰여 있는 글은 "알라 외에는 신이 없으며, 무함마드는 그의 사도이다."
그만큼 사우디아라비아는 보수적인 이슬람 국가이다.

사우디아라비아가 근대 국가로서 모습을 갖춘 것은 1927년 무렵이다. 그전에는 사막에 흩어져 살던 여러 부족국가 형태였다.

사우디아라비아는 중동에서 보기 드문 친미국가다. 미국 입장에서는 세계 최대 원유 생산국을 동맹국으로 확보하고 있을 뿐 아니라, 매년 천문학적 규모의 무기까지 팔고 있으니 이보다 더 좋을 수는 없다.

세계에서 국방비를 가장 많이 쓰는 나라는 1위가 미국, 2위가 중국이라는 사실을 모르는 사람은 거의 없다. 그 외에 10위 안에 늘 오르는 나라 역시 별로 변치 않는다. 러시아, 인도, 사우디아라비아, 영국, 독일, 프랑스, 일본, 대한민국 등이 그 자리를 차지한다. 한편 새로운 나라가 등장하는 경우가 있는데, 2022년 전쟁을 치르고 있는 우크라이나가 그렇다. 그러나 이는 예외적인 일이다.

사우디아라비아가 국방비를 많이 쓰는 이유는 자신을 수니파 이슬람의 종주국, 나아가 아랍의 종주국으로 자리매김하면서 이 지역에서 주도권을 행사하려는 목적이 가장 크다.

거기에 현대 사회에는 드문 매우 전근대적인 왕정 체제 국가에 종교적으로 엄격한 신정국가라는 사실, 또 국가 전체가 왕조 가문에 의해 운영되는 방식 때문에 혹시라도 모를 내외부의 위협에 대처하기 위한 목적도 있을 것이다.

그러나 최근 들어 사우디아라비아와 미국 사이의 밀월 관계에 이상 징후가 나타나고 있다.

예전과 같은 밀월 관계를 유지하지 못하는 데에는 여러 요소가 작동한다. 다양한 에너지원의 개발로 석유의 중요도가 예전 같지 않다는 것, 미국이 전 세계 경찰로 활동하던 영향력이 조금씩 쇠퇴하면서 자국 우선주의를 내세우는 점 등이 작용했을 것이다.

사우디아라비아는 세계에서 유일하게 국기에 문장을 새긴 나라다. 사우디아라비아라는 나라 이름은 '사우드 왕가의 아라비아'라는 뜻이다. 사우드 왕가는 오늘날 사우디아라비아를 통치하는 국왕 가문을 가리키며, 사우드 왕가 출신 인물들만으로도 나라를 다스리는 데 부족함이 없다고 할 만큼 왕가의 힘이 막강하다. 그런 까닭에 성문헌법도 없고 정당도 없다.

오만

인도양과 페르시아만을 연결하는 길목에 있는 오만은 낯익은 국가가 아니지만 꽤 큰 나라다. 인구는 적다.

오만의 주요 수출품은 다른 아랍 국가들처럼 석유인데, 수산물과 경공업 제품도 수출한다. 수출품 가운데 눈에 띄는 건 낙타로, 아라비아 각지로 수출한다.

한편 오만은 세계에서 GDP 대비 가장 높은 군사비를 지출하는 나라다. 사우디아라비아와 마찬가지로 이슬람 군주국가이자 정당도 없는 전제 체제인 만큼, 외부로부터의 체제 공격에 신경을 쓸 뿐 아니라 내부에서도 반군이 활동하기 때문이다. 또 페르시아만과 오만만을 잇는 호르무즈 해협이 국제적 긴장 지대이기 때문에 해군력 증강에도 힘을 기울이고 있다.

호르무즈 해협과 오만

호르무즈해협은 그림에서 보기만 해도 전략적으로 중요한 지역임을 알 수 있다. 이란과 이라크, 쿠웨이트, 카타르, 아랍에미리트, 사우디아라비아에서 생산하는 원유를 바다로 실어 가기 위해서는 이 좁은 해협을 반드시 통과해야 한다. 한편 오만은 인도양에 접한 드넓은 지역과 호르무즈 해협에 접한 작은 지역으로 구성되어 있다. 한 나라가 두 지역으로 분할되어 있는 드문 경우에 속한다. 오만 수도는 무스카트로 오만만에 접해 있다.
오만은 정치적으로 자유롭지 않은 국가로 평가받으며, 종교적으로는 이바디파 무슬림이 다수를 차지하는 유일한 나라다.

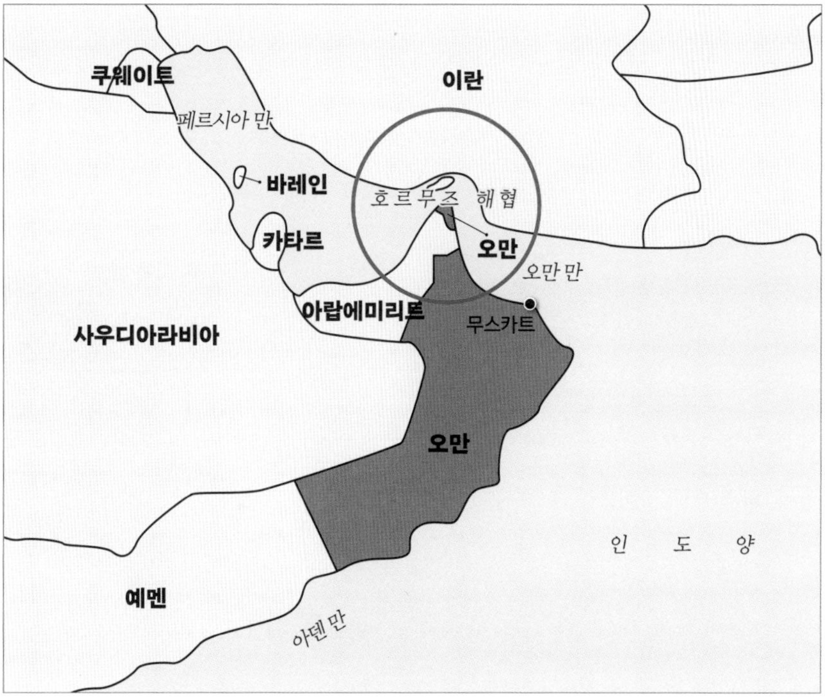

예멘

예멘은 아라비아반도 국가 가운데 경제적으로 가장 어려운 나라다. 같은 아라비아반도인데도 석유와 천연가스 매장량이 크지 않기 때문이다. 그런데도 이 나라는 전 세계 유일한 분단국가에 사는 우리에게는, 여러 면에서 공부하고 배워야 할 경험이 많다.

예멘 역시 20세기 후반까지 분단국가였다.

지도에서 볼 수 있듯이 예멘은 북예멘과 남예멘으로 나뉘어 있었는데, 그 역시 외세의 영향 때문이었다.

본래 예멘을 다스리던 오스만제국이 1918년 서구 열강에 패해 물러나자, 북예멘은 예멘 아랍 공화국으로 독립한 반면, 남예멘에는 영국이 진주해 다스리기 시작했다. 이에 남예멘 내부 저항 세력이 영국군을 상대로 무장투쟁을 지속하다가 1967년 예멘 인민 민주공화국을 수립하여 독립하였다. 북예멘은 이슬람 국가, 남예멘은 사회주의 공화국이 된 셈인데, 남예멘 역시 전통을 무시할 수는 없어 이슬람교를 국교로 삼았다.

그렇게 분단된 두 나라는 이후 갈등을 계속해 남북 전쟁을 벌이기도 했다. 그러나 1980년 이후 두 나라 정상은 통일을 향해 대화를 시작하였다. 그 과정에서 두 나라 내의 통일 반대 세력, 극단주의자 등의 방해가 있었지만 꾸준히 노력하여 1990년, 드디어 통일 예멘을 선포하였다. 그렇다고 그날 바로 통일이 된 것은 아니었다. 그 뒤에도 자신의 권력을 유지하려는 남예멘 지도자 탓에 내전이 벌어지기도 했지만, 결국 그들은 쫓겨나고 통일을 이루었다.

예멘 통일 이전 상황

북예멘(예멘 아랍 공화국)과 남예멘(예멘인민민주주의공화국)으로 분단된 채 지내다가 1990년 협상을 통해 통일을 이루었다.

예멘이 대화를 통해 통일을 선언한 1990년 독일도 통일되었는데, 독일 통일은 동독의 붕괴로 인해 이루어진 흡수통일인 반면, 예멘 통일은 양측이 대화를 통해 통일을 이루었다는 데서 더 큰 의미가 있다.

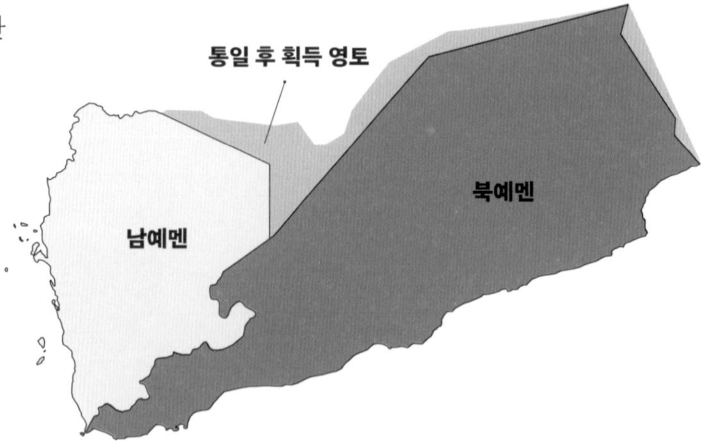

예멘의 문화유산

예멘은 우리에게 친숙한 나라가 아니다. 그러나 예멘 주변은 메소포타미아 문명이 시작된 지역인 만큼, 예멘은 소중한 문화유산을 많이 보유하고 있다. 주변이 산과 사막인 이 지역에 전해 오는 건물들은 3세기 무렵 처음 건설하였으며, 오늘날 남아 있는 벽돌 건물들은 적어도 500년 전에 지은 것들이다. 이 건물들은 인류가 세운 최초의 고층 건물로 알려져 있으며, 높은 것은 30미터가 넘는 아파트 형태이다. 유네스코 문화유산으로 지정되어 있는데, 이 지역을 둘러싸고 벌인 내전과 싸움 등으로 많은 건물이 파괴되어, 위험에 빠진 문화유산으로 이름이 높다.

아랍에미리트, 그리고 카타르와 바레인

아라비아반도는 위쪽에 페르시아만을 끼고 있고, 아래로는 홍해를 통해 수에즈 운하로 연결된다. 페르시아만으로 눈길을 돌리면 아랍에미리트, 카타르, 바레인을 거쳐 구석에 쿠웨이트가 눈에 들어온다. 이 가운데 아랍에미리트와 카타르, 바레인을 함께 살펴보자. 이 나라들을 함께 살펴보는 데는 까닭이 있다.

'에미리트(Emirates)'는 '에미르(Emir)가 다스리는 땅'이라는 뜻이다. 에미르는 이슬람의 통치자를 가리키며, '에미리트'는 '토후국*'이라고 번역한다. 그러니까 아랍에미리트는 '아랍의 부족장들이 다스리던 나라들'인 셈이다.

아랍에미리트와 카타르, 바레인은 모두 토후국이었다. 이 토후국들은 영국의 영향력 아래 있었는데, 정식 나라가 아니었기 때문에 식민지라고 할 수도 없었다. 인도를 지배하던 영국에서 건너온 인도인들이 이곳에 자리 잡은 탓에 다른 아

* 토후국은 국어사전에 이렇게 나와 있다. 1. 인도에서 영국령에는 속하지 아니하면서 영국의 지도와 감독 아래 현지인 전제 군주가 통치하던 나라. 카슈미르가 대표적이다. 2. 아시아, 특히 아랍 지역에서 중앙 집권적 국가 행정에서 독립하여 부족장이 통치하던 나라. 오만, 바레인, 카타르가 대표적이다.

랍 국가들과는 달리 인도인들이 많이 거주한다.

그러다 1948년 무렵, 이 지역에서 석유가 발견되었고 그때부터 이 땅의 운명이 완전히 바뀌었다. 이 땅에서 영향력을 행사하던 영국은 우여곡절 끝에 1971년 철수를 결정하고, 이를 계기로 토후국들이 모여 연합국가 건설에 나섰다.

그러나 카타르와 바레인은 연합국가 참여를 거부하고 독자적으로 독립국가를 건설하였다. 이에 남은 일곱 개 토후국 가운데 여섯 개가 모여 1971년 12월 아랍에미리트를 건설하였고, 이듬해 남은 하나도 참여하여 오늘날의 아랍에미리트연합국이 성립되었다.

아랍에미리트연합국은 아부다비(Abu Dhabi), 두바이(Dubai), 샤르자(Sharjah), 아지만(Ajman), 움알카이와인(Umm al-Qaiwain), 라스알카이마(Ras al-Khaimah), 푸자이라(Fujairah)의 7개 토후국으로 구성되어 있는데, 그 가운데 아부다비와 두바이는 낯이 익다. 두 토후국의 원유 매장량이 커서 경제적으로 영향력이 크기 때문이다. 수도는 아부다비이다.

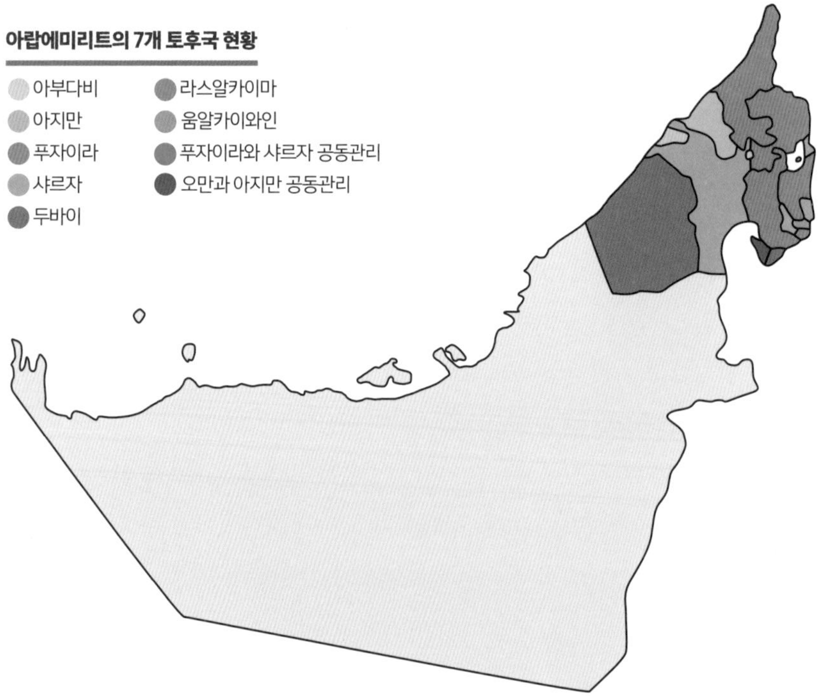

쿠웨이트

쿠웨이트는 17,818km² 면적에 약 440만 명의 인구를 보유하고 있으며, 세계 6위의 석유 매장량을 자랑한다. 이는 면적 대비 세계 최고 수준이다.

쿠웨이트 역시 영국 지배 아래 있었기 때문에 인도인 비중이 높은 편이다. 종교 역시 이슬람교가 다수지만 힌두교도도 적지 않다.

쿠웨이트는 다른 페르시아만 국가들보다 이른 1961년에 영국으로부터 독립하였다.

	국기	수도	면적 (단위: km²)	인구 (단위: 명)	인종구성 (단위: %)	종교 (단위: %)	원유매장량 (단위: 배럴)	1인당 GDP (단위: 달러)
이라크		바그다드	438,317	4,400만	아랍계 75 쿠르드계 15 튀르키예계 8	시아파이슬람 65 수니파이슬람 30	1,430억	6,000
사우디 아라비아		리야드	2,149,690	3,600만	아랍계 90 아프리카계 10	수니파이슬람 85 시아파이슬람 10	2,970억	33,000
오만		무스카트	309,500	500만	–	이슬람 90 기독교 3 힌두교 5	54억	22,000
예멘		사나	530,000	3,500만	아랍계 93 소말리아계 4	이슬람 99	30억	700
아랍에미리트		아부다비	83,600	1,000만	아시아계 60 아랍계 22 필리핀계 6	이슬람 76 기독교 9 힌두교 6	980억	51,000
카타르	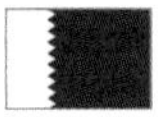	도하	11,581	280만	아랍계 40 아시아계 36 이집트계 10	이슬람 68 기독교 14 힌두교 14	250억	82,000
바레인		마나마	785	150만	아랍계 53 아시아계 43	이슬람 80 기독교 12 힌두교 6	1억	28,500
쿠웨이트	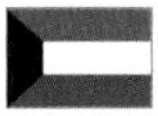	쿠웨이트시티	17,818	440만	아랍계 58 아시아계 40	이슬람 75 기독교 18	1,000억	33,000

홍해와 페르시아만

이번에 살펴볼 곳은 나라가 아니라 연해라고 할 수 있는 홍해와 페르시아만이다. 홍해와 페르시아만은 지구본에도 나타나 있듯이 아라비아반도를 위아래로 둘러싸고 있다.

이 지역을 따로 떼어 살펴보는 데는 그만한 까닭이 있다.

페르시아만은 앞서 살펴본 세계적인 산유국 이란과 이라크, 쿠웨이트, 사우디아라비아, 아랍에미리트, 오만 등과 접해 있을 뿐 아니라 언제 전쟁이 일어나도 놀랍지 않은 지역을 끼고 있다.

걸프 전쟁이 있었다. 1990년에 발발한 걸프 전쟁은 이라크의 쿠웨이트 침공으로 시작했으나, 전 세계에서 달려온 다국적군의 개입 끝에 이라크 패배로 종결되었다. 걸프(gulf)는 영어로 '만(灣)'을 뜻한다.

그렇다면 걸프 전쟁은 어디서 일어난 전쟁일까? 페르시아만을 중심으로 일어

페르시아만, 홍해, 인접 지역 원유 생산량 순위(2021년) (괄호 안은 세계 원유 생산량 순위)

아라비아반도와 주변 지역을 흐르는 페르시아만과 홍해는 세계 원유와 천연가스 유통량의 절대량을 담당하는 수송로이다. 그래서 늘 긴장이 유지되는 것은 당연하다.

난 전쟁을 가리킨다. 곧 페르시아만이 걸프(만)인 셈이다.

왜 이런 혼란이 생겼을까?

페르시아는 아랍 세계가 아니라 이란을 나타내는 용어다. 그래서 오늘날 많은 아랍 국가들은 이 지역을 이란 중심의 페르시아만 대신 아라비아만으로 부르고 싶어 한다. 그러나 국제 사회는 이를 쉽게 수용하지 않는다. 본래 페르시아만으로 불러왔던 장소를 몇몇 나라의 주장에 따라 섣불리 바꿀 수는 없기 때문이다. 그래서 미국을 중심으로 서양인들은 안 그래도 눈엣가시 같은 이란 편향적인 페르시아만 대신 그냥 '만'을 뜻하는 '걸프'라고 부르기 시작하였다. 그러다 보니 우리도 서양 언론의 영향을 받아 걸프 전쟁이라는 용어를 사용한 것이다.

걸프 전쟁은 전쟁의 텔레비전 생중계 시대를 연 것으로 유명하다. 수십만 시민이 공포에 휩싸이고 죽어가는 전쟁터가 영화나 게임처럼 화젯거리가 된 것이다. 또한 이 전쟁에서 미국 등 군사 강대국들은 베트남전 이후 개발한 요격 미사일, 스텔스 전투기 등 첨단 무기를 합법적으로 사용하면서 성능을 실험했다. 그로써 이후 전쟁은 과거 전쟁과는 달리 온갖 첨단 무기의 전시장으로 변모하였다.

홍해 역시 세계적인 물류 항로의 중심인데, 바로 수에즈 운하로 통하는 유일한 길이기 때문이다. 그래서 두 바다를 둘러싸고 국제적인 분쟁이나 전쟁, 갈등이 조성되면 세계 원유가격과 천연가스 가격은 혼란에 휩싸인다. 그 결과는 당연히 세계 경제의 위기로 연결된다. 특히 우리나라처럼 에너지를 중동 원유에 절대적으로 의존하는 경우에는 말할 나위도 없다.

걸프전(Gulf War)

이라크가 쿠웨이트를 기습적으로 공격·점령한 것이 1990년 8월이었다. 이라크가 쿠웨이트를 공격한 이유에 대해서는 여러 이론이 있는데, 이라크 대통령 후세인의 명분은, 쿠웨이트가 이라크 영토에 있는 석유를 빼갈 뿐 아니라, 쿠웨이트 유전 지대 가운데 특정한 곳이 이라크 소유라는 것이었다. 순식간에 나라를 빼앗긴 쿠웨이트는 당연히 반발했고, 유엔은 결의를 통해 이라크군의 철수를 요구했다. 그러나 이라크는 쿠웨이트를 이라크의 한 주로 귀속시켰다. 결국 1991년 1월 17일, '사막 폭풍작전'(Operation Desert Storm)으로 명명한 미국 주도의 다국적군이 이라크 공격에 나섰고, 한 달여 만에 이라크는 심대한 피해를 낸 채 패하였다. 이때 참전한 다국적군은 35개국에 달하는데, 대한민국 역시 5억 달러의 지원금과 군의료진

200명, 수송기 5대를 파병하였다.

전 세계에서 달려온 다국적군과 이라크군의 전투는 고래와 새우 싸움 수준이었다. 물적 피해는 차치하고라도 이라크에서는 군과 시민 십수 만 명의 사상자를 낸 반면, 다국적군은 전투중 147명이 사망했을 뿐이다.

걸프전의 특징

첫째, 그동안 개발하여 실전에서 실험하지 못한 하이테크 병기의 실험장이었다는 점.

둘째, 텔레비전이라는 대중매체를 이용하여 여론을 조작한 전쟁이었다는 점.

셋째, 산유 지역에서 산유국끼리 직접 정면 대결한 전쟁으로서 국가에 의한 인질 전략을 사용하였다는 점.*

한편 걸프전이 일어날 무렵 미국 대통령은 조지 부시였다. 그리고 2003년 미-이라크 전쟁 때 대통령은 그의 아들 조지 워커 부시였다.

반면에 이라크 통치자는 걸프전 때나 미-이라크 전쟁 때나 사담 후세인이었다. 사담 후세인은 미-이라크 전쟁 와중에 죽었으니, 부시 가문과 후세인의 악연은 질긴 것이라고 하겠다.

* 《두산백과》 걸프 전쟁 항목에서 전재.

걸프전 때 이라크에서 쿠웨이트로 연결되는 80번 고속도로 모습

피로 얼룩진 까닭에 '죽음의 고속도로(Highway of Death)'라고 불리는 이 도로는 2003년, 미-이라크 전쟁 때는 미군의 진격 경로로 사용하였다.

걸프전에서 처음 사용한 스텔스 폭격기

모든 분야의 발전은 인류에게 도움을 준다고 여긴다. 그러나 오직 하나, 무기의 발전은 인류에게 도움을 주기는커녕 더 많은 사람에게 죽음과 고통, 장애와 슬픔을 안겨 준다. 전쟁을 겪지 않는 이들은 스텔스 폭격기를 보면서 놀라운 첨단 무기라고 감탄하지만, 전쟁을 겪는 주민들에게는 소리 없이 다가와 수많은 사람을 죽이고 삶의 터전을 파괴하는 가공할 무기일 뿐이다.

이라크

이란과 아라비아반도 사이에 놓인 나라가 이라크다. 면적은 438,317km²로 한반도의 약 2배에 달하고 인구는 4천만 명이 넘는다. 게다가 원유 매장량은 세계 5위로 약 1,500억 배럴이니, 중동의 강국이 되기에 충분하다.

이라크 하면 전쟁, 사막, 테러 같은 단어가 떠오르는데, 이라크가 품고 있는 역사·문화적 가치를 생각하면 안타깝다.

이라크는 인류 4대 문명 가운데 하나로, 티그리스·유프라테스 강이 형성한 메소포타미아 문명의 발상지이다. 그것만으로도 이 땅의 가치는 무한한데, 덧붙여 수메르, 바빌로니아, 아시리아 등 인류가 가장 먼저 세운 고대국가들, 그리고 그 국가들이 꽃피운 문자와 건축 등 오늘날 인류 문명을 이룬 기반이 바로 이곳이라는 사실을 기억하면, 이라크에 대해 우리가 가지고 있는 편견은 아쉽기 그지없다.

설형문자와 점토판

현존하는 인류 최초의 서사시 《길가메시 서사시》를 기록한 점토판

점토판은 진흙으로 만든 판에 글자를 새긴 후 구워 만들었는데, 그 지역의 건조한 기후 덕분에 오늘날까지 남아 있다.

설형문자는 쐐기문자라고도 한다. 설형문자는 BC 3,000년경부터 약 3,000년간 메소포타미아를 중심으로 고대 오리엔트에서 광범위하게 사용한 문자다. 특히 인류 최초의 문명국가가 남긴 수많은 기록이 설형문자로 남아, 인류 문명의 비밀을 푸는 데 소중한 자산이다.

설형문자 역시 다른 고대 문자들처럼 그림문자로부터 시작했는데, 시간이 가면서 점차 단순화·표음화되었다.

설형문자는 수메르인이 발명했다. 수메르인들은 다양한 물품들, 예를 들면 노예의 숫자, 곡물의 양, 소나 양 등의 수를 기록하기 위해 문자를 발명하였다. 대부분 그 지역에서 쉽게 구할 수 있는 점토판에 갈대나 금속으로 새겨 기록하였다.

후대로 가면서 점차 다양한 내용을 기록하기 시작하여, 오늘날 전하는 세계에서 가장 오래된 서사시인 《길가메시 서사시》, "눈에는 눈, 이에는 이"라는 법칙으로 유명한 〈함무라비 법전〉 등이 설형문자로 기록되어 전한다.

그뿐이 아니다. 오늘날 전하는 점토판만 하더라도 수십만 개에 이른다. 아직도 이라크 땅속에는 무수히 많은 점토판이 인류의 기록을 간직한 채 묻혀 있을 가능성이 높다. 그래서 문화를 사랑하는 수많은 학자들은, 미국이 이라크 공격에 나서 그 땅에 첨단의 무기를 퍼부을 때 흔적도 없이 사라질 인류 문명을 생각하며 한탄했다.

그러한 편견은 2001년 9월 11일 발생한 뉴욕 테러와 연계하여 2003년 3월 20일, 미군이 일으킨 미국-이라크 전쟁 때문에 생겼다.

텔레비전으로 생중계되기까지 한 이 전쟁은, 막상 그 땅에서 공포에 떨어야 했던 이라크인들은 아랑곳하지 않은 채 세계 모든 이들에게 텔레비전 화면 속에서 한낱 게임처럼 인식되었으며, 미국 입장에서 전하는 전쟁 소식은 이라크를 '악의 축', '독재자 후세인', '무지한 아랍인'으로 각인시켰다.

그러나 두 달도 채 되지 않아 임무를 완료했다는 미국 대통령의 호언장담과는 달리, 전쟁 발발 6년이 지난 2009년에도 10만 명이 넘는 미군이 이라크 곳곳에서 작전 중이었으며, 2010년에 가서야 미군이 철수했다.

전쟁의 결과 역시 미국 뜻과는 사뭇 달랐다. 이라크 대통령 사담 후세인은 전쟁 개시 8개월 만에 체포되어 제거되었으나 전쟁은 계속되었고, 미국이 이라크 침

메소포타미아 문명 발상지, 이라크

인류 4대 문명 가운데 하나인 메소포타미아 문명은 기원전 4천 년 전부터 그림에서 보듯 오늘날 이라크 주변에서 발흥하였다. 메소포타미아 문명의 핵심은 수메르인이 건설한 것인데, 그들은 인류 최초로 문자, 법률, 도시 건설, 농경, 관개, 화폐, 60진법의 발명, 벽돌의 발명과 사용, 청동기술 등을 시작한 것으로 알려져 있다. 지도에서 볼 수 있듯이 오늘날 전쟁과 혼란 속에 빠진 이라크 도시 주변에는 인류가 최초로 건설한 문명의 흔적들이 있다.

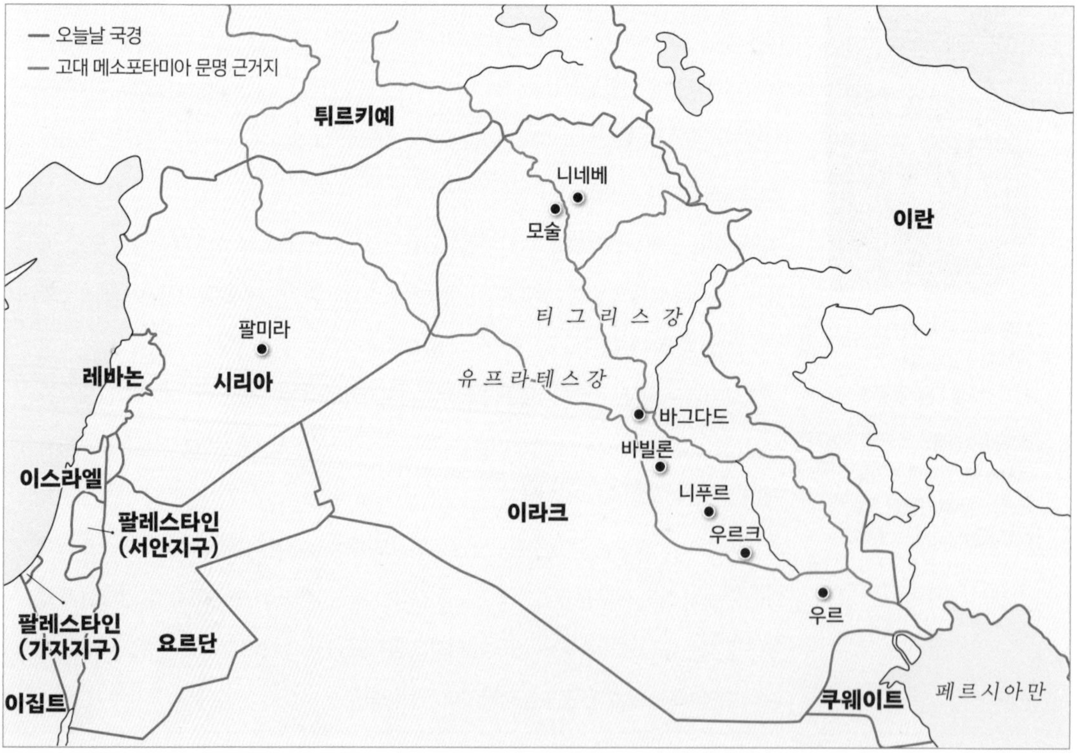

공 명분으로 내세웠던 '이라크의 대량살상무기 보유'는 나중에 거짓으로 판명되었다. 또 미군이 철수한 뒤에도 이라크에 평화는 오지 않았다.

그 외에 이라크가 안고 있는 어려움은 또 있는데, 바로 이라크 북부 지방에 존재하는 쿠르드 자치구 때문이다. 쿠르드 자치구는 쿠르드족이 모여 사는 곳이다. 국가가 없이 떠도는 민족 가운데 가장 많은 수를 기록하는 쿠르드족은 3,000만 명 이상으로 추정한다.

쿠르드족은 약 천 년 전부터 이 지방 곳곳에서 유목생활을 해 왔다. 그러나 제1차 세계대전 이후 이 지역이 각 나라 영토로 편입되면서, 나라를 이루지 못한 이들에게 어려움이 닥쳤다.

그 후 이라크 북부에 밀집해 있던 쿠르드족이 이곳에 독립국가를 이루고자 노력하고 있으나, 주변에 흩어져 거주하는 쿠르드족들의 영향력 확대를 우려한 여러 나라의 반대로 오늘날까지 정식 국가로 인정받지 못하고 있다.

기원전 3000년경 제작한 점토판

맥주의 분배를 설형문자로 기록하였다. 고대 문자는 해석이 어렵지만, 메소포타미아 문명은 워낙 많은 점토판을 남겨 오늘날 대부분 해석되었다.

기원전 2096년에 건설한 우르의 지구라트 모습

지구라트는 벽돌로 지은 신전으로 추정한다. 지구라트는 성경에 등장하는 바벨탑으로 추정하는데, 오늘날 남아 있는 지구라트는 본래 모습에 비해 상당 부분이 훼손된 것이다. 그러니 본래 지구라트의 규모가 얼마나 대단한 것인지 알 수 있다.

드디어 **중동의 화약고**로!

중동이라 하면 석유, 이슬람, 사막 같은 단어가 떠오른다. 또 이란과 이라크, 이스라엘과 팔레스타인, 시리아, 레바논 등의 나라 이름은 긍정적이고 평화로운 이미지 대신 전쟁, 테러, 공습 같은 무시무시한 이미지를 전한다. 그러한 이미지는 편견이 아니라 '사실'이다.

요르단, 이스라엘, 팔레스타인

요르단, 레바논, 이스라엘, 시리아, 팔레스타인이 있는 지중해 동부 지역에는 성서에 등장하는 지명이 많다. 이곳은 기독교인의 성지이자 성경의 땅이다. 세계의 대표적 종교 가운데 하나가 탄생하고 발흥한 장소가 지구상에서 가장 혼란스러운 전쟁의 땅이라는 사실이 이해하기 힘들다. 그러나 현실은 현실이다.

요르단은 '요단강 건너가 만나리'라는 노래에 등장하는 바로 그 요단이다. 요단강은 요르단을 남북으로 흐른다. 요르단은 이스라엘과 팔레스타인의 갈등을 이야기하는 데 빠질 수 없는 나라다. 그건 요르단 주위 국가인 레바논과 시리아도 마찬가지로, 지중해 동쪽에서 국경을 맞대고 있는 다섯 나라는 불가분의 관계를 맺고 있는 셈이다.

1916년 영국 외교관 사이크스와 프랑스의 피코를 중심으로 영국·프랑스·제정러시아(구소련 이전에 러시아를 지배했던 왕조국가)는 비밀 협정을 맺는데, 이를 사이크스·피코협정이라고 한다. 내용은 제1차 세계대전의 혼란을 틈타, 이들 세 나라가 오스만제국 영토를 분할·소유하기로 한다는 것이었다. 오늘날 시리아, 레바논, 튀르키예 남동부 그리고 이라크 북부(오늘날 쿠르드 자치구 주변)는 프랑스가, 이라크 중부와 남부, 요르단, 팔레스

사이크스·피코협정

중동의 화약고 출발점이 된 사이크스·피코 협정 조인 지도. 한 장의 지도를 놓고 강대국끼리 영토를 분할하던 시대가 있었다는 게 놀랍다. 사이크스·피코 협정의 증거는 지도 오른쪽 하단에 보일 듯 말 듯 존재하는 두 사람의 서명이 전부다.

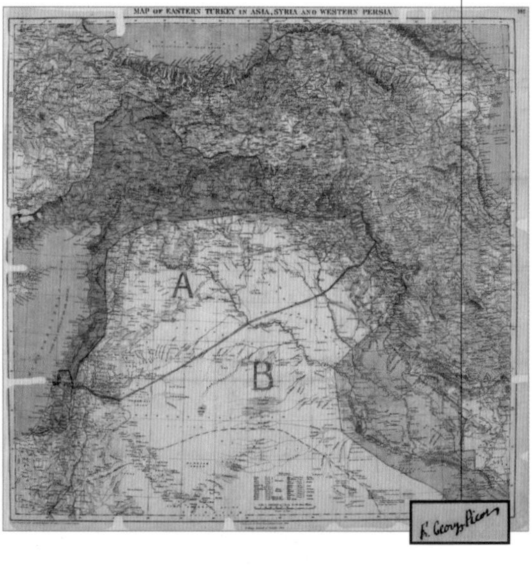

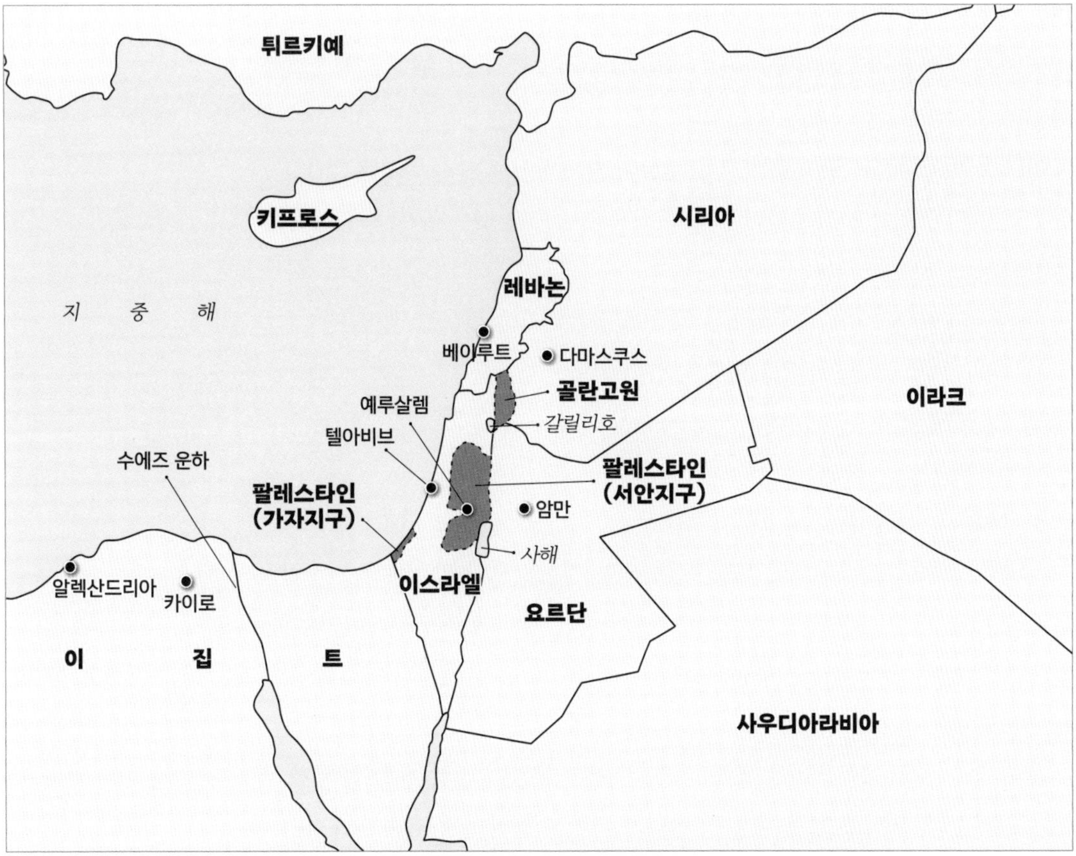

요르단, 시리아, 레바논, 이스라엘, 그리고 팔레스타인이 자리하고 있는 성경의 땅

지도를 자세히 보면 일반적인 지역과는 달리 점선으로 그은 국경이 여기저기 보인다. 지구본이나 지도에서 국경을 점선으로 표시하는 경우는 대부분 국경을 맞대고 있는 나라 사이에 국경 분쟁이 일어 국경을 획정하지 못하는 경우다. 하지만 이 지역은 그보다 훨씬 심각하다.

우선 아래쪽 팔레스타인 지역의 경우, 이집트와 지중해에 접한 작은 지역은 가자지구다. 그 위쪽은 서안지구인데, 팔레스타인은 이렇게 두 지역으로 분리되어 있다. 현재 팔레스타인은 UN의 정식 가맹국이 아닐뿐더러 이 지역을 점령하고 있는 이스라엘이 국가로 인정하지 않아서 국경을 획정하지 못하고 있다. 국제법상으로는 어느 국가에도 속하지 않는 지역이어서, 이스라엘은 지속적으로 이 지역에 대한 침투를 꾀하고 있다. 대표적인 사례가 서안지구에서 벌이는 분리 장벽 건설과 유대인 정착촌 건설이다.

서안지구는 본래 '요르단강 서안' 지구라고 불렸는데, 최근에는 그냥 서안지구라고 부르기도 한다. 서안지구는 1993년 9월 13일 이스라엘 총리 라빈과 팔레스타인해방기구(PLO) 의장 아라파트 사이에 오슬로협정을 체결하면서 팔레스타인 정부를 인정하고, 이곳에 팔레스타인 자치구를 설치하기로 하였다. 그러나 이후 라빈 총리가 극우파에 의해 암살당하면서 오슬로협정은 무용지물이 되었고, 이스라엘 정부는 이 지역에 침투를 지속하면서 갈등이 계속되고 있다.

한편 시리아와 이스라엘 사이에 있는 점선 부분은 골란고원을 가리킨다. 본래 시리아 영토인 이곳은 1967년, 제3차 중동 전쟁 때 이스라엘이 점령하고 자국 영토로 합병하였다. 그러나 UN은 이를 불법으로 규정하였으며, 이스라엘 영토로 인정하지 않는다. 그럼에도 이스라엘은 여전히 영토를 점령하면서 국경이 획정되지 못하고 있다.

가자지구 상황은 더욱 좋지 않다. 2024년 벌어진 이스라엘의 가자지구 공격은 그곳 주민 모두를 대상으로 하는데, 주민들은 국경을 맞댄 이집트, 또는 바다로 열린 해상을 이용할 수 없다. 자신들의 항구와 바다를 이용할 수 없는 것이 오늘날 가자지구가 처한 현실이다.

타인은 영국이 소유하기로, 그리고 페르시아만은 러시아에 할양하기로 했다. 이로써 요르단은 영국의 위임통치국이 되었고, 1946년 영국으로부터 완전히 독립하였다.

사이크스·피코협정은 출발부터 서구 열강의 자의적이고 이기적인 결정이었다. 다른 민족의 영토를 자신들끼리 나누어 소유하기로 한 것은 물론, 무책임한 결정까지 내렸기 때문이다.

한 해 전인 1915년, 제1차 세계대전 와중에 영국의 고등판무관 맥마흔이 오스만제국의 지배를 받던 아랍인들에게 선언하였다.

"팔레스타인을 비롯한 아랍 국가들의 독립을 약속할 테니, 독일 대신 영국 편에 서서 싸워라."

이것이 맥마흔 선언이다.

이는 분명히 사이크스·피코협정과는 상반되는 것이었으니, 맥마흔은 거짓말을 한 것이거나, 협정 내용도 모르는 허수아비였다는 말이다. 게다가 1917년에는 영국 외상 밸푸어가, 유대인이 팔레스타인에 민족 국가를 건설하는 것을 지지한다는 밸푸어 선언을 내놓았다.

이렇게 모순투성이인 영국의 행동은 제2차 세계대전이 끝날 무렵 문제가 되기 시작하였다. 그리고 그 문제는 한 세기가 지난 오늘날까지 세계의 골칫거리일 뿐 아니라, 향후 해결책이 보이지 않는 국제문제를 인류에게 안겨준다.

서안지구에 이스라엘이 설치한 장벽

팔레스타인 젊은이들이 장벽을 상대로 달리기 대회를 하는 모습이다. 어린 시절부터 이런 장벽에 둘러싸인 채 성장한 젊은이들이 어떤 행동을 할지는 쉽게 예측할 수 있다.

이스라엘 건국과 팔레스타인 해체

제2차 세계대전이 끝난 후인 1947년, 팔레스타인 문제를 UN에 이관한 후, 영국은 자신들이 일으킨 골치 아픈 문제에서 손을 떼었다. 무책임의 극치였다. 그리고 UN 총회는 1947년, 아랍·유대의 연방화 안과 아랍·유대의 개별 국가 건설과 함께 예루살렘을 국제 관리 하에 두는 분할안을 상정하였고, 분할안이 2/3 이상

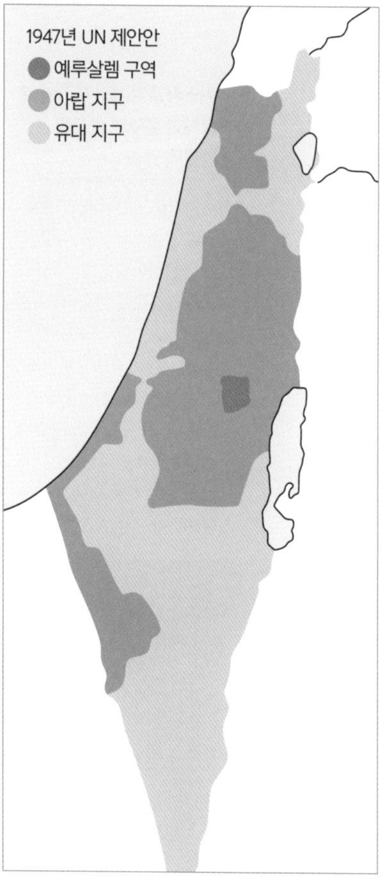

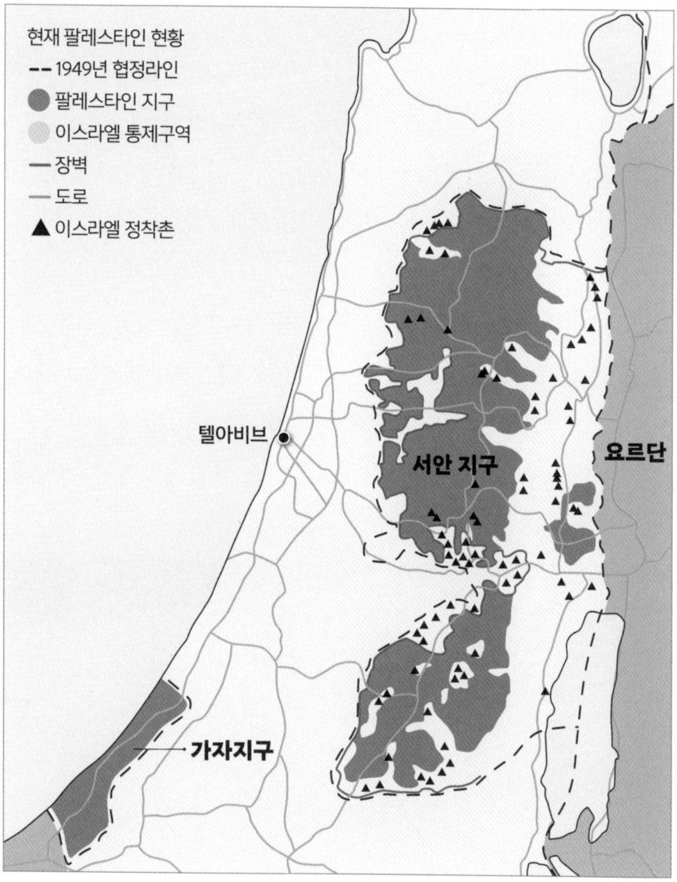

팔레스타인과 이스라엘

1947년, UN은 왼쪽 지도와 같이 이스라엘과 팔레스타인이 지역을 분할·공존하는 방안을 마련하였다. 그러나 이러한 제안은 물거품이 되었고, 시간이 지날수록 이 지역의 갈등은 더해만 간다.
현재는 오른쪽 지도에서 보듯이 서인 지구에도 이스라엘 정착촌이 지속적으로 설치되고, 나아가 장벽도 설치되고 있다. 그 결과 팔레스타인 거주지구는 이스라엘 세력에 포위된 형국이다.
팔레스타인에 대한 이스라엘의 강압적 조치는 팔레스타인인들의 생존을 위협하기에 이르렀고, 급기야 2023년, 가자지구의 지배세력인 하마스가 주도한 강력한 이스라엘 공격으로 이어졌다. 당연히 이스라엘은 가자지구, 나아가 팔레스타인 지역 전체에 대한 공격에 나섰고, 수많은 어린이와 무고한 시민의 죽음을 불러왔다.

의 다수로 채택되었다. 유대인들은 분할안에 찬성한 반면, 하루아침에 팔레스타인을 잃게 된 아랍 쪽은 반대하였다.

그 무렵부터 이 지역에서는 두 민족 사이에 내전이 일어나기 시작했다. 그리고 1948년 5월 14일, 이스라엘이 국가 수립을 선포한 이튿날, 아랍 국가들은 이스라엘을 향해 공격에 나선다. 그러나 전쟁은 이스라엘의 승리로 끝이 났고, 그 결과 이스라엘 영토는 UN 분할안보다 더 확장되었지만, 팔레스타인 영토는 지중해 방면 가자지구와 요르단 서안지구로 분할된 채 남았다. 이때부터 팔레스타인의 고통은 시작된다.

오늘날 대부분의 지구본에는 팔레스타인 표시가 없다. 팔레스타인이 UN 회원국이 아니기 때문이다. 그러나 팔레스타인은 2011년 10월 31일, 유네스코로부터 유엔 산하기관 최초로 정회원 국가 지위를 인정받았다. 또 이듬해인 2012년에는 UN 총회에서 옵서버 국가 지위를 획득하였다. 이에 대해 이스라엘과 미국은 강력히 반발하고 나섰지만.

그렇다고 실제로 존재하는 국가를 표시하지 않는 것은 지구의 지리·정치·역사·문화를 입체적으로 이해하는 도구인 지구본의 역할에 지장이 될 뿐이다. 인류 역사상 가장 풀기 어려운 문제를 큰 희생 없이 해결하기 위해서라도, 지구상에서 살아가는 모든 사람들이 이 뜨거운 지역에 관심을 기울여야 한다.

이스라엘이 서안지구에 설치한 유대인 정착촌 가운데 한 곳

국제법상 당연히 불법이다. 그러나 이스라엘은 국제법에는 아랑곳하지 않고 지속적으로 정착촌을 건설하고 있는데, 2023년 현재 140곳의 인가 정착촌, 100곳이 넘는 미인가 정착촌(이스라엘 정부의 인가를 받지 않았다는 의미이며 모든 정착촌은 국제적으로 불법이다)에서 70만 명 가까운 유대인이 거주하고 있다.

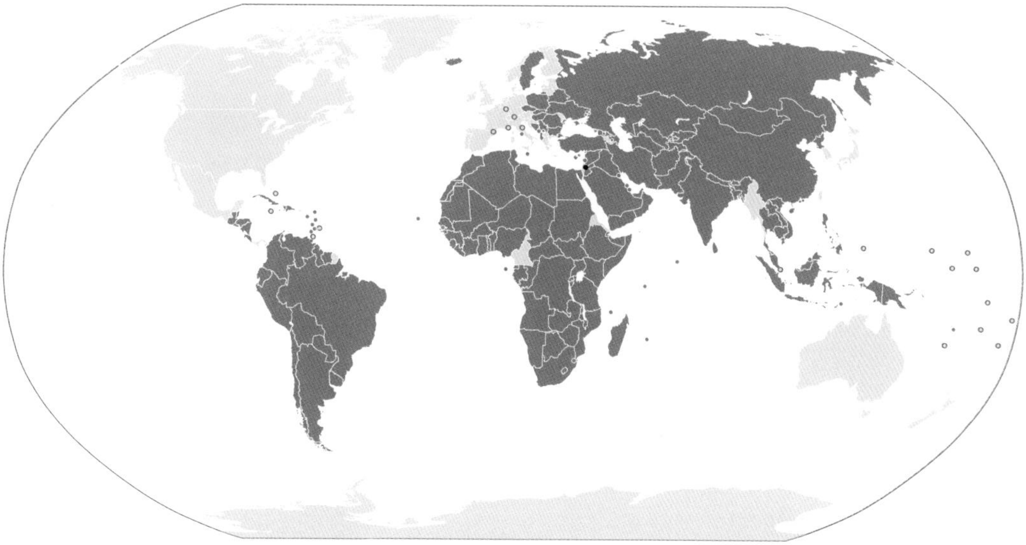

팔레스타인을 국가로 인정한 나라들

현재 UN 회원국 가운데 70% 이상이 팔레스타인을 국가로 인정한다. 대한민국은 팔레스타인을 국가로 인정하지 않고 있는데, 왜 그런지는 불분명하다. 눈에 띄는 나라가 영국인데, 밸푸어 선언으로 팔레스타인의 민족국가 건설을 지지한다고 했지만, 정작 영국은 인정하지 않고 있다.

	국기	수도	면적 (단위: km²)	인구 (단위: 명)	인종 구성 (단위: %)	언어	종교 (단위: %)	1인당 GDP (단위: 달러)
요르단		암만	89,342	1,200만	아랍계 98	아랍어	이슬람 95 기독교 4	5,000
이스라엘		예루살렘	22,145	1,000만	유대계 74 아랍계 21	히브리어 아랍어	유대교 74 이슬람 18	54,000
팔레스타인		라말라 (임시 행정수도) 예루살렘(선언)	6,020 (요르단강 서안지구 5,655, 가자지구 362)	550만	—	아랍어	이슬람 93 기독교 6	3,500
레바논		베이루트	10,452	530만	아랍계 95 아르메니아계 4	아랍어	수니파이슬람 29 시아파이슬람 28 기독교 21 그리스정교 8	3,300
시리아		다마스쿠스	185,180	2,300만	아랍계 75 쿠르드족 10	아랍어	이슬람 78 기독교 10 알라와이트 10	—

레바논

레바논 역시 이스라엘과 팔레스타인, 그리고 중동의 갈등을 빼고는 이야기할 수 없을 만큼 이들과 밀접한 연관을 맺고 있다. 인구 가운데 50만 명에 이르는 팔레스타인 난민과 150만 명에 이르는 시리아 난민이 포함된 것만 보아도 알 수 있다.

그뿐이 아니다. 대통령은 기독교인, 총리는 이슬람 수니파, 국회의장은 이슬람 시아파가 각기 맡고 있는 정치적 상황은, 레바논의 특수하면서도 불안정한 상황을 잘 보여 준다.

1943년 독립 선언을 하고 이듬해 프랑스로부터 통치권을 이양받은 레바논은, 국가 내 권력을 양분하고 있던 기독교 세력과 이슬람 세력이 대통령으로부터 국회의원 숫자에 이르기까지 안배하기로 협약을 맺었는데, 오늘날까지 그 전통이 이어지고 있다. 그러니 기독교인이 아니면 대통령이 될 수 없고, 수니파 이슬람이 아니면 총리가 될 수 없으며, 시아파 이슬람이 아니면 국회의장이 될 수 없는 셈이다.

이 외에도 레바논 정치상황을 어지럽게 만드는 요인은 또 있다. 팔레스타인 땅에서 쫓기듯 레바논으로 들어온 팔레스타인 난민과 이들을 지원하는 이슬람 세력, 반면에 이들을 반대하는 기독교 세력이 끊임없이 갈등을 일으키기 때문이다. 그 과정에서 탄생한 것이 시아파 이슬람인 헤즈볼라라는 무장투쟁 조직인데, 이들은 이스라엘 타도와 레바논의 이슬람화를 꾀하고 있다. 본래는 소규모 무장단체로 출발했지만, 오늘날에는 레바논의 합법적 정치세력으로 성장해 국회에까지 진출해 있다.

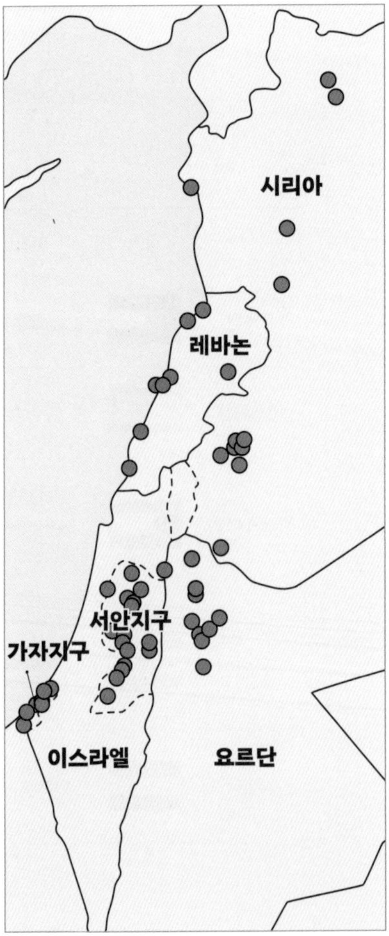

팔레스타인 난민촌 현황

레바논에는 팔레스타인 난민촌 12곳이 있는데, 이곳의 등록 난민만 해도 약 50만 명에 달한다. 그 외에 난민촌 내 65곳에 이르는 학교에 약 4만 명의 학생이 다닌다. 난민촌이라기보다는 팔레스타인 사회라고 할 만하다. 이 난민촌에는 이스라엘 건국 이후 오갈 데 없게 된 팔레스타인인들이 머물고 있으니 그 역사 또한 오래되었다. 한편 유엔팔레스타인난민구호기구가 중동 지방에서 활동중인데, 이들의 활동 범위는 레바논 외에 팔레스타인, 시리아, 요르단이다. 요르단에는 약 240만 명, 시리아에 약 65만 명, 서안지구에 약 110만 명, 가자지구에 약 160만 명의 난민이 머물고 있으며, 총 팔레스타인 난민은 600만 명이 넘는다.

2012년 팔레스타인-이스라엘 분쟁으로 파괴된 난민촌 모습

물론 난민촌이라고 안전이 보장되는 것은 아니다.

시리아

이 주변에 자리한 국가 가운데는 가장 넓은 185,180km² 면적에 2,300만 명이 넘는 인구를 보유한 시리아는 보기 드물게 우리나라와 외교 관계를 맺지 않고 있다.*

1946년 프랑스로부터 독립한 시리아는 아랍 부흥운동의 발상지이자 아랍 통일 운동의 중심지 역할을 자임해 왔다. 이러한 활동은 당연히 주위에서 일어나는 분쟁에 개입하거나 영향을 받을 수밖에 없어, 1967년 이스라엘과 아랍 사이에 전쟁이 일어났을 때는 골란고원을 이스라엘에 빼앗기는 수모를 겪기도 했다.

한편 21세기 들어 중동 지역에 불어온 민주화운동의 영향을 받아 시작된 시리아 사태는 2011년 내전으로 비화하였다. 시작은 민주화 시위에서 비롯했지만, 시리아의 지정학적·정치적·민족적 요소들이 끼어들면서 주위 열강들이 개입하는 국제전 성격을 띠게 되었다.

그 결과 내전을 피해 해외로 도피한 시리아 난민만 600만 명이 넘는 것으로 추산하고 있으며, 그 과정에서 이슬람 극단조직인 IS(수니파 이슬람 극단주의자들로, 이슬람 국가를 참칭하며 중동을 공포로 몰아넣고 있다)와 쿠르드 반군이 시리아 내에 기반을 마련한 것 역시 국제적 분쟁의 요인이 되고 있다.

* 2024년 현재.

로마 시대에 건설한 보스라의 원형 극장

시리아는 오늘날 우리에게 주는 부정적인 이미지와는 달리 예로부터 다양한 문화가 만나던 거점이었다.

시리아 수도 다마스쿠스

다마스쿠스는 세계에서 가장 오래된 도시 가운데 하나로, 도시 전체가 세계문화유산으로 지정되어 있다. 715년에 완공한 우마야드 모스크 역시 최고(最高)에 최고(最古)의 모스크이자 시아파 성지로 이름이 높은데, 최근 내전으로 인해 도시 전체가 위기에 처해 있다.

시리아 현황

수도는 다마스쿠스이고, 북부 알레포는 고대부터 동서 교역의 중심지였다. 남부 골란고원은 이스라엘이 점령한 상태다.

6

아프리카 대륙

지리적으로 멀고 심리적으로도 먼 아프리카

한국인에게 "가장 멀게 느끼는 대륙이 어디입니까?" 하고 묻는다면 어디라고 답을 할까?

아마도 아프리카와 남아메리카일 것이다. 두 지역은 우리나라로부터 지리적으로 멀 뿐 아니라 심리적으로도 멀다. 게다가 두 지역으로 날아가는 항공편도 직항편이 거의 없다. 그러니 이곳에 가려면 경제적·심리적으로 상당한 투자를 해야 한다.

인류 최초 화석으로 알려진 루시의 뼛조각 맞춤

1974년 11월 에티오피아에서 발견한 루시는 오스트랄로피테쿠스 아파렌시스종으로, 직립보행한 인간의 조상으로 판명되었다. 생존 연대는 약 320만 년 전으로 키 약 1.1m, 몸무게 약 29kg의 여성이며, 생김새는 침팬지와 흡사한 것으로 추정한다.

현생인류의 탄생지, 아프리카

아프리카는 현생인류의 탄생지다. 우리 모두는 아프리카에서 탄생한 인류의 후손이라는 말이다. 피부색이 인류 탄생 때는 모두가 까맸다는 것이 정설이다. 그 후 지구 곳곳으로 퍼져나간 인류는 그 지역 기후에 적응하기 위해 하얀 피부, 황색 피부 등으로 진화하였다는 것이 보편적 이론이다. 그런데도 아직 피부색에 따라 인종을 나누고, 가진 돈의 양에 따라 구분하며, 어디에 사느냐를 가지고 차별하는 사람이 많다.

이제 우리가 살펴볼 아프리카 대륙은 그런 점에서 특별히 관심을 기울여야 한다.

하루가 멀다 하고 텔레비전에 등장하는 국제 원조 단체 광고를 보면 대부분이 아프리카의 헐벗고 굶주린 아이들이다. 이러한 빈곤의 상품화에 대해서는 여러 학자들이 문제를 제기하고 있다. 지적의 핵심은 아프리카, 그리고 유색인의 몸을 곧 빈곤과 연계해 식민주의, 인종차별주의, 성차별, 종교 문제 등을 수혜자들에게 주입한다는 것이다.

그러고 보면 대부분의 국제 원조 단체 광고에 등장하는 사람은 아프리카계 흑인 여성과 아동, 또는 저개발국가의 유색인 여성과 아동이다. 누군가는 말할 것이다. "백인과 남성들은 고통을 겪지 않잖아요?" 또 누군가는 말한다. "아무리 그래도 지금 당장 죽어가는 사람들은 살려야 하지 않나요?" 다 일리가 있다.

그러나 겉으로 드러나는 증상에 대한 대증적(對症的) 해결은 아프리카계 사람들을 비롯한 유색인에 대한 차별과 혐오를 무의식중에 심어줄 뿐이다. 아프리카에 대해 여전히 편견을 갖고 있는 것은 아닐까 반문하면서 여행을 시작해 보자.

아프리카 국가 1인당 GDP 지도

대부분 나라가 2,000달러 이하이며, 적지 않은 나라가 1,000달러 이하로 세계에서 가장 낮은 수준이다. 경제적 성과만을 중시하는 GDP(국내총생산) 대신 국민총행복(Gross National Happiness, GNH)이라는 개념을 사용하자는 주장도, 이 정도 빈곤을 겪고 있는 아프리카 주민들에게는 배부른 논의다.

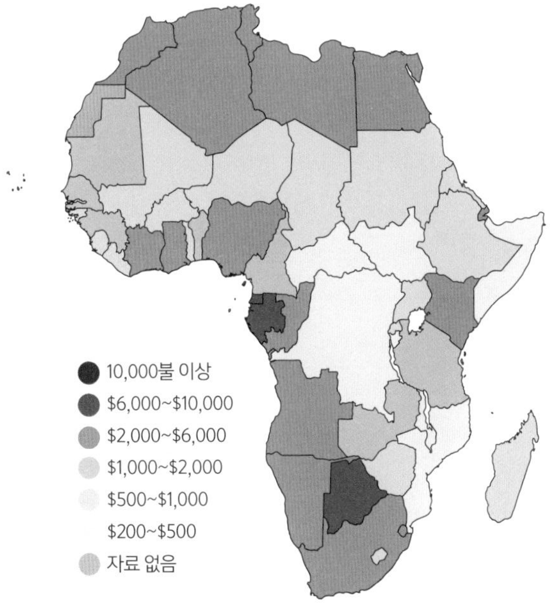

아프리카의 국경

지구본에서 아프리카 대륙을 돌려가며 보면 눈에 띄는 특징이 있다. 바로 여러 나라 국경선이 직선이라는 사실이다. 일반적으로 국경은 강이나 산, 바다, 호수 등 다양한 자연환경을 기준으로 형성된다. 그래서 오래전부터 많은 나라가 존재하던 유럽이나 아시아 지역을 보면 대부분 국경선이 복잡하다. 그러나 아프리카의 많은 국경선은 직선이다.

우리나라 역사에도 국경선이 직선인 때가 있었다. 1945년, 제2차 세계대전이 일본 패망으로 끝난 뒤 한반도가 남쪽과 북쪽으로 분할된 시기였다. 이때 분할선은 북위 38도선이었는데, 이는 미국과 소련이라는 두 강대국이 인위적으로 그은 것이었다.

아프리카에 존재하는 직선 국경선 역시 대부분 식민지 역사가 낳은 것이다.

북아프리카를 제외한 사하라 사막 이남 아프리카는 15세기 후반, 유럽인이 상륙하기 전까지는 아프리카 본래 모습이었다. 그때까지 아프리카는 복잡한 자연

아프리카 국가별 공용어

아프리카에는 오늘날에도 수천 개의 토착어가 있지만 거의 모든 나라가 프랑스어, 영어, 아랍어를 비롯해 이 지역을 침략했던 세력 언어를 공용어로 채택하고 있다. 나라의 행정·정치·경제가 공용어를 통해 운영되는 것이다. 그 결과 토착어를 사용하는 주민들은 사회 각 방면의 주류로 진출하기가 그만큼 어렵다.

환경을 바탕으로, 국가가 아니라 부족 단위로 삶을 영위하고 있었다. 당연히 언어와 민족, 종교 역시 부족에 독자적인 것들이었다.

그렇게 부족 단위로 살아가던 지역에 유럽인들이 들어왔다. 그리고 나라라는 개념이 없던 지역에 들어온 유럽인들은, 이곳을 주인 없는 땅으로 간주했다. 결국 아프리카는 대부분 유럽인들 손에 넘어갔고 수백 년에 걸쳐 식민지로 전락하고 만다.

그렇게 유럽인들이 '주인 없는' 아프리카를 식민지로 분할하는 과정에서 인위적인 국경선이 탄생한 것이다.

영어로 작성한 아프리카 언어 지도

아프리카 국가들의 공용어는 영어, 프랑스어, 스페인어 등 침략 세력이 남기고 간 유럽 언어가 대부분이다. 그러나 아프리카 주민 대부분은 지금도 자신들이 사용해 오던 토속어를 사용한다. 북부의 아프로아시아어, 사하라사막 지역을 중심으로 닐로사하라어(나일강 유역과 사하라사막 지역어), 서아프리카를 중심으로 니제르콩고어, 중부아프리카 주변의 반투어, 서남아프리카의 코이산어, 마다가스카르섬의 오스트로네시아어, 그리고 유럽인이 오래 지배하던 남아프리카와 그 주변에서는 인도유럽어를 다양하게 사용하고 있으며, 각 어족에 속하는 언어 숫자는 수천 개에 이른다.

지도에는 각 지역이 사용하는 언어 명칭을 사용자 규모에 따라 크거나 작게 표기했다. 그러나 지도에 표기한 언어는 현재 아프리카 대륙에서 사용하는 언어의 20%에도 미치지 못한다. (출처: 위키피디아)

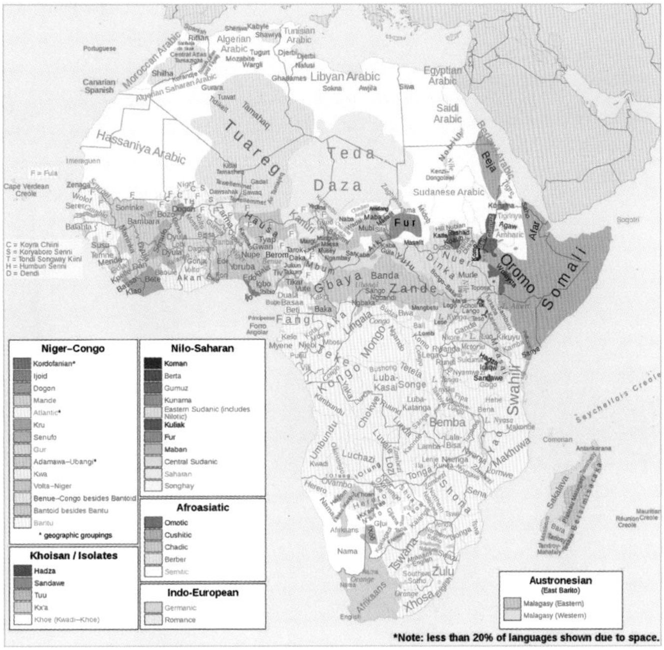

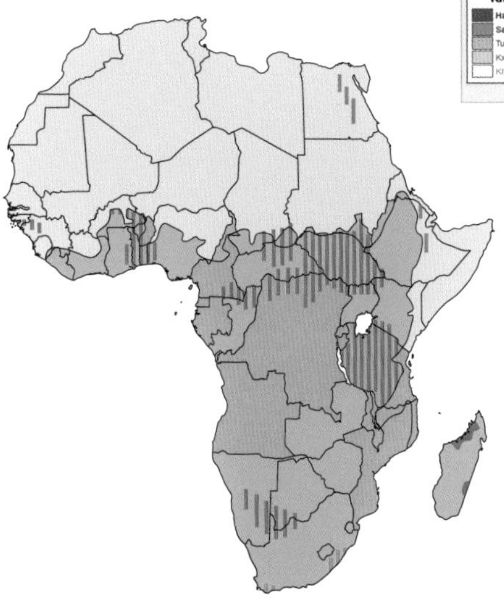

오늘날 아프리카의 종교 지도

아프리카의 종교적 전통 역시 다양한 식민지 경험을 겪으면서 이슬람, 기독교 등 외래종교로 변화하였다. 그러나 그러한 변화 속에서도 아프리카의 전통 종교는 이슬람이나 기독교 안에 내재된 형태로 오늘날에도 전하고 있다. 물론 아직도 전통 종교를 숭배하는 이들 역시 적지 않다.

지구본으로 본 아프리카 대륙

아프리카 대륙 면적은 3천만km²에 달하며, 대륙별로는 아시아에 이어 두 번째로 넓다. 그러나 지도에서 보면 상대적으로 작아 보이는데, 거기에는 두 가지 이유가 있다.

첫 번째로, 아프리카 대륙은 다른 대륙에 비해 가로×세로 비율이 1에 가깝다. 따라서 가로로 긴 대륙이나 세로로 긴 대륙에 비해 면적이 작아 보인다.

다음으로 아프리카 대륙은 유일하게 대륙 중앙으로 적도가 관통한다. 앞에서 살펴본 것처럼 메르카토르 도법 지도에 따르면, 적도 부근 면적은 실제에 가깝게 그리는 반면, 극쪽으로 갈수록 면적을 실제에 비해 넓게 그린다. 그래서 평면 지도에 익숙한 우리에게 아프리카 대륙은 상대적으로 작아 보이는 것이다.

그러나 지구본에서는 모든 대륙 면적이 실제와 같게 나타난다. 지구본에서 본 아프리카 대륙은 서쪽 끝 카보베르데에서 동쪽 끝 모리셔스에 이르는 지역이 한눈에 들어오지 않을 만큼 넓다. 그뿐이 아니다. 눈에 들어오는 지역 대부분을 육지가 차지한다. 해안선 역시 단순해서 대륙 전체가 육지로 가득한 편이다.

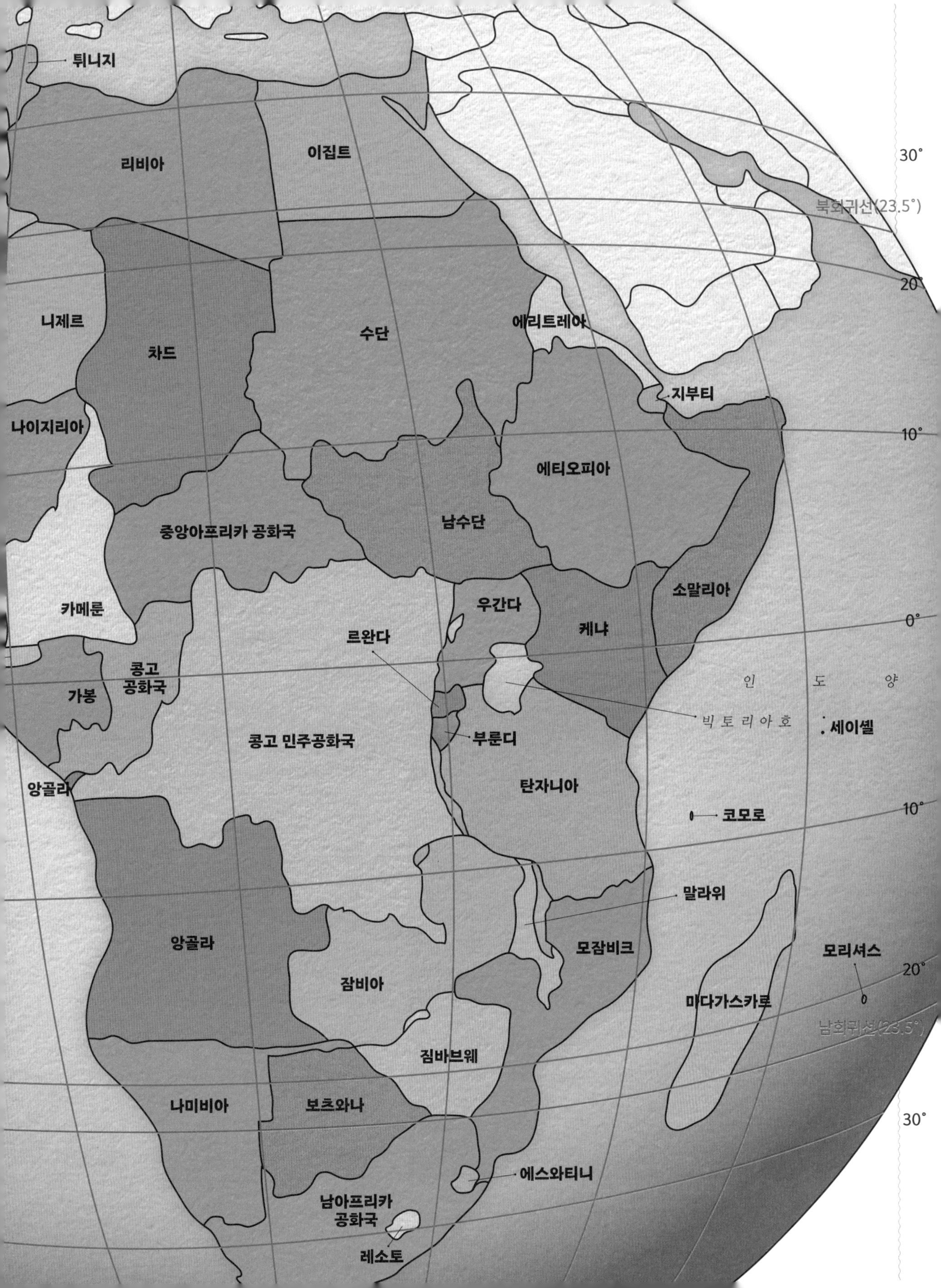

튀니지
리비아
이집트
30°
북회귀선(23.5°)
20°
니제르
차드
수단
에리트레아
지부티
나이지리아
10°
에티오피아
남수단
중앙아프리카 공화국
소말리아
카메룬
우간다
0°
케냐
르완다
콩고
공화국
가봉
인 도 양
빅 토 리 아 호
세이셸
콩고 민주공화국
부룬디
앙골라
탄자니아
10°
코모로
말라위
앙골라
모잠비크
모리셔스
20°
잠비아
마다가스카르
남회귀선(23.5°)
짐바브웨
나미비아
보츠와나
30°
에스와티니
남아프리카
공화국
레소토

아프리카의 지형

아프리카 대륙은 지역별로 자연환경에 특징이 있다. 어떤 지역에는 1년 내내 비 한 방울 내리지 않는 사막이 드넓게 펼쳐 있는가 하면, 어떤 지역은 1년 내내 비가 쏟아지는 열대우림이다. 또 어떤 지역은 광활한 초원지대가 펼쳐져 야생동물의 천국으로 남아 있다.

아프리카 자연환경의 특징 가운데 다른 하나는 경작지가 매우 적다는 것이다. 일반적으로 공업이 발달하지 못한 저개발국가는 농업이나 어업이 주 산업을 이루는데, 아프리카는 농사 역시 발달할 수 없는 환경인 셈이다.

거기에 3면이 바다지만 어업 역시 발달하지 못했다. 세계 각국의 선진화한 어선들이 아프리카 해안으로 들어와 어로 작업을 하는 반면, 아프리카 어선은 기능이 그에 미치지 못하는 까닭이다.

게다가 아프리카의 마지막 희망인 자원개발에도 대부분 외국 기업과 정부가 개입하여서, 자원개발로 발생하는 경제적 이익이 주민들에게 돌아가지 않는다.

여러모로 아프리카 빈곤 문제는 쉽게 해결되기 어렵다.

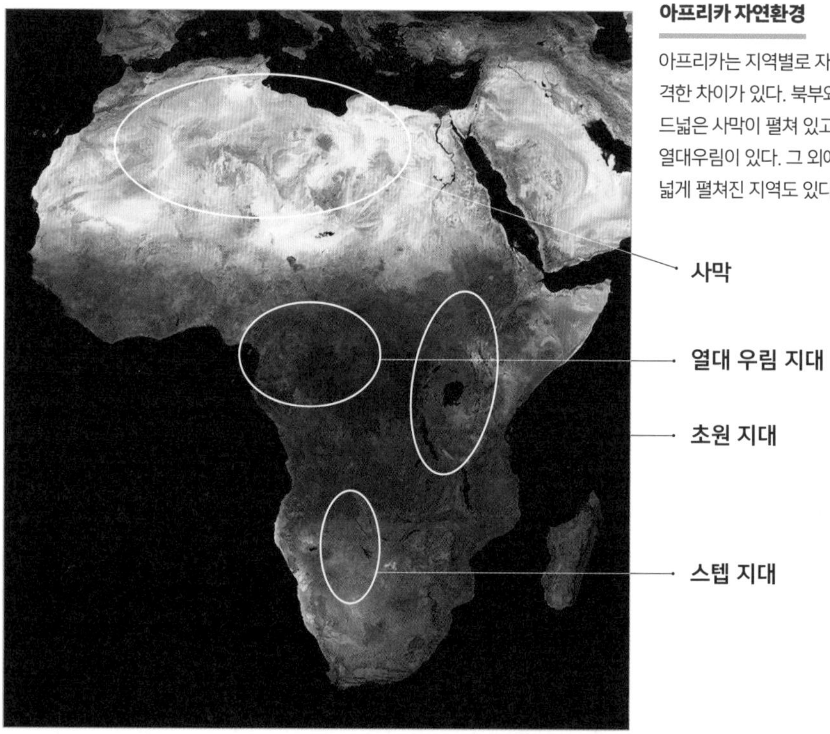

아프리카 자연환경

아프리카는 지역별로 자연환경에서 현격한 차이가 있다. 북부와 서남부에는 드넓은 사막이 펼쳐 있고, 중앙부에는 열대우림이 있다. 그 외에 초원지대가 넓게 펼쳐진 지역도 있다.

북아프리카

이집트를 비롯해 알제리, 리비아, 모로코, 튀니지, 수단 등이 있는 곳이 북아프리카다. 지구본을 보면 이 지역으로 북회귀선이 지난다. 그러나 북아프리카를 구분 짓는 자연환경은 역시 사하라 사막이다.

사하라 사막은 면적이 약 860만km²(이보다 훨씬 넓게 보기도 한다. 최근에는 기후변화로 인해 사하라 사막이 점차 확장되고 있다.)에 이르는 세계 최대 사막이다. 아랍어로 불모지를 뜻하는 '사흐라Sahra'에서 유래한 사하라 사막은, 동쪽으로는 이집트 나일강에서 서쪽으로는 대서양 연안에 이른다. 아프리카 대륙을 북쪽과 남쪽으로 나눈다고 할 만큼 넓다.

그러나 사막의 가장 큰 특징인 모래언덕은 불과 20% 남짓이고, 나머지는 3천 미터가 넘는 산을 비롯해 산맥, 암석과 자갈로 이루어져 있다.

북아프리카는 다른 아프리카 국가들과 구분되는 점이 있는데, 이곳에 있는 나라들이 모두 아랍인들의 나라라는 것이다.

북회귀선과 남회귀선

지구본에는 적도를 중심으로 위쪽과 아래쪽 23도 27분(일반적으로 23.5°로 표기한다. 27분은 60진법이라서 $27/60$=0.436이기 때문이다.) 되는 지점에 점선을 그어 놓았다. 북쪽 선을 북회귀선(tropic of cancer), 남쪽 선을 남회귀선(tropic of capricorn)이라고 한다.

북회귀선은 태양이 천정을 통과하는 위선이면서, 북반구에서 열대와 온대를 구분하는 경계선이기도 하다.

태양은 하지에 북회귀선상에 이르기 때문에 '하지선'이라고도 하는데, 하지에 태양이 남중할 무렵 고도가 90도가 된다.

태양은 하지에 북회귀선에서 가장 높은 지점에 떠오른 후 더 이상 위쪽 지방으로는 올라가지 않는다. 그래서 북회귀선 위쪽 지방은 하지에 태양 빛을 가장 많이 받고 낮의 길이도 가장 길다. 그렇다고 온도가 가장 높은 것은 아닌데, 그 까닭은 태양 빛이 전해준 열을 지구가 머금은 후 차츰 내놓기 때문이다. 그래서 기온은 하지가 지나서 더 올라간다.

반대로 남회귀선은 북반구가 동짓날 태양의 남중고도가 90도가 되므로, 북반구에서는 동지선이라고도 한다. 그래서 두 선 사이 지역은 연중 기온이 높을 수밖에 없어서 열대지방이 된다.

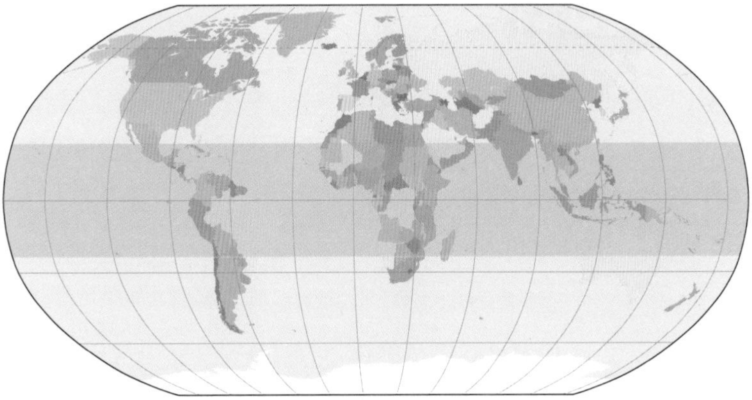

북회귀선과 남회귀선, 그리고 그 사이에 놓인 열대지방

우리나라는 북회귀선에서 벗어난 위쪽에 자리하고 있어, 온대지방으로 분류한다.

이집트

면적이 100만km²를 넘고, 인구 또한 1억 1천만 명이 넘는 이집트는 세계적으로도 대국일 뿐 아니라 아프리카의 대표적인 강국이다.

국력뿐 아니라 수에즈 운하라는 국제적인 시설이 위치하고, 피라미드로 대표되는 인류 문명의 발상지라는 점에서도 아프리카의 대표국가라 할 수 있다.

그러나 오늘날 이집트는 고대 이집트에 비해서 힘이 많이 약화되었다. 사실 고대에 비해 힘이 약화된 것은 이집트뿐이 아니다. 학교에서 귀가 아프게 들어왔던 세계 4대 문명 발상지(메소포타미아 문명, 이집트 문명, 황하 문명, 인더스 문명) 가운데 오늘날 떠오르는 강국 중국을 제외하면, 나머지 세 문명의 발상지는 과거와 같은 영화를 누리지 못하고 있다.

고대 세계를 호령하던 그리스와 로마 역시 과거의 영화를 찾기는 어렵다. 그뿐이 아니다. 역사상 가장 넓은 세계를 정복한 몽골제국, 알렉산드로스 대왕의 마케도니아, 그 후에 발흥한 오스만제국 등도 오늘날에는 과거와 같은 힘을 발휘하지 못하고 있다. 그만큼 지구상에서 국가, 민족, 문화의 세력 이동이 이루어졌다는 말이니, 오늘날 세계를 지배하는 강대국 체제가 수백 년 후에도 유지될 것이라는 믿음 역시 신기루일지 모른다.

수에즈 운하(Suez Canal)

1869년 개통한 수에즈 운하는 인류 역사상 가장 효율적인 시설일 것이다. 전 세계 해운 물동량과 원유 수송의 10% 내외를 담당하는 수에즈 운하가 없었다면 아시아와 유럽을 왕래하는 선박, 나아가 아메리카와 아시아를 왕래하는 선박들이 모두 아프리카 남단 희망봉을 돌아가야 할 테니 말이다. 그렇게 된다면 배 한 척이 운행해야 하는 길이가 두 배로 늘어날 것이다. 수에즈 운하의 효용이 얼마나 큰지 알 수 있다.

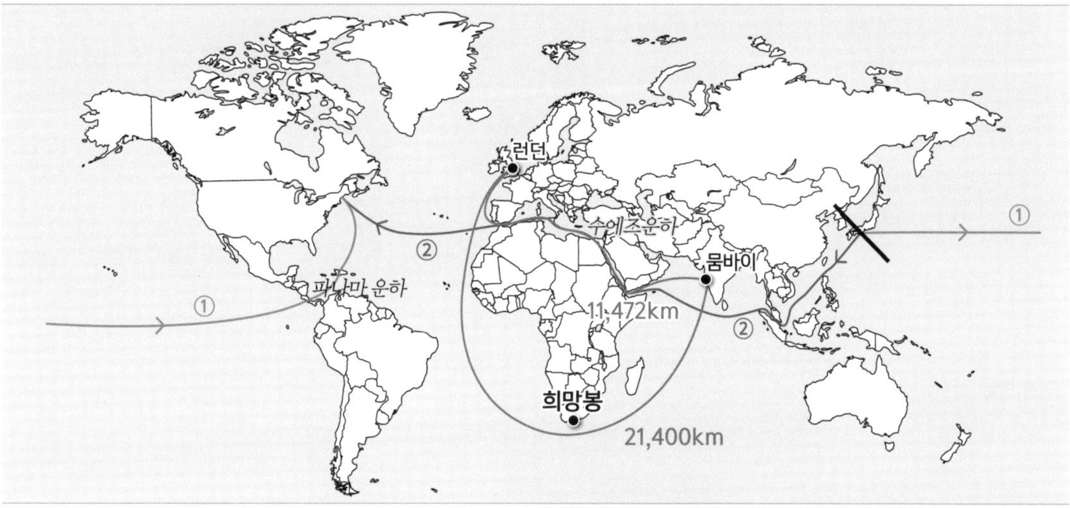

수에즈 운하와 파나마 운하

수에즈 운하 개통 이전 영국 런던에서 인도 뭄바이까지 가기 위해서는 아프리카 남단 희망봉을 거쳐 21,400km를 항해해야 했다. 그러나 운하 개통 후 항해 거리는 절반 수준인 11,472km로 단축되었다. 한편 ①처럼 동아시아에서 미국 동부 해안으로 가기 위해서는 파나마 운하를 이용하는 것이 효과적이다. 그러나 최근 수에즈 운하는 ②처럼 아시아에서 미주로 향하는 물동량을 가져오기 위해 통행료 인하에 나서고 있다.

한편 수에즈 운하는 아메리카 대륙을 관통하는 파나마 운하와 어떤 의미에서는 경쟁 관계에 놓이기도 하는데, 멀고 먼 두 대륙에 떨어져 있는 두 운하를 떠올리면 의아하게 여길 분이 많을 것이다.

지구본을 돌려가며 살펴보자.

아시아에서 유럽으로 가려면 무조건 수에즈 운하를 이용해야 한다. 반대로 유럽에서 미국 서부로 향한다면 파나마 운하를 이용해야 한다.

문제는 세계적인 경제대국인 동아시아 여러 국가들, 인도에서 미국 동부로 갈 때다. 이때는 수에즈 운하를 이용하는 것이 파나마 운하를 이용할 때보다 조금 더 멀지만 그 차이가 크지는 않다. 현재 수에즈 운하에서 아시아-미국 구간은 전체 물동량의 6%에 그치지만, 파나마 운하는 아시아-미국 동부를 연결하는 무역 선박이 전체 물동량의 약 절반을 차지한다. 그래서 수에즈 운하는 이 물동량을 빼앗아오기 위해 통행료를 인하하기도 한다.

최근 수에즈 운하에 변수가 등장했다. 지구온난화라는 비극으로 인해 멀지 않은 장래에 뚫릴 북극 항로 때문이다. 지금은 빙하로 인해 오가기 힘들지만, 가까운 장래에 북극항로로 선박 운항이 가능할 것이라는 게 많은 전문가의 견해다. 그렇게 되면 그림에서 볼 수 있듯이 수에즈 운하보다 북극해를 통하는 것이 효율적인 해상로가 될 것이다.

북극항로와 수에즈 운하를 이용한 항로의 차이

특히 동아시아와 영국을 비롯한 북서유럽을 연결하는 항로의 길이가 단축될 것이다.

수에즈 운하의 역사

수에즈 운하의 효용이 워낙 크기 때문에 세계지도가 발명되기도 전인 기원전 1839년경에 인류는 나일강과 홍해를 연결하는 운하 건설을 시도하였다. 그 후에도 이집트 파라오들은 지속적으로 운하 건설을 꿈꾸었다. 그러나 실패했다.

16세기에 들어서면서 이탈리아 해상도시 베네치아 상인들이 이곳에 운하를 설치해, 포르투갈이나 에스파냐의 무역에 대응하려고 했다. 그뿐이 아니다. 프랑스의 나폴레옹 역시 이집트 정복 후 운하 건설을 꿈꾸었으나 모두 실패했다.

인류 필생의 작업인 수에즈 운하 건설에 성공한 것은 프랑스 출신 페르디낭 드 레셉스였다. 그는 1858년에 '만국 수에즈 해양운하회사'를 설립하고, 2억 프랑에 이르는 자본금을 세계 각국으로부터 모집하였다. 그리고 10여 년이 지난 1869년 11월 17일, 역사적인 개통을 하였다.

인류의 오랜 숙원이었던 만큼 수에즈 운하를 둘러싼 서구 열강의 침략 역시 끊이지 않았다. 처음에는 건설에 앞장선 프랑스, 그 뒤에는 영국이 자신들 관할 하에 두고자 하였으며, 그 후로는 튀르키예, 독일 등도 수에즈 운하에 눈독을 들였다.

수에즈 운하를 둘러싼 국제적인 갈등에 대해 이집트 국민들은 수에즈 운하 국유화를 주장하였고, 결국 1956년 이집트 나세르 대통령이 수에즈 운하 국유화를 단행하였다. 물론 이러한 조치에 반대하던 영국과 프랑스, 이스라엘이 도발하여 운하 통행이 중지되기도 했지만 UN 결의에 의해 모두 철수하고, 오늘날은 이집트 수에즈운하회사가 운영하고 있다.

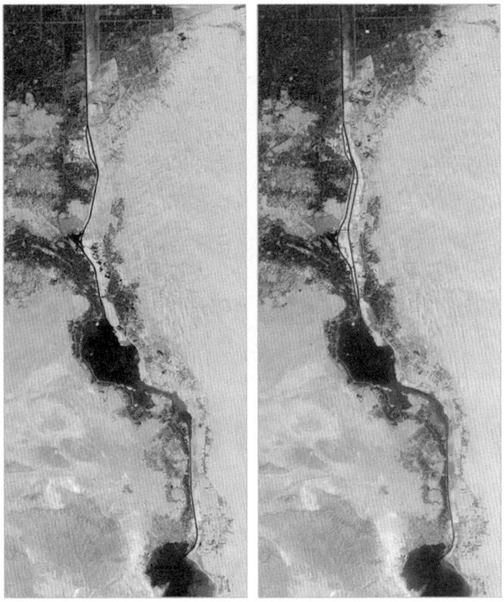

수에즈 운하 확장

처음 운하를 개통한 후 150년이 지난 2016년에 운하를 확장하였다. 오른쪽 사진을 보면 새로운 운하가 개통되었음을 알 수 있다.

고대 이집트의 강대한 힘은 메소포타미아 문명과 이집트 문명이 중동 지방을 중심으로 결합한 이점으로부터 나왔다. 그렇지만 외부 세력들 역시 그 이점을 노린다. 과거에는 이점이었던 것이 이후에는 오히려 해가 된 것이다.

이집트는 기원전 6세기 무렵 페르시아인의 침략을 시작으로, 그 후에는 알렉산드로스 대왕의 침략, 다시 로마 제국의 침략과 지배를 받으면서 이집트 고유 종교와 문화를 상실하는 등 커다란 변화를 겪었다. 오늘날까지 이집트만의 독특한 기독교인 콥트교회가 면면히 이어온 것은 로마 제국 침략의 산물이었다.

그것이 전부가 아니었다. 동로마 제국이 지배하던 이집트가 7세기 무렵 이슬람 세력의 손에 넘어가면서 이번에는 이슬람교가 득세하기 시작했고, 그 결과 오늘날에도 이집트는 약 90%의 인구가 이슬람, 약 10%가 콥트교 등 기독교를 믿고 있다.

19세기 말, 영국 지배 아래 들어간 이집트는 1922년 독립을 선언했고, 이때부터 이집트를 지배한 이집트 왕국은 1952년 나기브와 나세르가 이끄는 자유장교단의 군사혁명으로 이집트 공화국으로 거듭났다.

고대 이집트의 화려함은 수많은 난관을 거치며 사라진 부분이 많다. 그러나 향후 이집트가 정치·경제 분야에서 점차 영향력을 확대해 나갈 것이라고 많은 전문가들은 예상한다.

기원전 980년 무렵 활동한 피네젬 2세의 〈사자의 서〉

고대 이집트인들은 〈사자의 서〉를 통해 그들의 종교관과 내세관을 오늘날까지 전하고 있다. 그러나 고대 이집트인들이 숭배하던 태양신 라(Ra) 등 이집트 고유 종교는 이후 이 지역을 점령한 로마 제국과 아랍인들의 종교로 대체된다.

카이로의 아무르 이븐 알 아스 모스크와 이집트에서 가장 유명한 콥트교회인 공중교회

이집트인들이 오늘날 믿는 종교는 그들만의 것이 아니라 이 땅을 침략한 이들의 것이다. 주민의 90%는 이슬람교를, 나머지 10%는 콥트기독교(콥트)를 믿는데, 콥트교도들은 예수가 오직 신성(神性)만을 가지고 있다고 믿는다. 반면에 주류 기독교에서는 예수가 신성과 인성(人性)을 동시에 품고 있다고 한다.

사진은 아프리카에서 가장 오래된 모스크(아래쪽)로 인정받는 카이로의 아무르 이븐 알 아스 모스크와 이집트에서 가장 유명한 콥트교회인 공중교회(오른쪽) 모습이다.

리비아

리비아는 1,759,540km²의 방대한 면적을 가졌지만, 국토의 약 7%에만 사람이 거주한다. 나머지는 대부분이 사막 등 불모지이다. 그런 까닭에 리비아는 아프리카에서 가장 빈곤한 나라 가운데 하나였는데, 석유가 발견된 1959년 이후에는 가장 부유한 나라로 극적인 전환을 한다.

리비아 역시 서구 강대국의 침략에 시달렸다. 15세기 이후 오스만제국에 속해 있다가 20세기 초에는 이탈리아의 지배를 받았다. 제2차 세계대전에서 이탈리아가 패하자 이번에는 영국과 프랑스가 분할통치에 나섰다. 그러다 1951년에 리비아 연합왕국으로 독립하였고, 1969년에는 카다피가 이끄는 군부 쿠데타로 왕국은 무너지고 공화국으로 탈바꿈하였다.

2011년에는 카다피의 장기집권이 종말을 맞이하고 새로운 정부가 수립되었지만, 그 후 새로 선 정부 내에서 갈등이 끊이지 않아 오늘날에도 내전은 끝나지 않았다.

리비아 대수로

리비아 하면 떠오르는 것이 '대수로(Great Manmade River Project,GMR) 공사'다. 이 프로젝트의 영문명이 'manmade river(인간이 만든 강)'라는 사실로도 이 공사가 얼마나 대단한지 알 수 있다. 대수로(大水路)는 말 그대로 사막에 물길을 내는 공사인데, 지름 4m, 길이 7.5m짜리 수로관을 2,000km 가까이 깔아 담수를 공급하는 방식이다. 더욱 놀라운 것은 지중해에 접한 리비아 북부에서 물이 없는 남부 사막으로 공급하는 것이 아니라, 반대로 남부 사막에서 북부 지역으로 공급한다는 사실이다.

리비아는 한반도 9배에 가까운 면적에 인구는 700만 명 정도에 불과하다. 그 가운데 대부분 주민은 북부 지중해에 접한 대도시에 밀집해 있다. 그런데 사하라 사막 지대에서 석유 탐사를 하던 중 우연히 땅속 깊은 곳에 담수, 즉 민물이 고여 있다는 사실을 확인하였다.

이에 리비아를 통치하던 카다피는 이 물을 끌어올려 북부 도시에 생활용수(32%)로, 그리고 많지 않은 농경지에는 농업용수(66%)로 공급한다는 기발한 상상을 했고, 이를 실천에 옮겼다. 그 사업을 맡은 게 우리나라 기업이어서 우리에게는 더욱 낯익은 프로젝트이기도 하다.

리비아 대수로 공사는 몇 단계에 나누어 진행하였는데, 2단계까지는 완성되었고 그 후 계획은 카다피 사망으로 중단되었다.

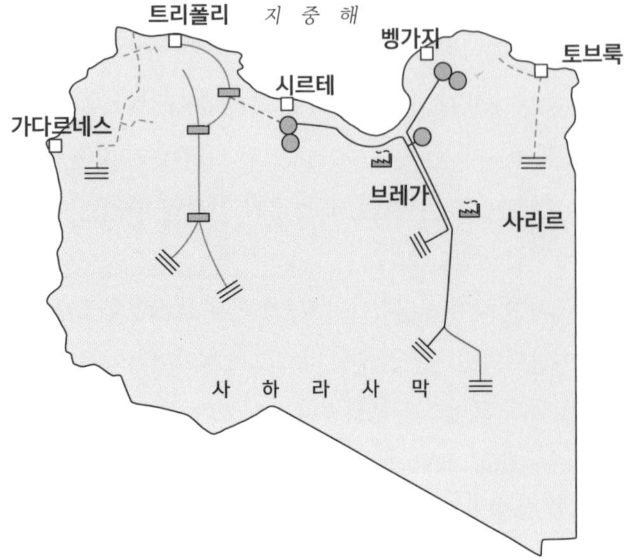

리비아 대수로 공사 현황도

리비아 대수로 공사는 그림으로도 알 수 있듯, 남부 사막지대에 관정을 뚫어 그곳 물을 북부 지중해 연안 대도시로 공급하는 것이다. 남부 곳곳에 관정이 자리하고 있고, 북부에는 여러 곳의 급수장을 설치해 놓았다. 점선 부분은 계획 구간이다.

알제리

알제리는 면적이 2,381,741km²에 달하는 아프리카 최대 국가이자 전 세계에서 열 번째로 넓은 국가다.

지구본을 살펴보면 알제리는 유럽과 매우 가까운데, 특히 프랑스와 밀접한 연관을 맺어 왔다. 좋은 의미가 아니고 부정적인 것이지만.

1830년대 이후로 프랑스의 식민지배를 받아 온 알제리는, 1962년 독립한 뒤에도 오늘날까지 프랑스와 지속적으로 갈등을 겪고 있다. 이는 다른 식민지와는 달리 프랑스가 알제리를 끝까지 포기하지 않았기 때문인데, 그러한 갈등이 크게 폭발한 것이 1954년부터 1962년까지 이어진 알제리 전쟁이었다.

알제리 전쟁

다른 지역과 마찬가지로 아프리카 역시 근대 이후 서구 열강의 침략 대상이었는데, 그 정도가 심했다. 오늘날 아프리카 대부분 나라에서 영어, 프랑스어, 스페인어 등 침략국 언어를 사용하고 있는 것이 이를 말해 준다. 특히 아프리카에서 프랑스의 지배력이 강했는데, 20개 나라에 가까운 식민지를 보유하고 있었고 그 가운데 대표적인 나라가 알제리였다.

프랑스는 지리적으로 가까운 이점, 드넓은 영토, 그리고 북부의 지중해성 기후를 탐내 알제리를 프랑스의 일부로 만들고자 했다. 그 과정에서 프랑스에서 많은 사람들이 알제리로 건너가 정착(이들을 '피에 누아르'라고 부르는데, 유명한 축구선수 지네딘 지단, 그리고 노벨문학상 수상에 빛나는 알베르 까뮈가 이들의 후손이다)했으며, 프랑스인을 위한 성당과 군수공장을 짓는 등 제2의 프랑스화를 진행했다.

이에 알제리인들은 당연히 반발했고, 반발하는 알제리인들을 진압하려고 만든 부대가 오늘날에도 유명한 프랑스 외인부대이다. 그 후에도 알제리인들의 독립 열기는 이어졌는데, 프랑스가 워낙 막강해서 성공하지 못했다.

그러다 알제리인들은 제2차 세계대전에 참여해 프랑스군으로서 독일과 맞서 싸웠는데, 프랑스군이 승리하면 자신들에게 독립을 허용할 것이라고 믿었기 때문이다. 그러나 전쟁이 끝났는데도 프랑스가 자신들의 독립을 막자 더 이상 참지 못하고 군사적 투쟁에 나섰다.

1954년 알제리 민족 해방 전선(Front de Libération Nationale, FLN)을 결성한 이들은 프랑스를 상대로 무장투쟁을 개시하는데, 이것이 알제리 전쟁이다.

군사력은 프랑스가 압도적이었지만, 프랑스군의 비인도적인 행위와 명분 없는 식민지 전쟁에 프랑스 내에서조차 진보주의자들을 중심으로 알제리 독립을 주장하는 사람들이 늘어났다. 결국 1962년 7월 3일, 알제리는 독립을 선언한다.

그러나 알제리 전쟁은 참혹하면서도 반인간적인 전쟁으로 유명해, 독립 이후에도 알제리인들의 프랑스에 대한 감정은 매우 부정적이었다. 전쟁 동안 프랑스군이 저지른 고문과 학살은 전 세계를 경악케 했고, 이러한 국제적 관심 역시 알제리 독립을 지지하는 여론 형성에 이바

프랑스의 알제리 침공

1843년, 프랑스 앙리 오를레앙 공작은 알제리 지도자 에미르 알 자자이리가 이끄는 부대를 공격, 수천 명을 사로잡았다. 모로코로 피신한 에미르는 그곳에서 저항을 계속했으나 1847년 체포되었고, 알제리의 무장투쟁은 중단되었다.

지했다. 이 전쟁에서 사망한 알제리인의 숫자는 적게는 30만 명에서 많게는 200만 명에 이른다는 주장까지 있다.

한편 프랑스 극우파들은 오늘날에도 알제리가 프랑스 영토라고 주장하며, 알제리에 대해 불편한 심기를 감추지 않고 있다.

피에 누아르

프랑스어로 '검은 발'을 뜻하는 '피에 누아르'는 알제리 침공 후부터 알제리로 건너가 정착한 백인을 가리킨다. 사진은 19세기 말, 선명한 프랑스 국기를 달고 알제리에 도착한 증기선에서 내리는 유럽인 모습.

알제리는 독립 이후 아프리카에서 강력한 영향력을 행사하는 강국 가운데 하나로 성장했다. 세계 16위의 석유 매장량과 9위 규모의 천연가스 공급량이 큰 영향을 끼쳤으며, 그 외에도 아프리카 국가로서는 드물게 발전한 공업 분야도 한몫했다.

한편 부정적인 인식과는 별개로 프랑스는 알제리 최대 교역국이며, 프랑스에 거주하는 알제리인도 상당히 많다.

튀니지

북아프리카에 위치한 튀니지는 지구본 위에서 보면 알제리, 리비아 등 거대한 영토를 가진 나라들 틈에 끼어 가까스로 보일 정도다. 그런데도 면적이 163,610km²에 달하니 우리나라보다 훨씬 넓다.

북아프리카 다른 나라와 달리 사하라 사막이 차지하는 비중이 국토 절반에도 미치지 않아 거주 환경은 뛰어나다. 기후 역시 지중해성 기후로 온난하고, 고대 카르타고로부터 비롯한 수많은 문화유적이 있어 세계적인 관광지로 유명하다.
튀니지 독립의 역사는 다른 북아프리카 국가들과 다르지 않다. 오스만제국 통치를 받다가 프랑스에 점령당하고, 제2차 세계대전을 거치면서 독일과 이탈리아의 지배를 거쳐 다시 프랑스가 들어오고, 이들을 상대로 독립을 쟁취한 것이 1956년이었다.
튀니지는 아프리카에서 1인당 국민소득이 가장 높은 나라 가운데 하나이며, 정치적으로는 친서방, 유럽연합과의 연대 등을 통해 국제적 위상을 강화해 나가면서 아랍국들과도 친밀한 관계를 유지하고 있다. 국교는 수니파 이슬람이다.

튀니지에 있는 고대 로마의 원형경기장

튀니지에 기반한 고대 국가 카르타고가 로마에 의해 멸망한 뒤, 이 지역에서는 로마 문명이 꽃을 피우고 있었다. 그러나 5세기 무렵부터 반달족(게르만족의 일파)과 그 뒤를 이은 아라비아인의 침략을 받아 모두 파괴되었다. 오늘날 옛 시대의 영화는 흔적으로만 남아 있다.

카르타고

로마와 자웅을 겨뤘던 고대 국가가 카르타고다. 로마인들은 카르타고 주민들을 '포에니'라고 불렀고, 그래서 지중해 패권을 놓고 로마가 카르타고와 겨룬 전쟁을 '포에니 전쟁'이라고 부른다.
카르타고는 스페인과 아프리카를 잇는 통상로에 자리하고 있어 해상무역으로 부를 일구었다. 그 후 카르타고는 시칠리아섬을 놓고 로마나 그리스와 갈등을 겪기도 하였다.
지중해의 강국 카르타고가 결정적으로 쇠락한 것은 세 차례에 걸친 포에니 전쟁에서 로마에 패한 뒤부터다.

제1차 포에니 전쟁에서 패한 카르타고는 시칠리아를 빼앗겼고, 제2차 포에니 전쟁에서는 유명한 장수 한니발(Hannibal, 기원전 247~기원전 183?181)이 활약했음에도 로마 장군 대스키피오(Publius Cornelius Scipio Africanus, 기원전 235~기원전 183)에게 패했으며, 제3차 포에니 전쟁에서는 소스키피오(Publius Cornelius Scipio Aemilianus Africanus Numantinus, 기원전 185~기원전 129. 대스키피오의 조카)에게 패하여 나라가 멸망하고 말았다. 그렇지만 로마 시대에도 여전히 번영한 도시로 남았다.

〈하밀카르 바르카와 한니발의 맹세〉

카르타고를 대표하는 장수는 알프스를 넘어 로마를 공격한 한니발이다. 한니발의 아버지 하밀카르 바르카는 카르타고의 장수였다. 그는 제1차 포에니 전쟁에서 카르타고가 패한 후, 이베리아반도로 피해 그곳에서 재기를 꾀하다가 로마의 지원을 받는 자객에게 암살당했다. 이에 한니발은 복수를 맹세한 후 제2차 포에니 전쟁에서 로마를 크게 물리친다. 본래 카르타고는 해상강국이었기에 로마 역시 해안가 방어에 집중하고 있었는데, 이때 한니발이 알프스를 넘어 로마를 공격하자 대비를 못한 로마가 패한 것이다. 그러나 그 무렵 카르타고는 이미 한니발에 대한 지원을 할 수 없을 만큼 쇠락기에 접어들었고, 결국 한니발은 아버지에 대한 맹세를 지키지 못하였다.
카르타고 역시 한니발이 세상을 떠난 후인 기원전 149년 일어나 146년에 끝난 제3차 포에니 전쟁에서 패해 멸망하고 만다.

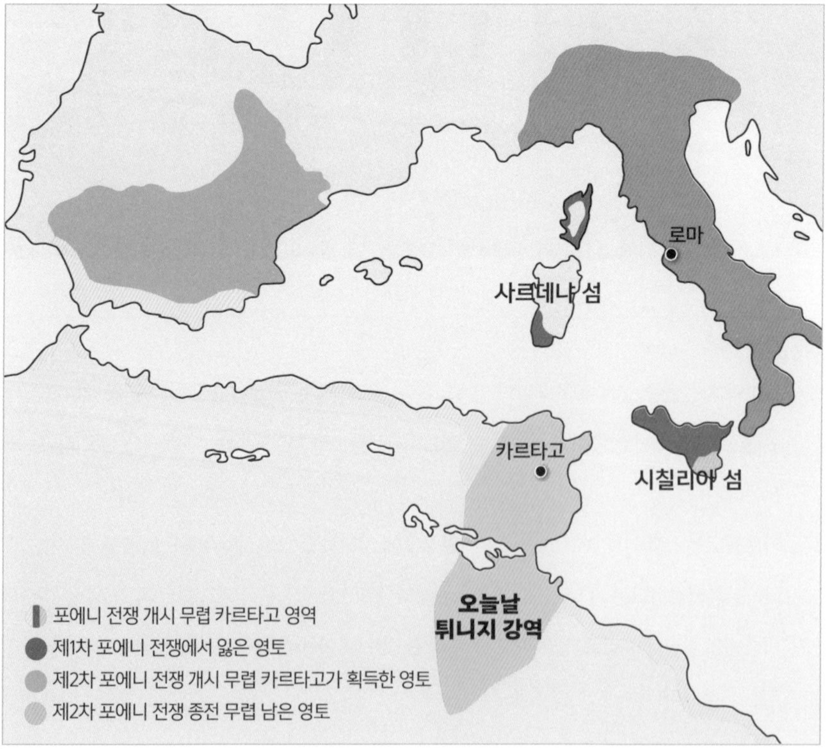

카르타고의 강역 변화

카르타고는 전성기에는 서지중해는 물론 에스파냐까지 진출했다. 그러나 포에니 전쟁의 시작과 더불어 쇠퇴하기 시작해 급기야 기원전 146년, 멸망했다.

모로코

지브롤터 해협을 사이에 두고 유럽과 마주보고 있는 나라가 모로코다. 모로코와 스페인 사이에 놓인 지브롤터 해협의 가장 좁은 지점은 14km에 불과하다. 그러니 모로코는 아프리카의 유럽이라고 할 만하다. 그래서 그런지 모로코의 국가 목표는 유럽연합(EU) 가입이다. 물론 유럽연합은 이를 반대한다. 그런데도 모로코의 눈길은 끊임없이 유럽연합을 향해 있었는데, 드디어 2001년에는 유럽연합과 협력협정을 맺기도 하였다.

모로코의 갈등 요인은 모로코 남서부에 위치한 서사하라 지역이다. 세계에서 민족간 갈등을 일으키는 나라는 대부분 서구 열강에 의한 식민지 정책의 희생양인데, 서사하라 역시 마찬가지다.

1904년 프랑스와 스페인이 모로코를 분할 점령하였는데, 제2차 세계대전 이후인 1956년 3월, 프랑스령 모로코는 독립하였다. 이에 스페인은 4월, 자신들의 보

지브롤터 해협의 위성 사진

모로코에서 건너편 스페인이 환히 보일 정도로 가깝다. 그러나 이곳에는 놀라운 사실이 숨어 있다. 모로코 북단에 있는 도시 세우타가 스페인령이고(18.5km², 인구 8만 5천 명), 해협에 접한 도시 지브롤터(6.8km², 인구 3만 4천 명)는 영국령이라는 현실이다. 따라서 지브롤터 해협은 스페인-모로코 사이가 아니라 영국-스페인 사이에 있는 셈이다.

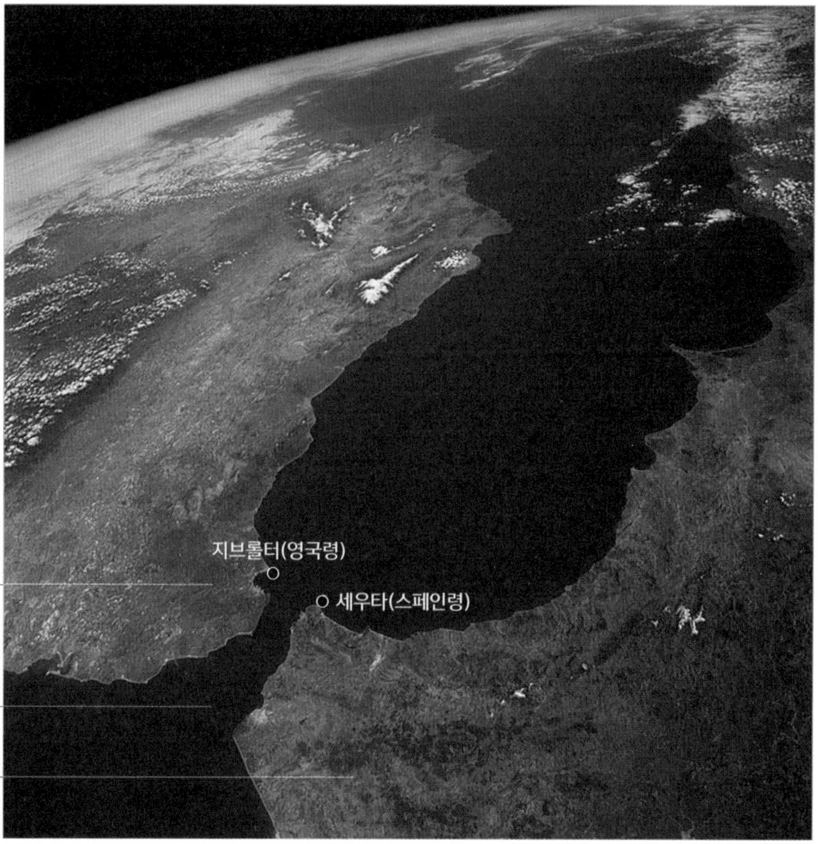

호령에 대해 독립을 인정하였다.

그러나 모로코 서남쪽에 위치한 서사하라 지방에서는 1976년에야 스페인이 손을 떼었다. 이에 서사하라를 두고 모로코와 남쪽 모리타니가 주도권 다툼을 벌였다. 이때 서사하라의 2/3는 모로코, 1/3은 모리타니가 소유하기로 결정하였다. 그러자 정작 이 땅에 뿌리내리고 살던 서사하라인들은 이에 반발하여, '사하라 아랍 민주공화국' 수립을 선언하고 독립에 나섰다. 이에 특별한 반응을 보이지 않은 모리타니와는 달리 모로코는 공격에 나섰다. 그 후 오늘날까지도 두 집단은 끊임없이 갈등하고 있다. 현재는 서사하라 지방의 2/3는 모로코가 지배하고,

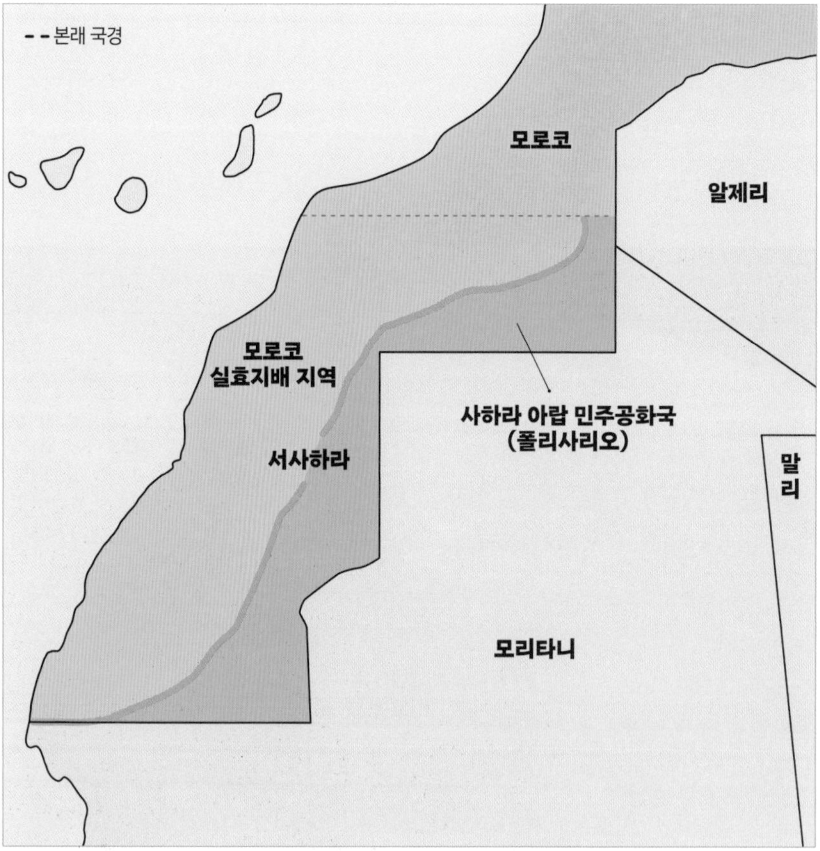

서사하라 지역 현황

서사하라 지역은 서쪽의 모로코 실효 지배 지역과 동쪽 사하라 아랍 민주공화국으로 나뉘어 있다. 사하라 아랍 민주공화국 독립을 주장하는 세력은 폴리사리오해방전선(Frente Polisario)이다.

한편 2020년 12월 10일, 세계는 놀라운 뉴스를 접했다. "미국은 모로코가 이스라엘과 관계를 수립하는 대가로 서사하라에 대한 모로코의 완전한 주권을 인정할 것"이라는 내용이었다. 한 나라의 주권을 놓고 다른 나라와 거래하는 것도 가능한 게 강대국이다.

모로코가 설치한 서사하라 장벽

모로코는 자신들이 실효 지배 중인 서사하라 지역에 장벽을 설치하였는데, 사진에서 보듯이 모래로 쌓은 형태이다.

1/3은 사하라 아랍 민주공화국이 지배하고 있다.

이 갈등을 해결하고자 유엔을 비롯한 세계 각국이 나섰으나 해결책은 보이지 않는다. 현재 사하라 아랍 민주공화국은 50여 개국에 이르는 나라들의 승인을 받았으나, 유엔 가입은 이루어지지 못했다.

모로코 면적은 446,550km²에 3천 8백만 명의 인구를 보유하고 있으며, 실효지배 중인 서사하라 지역 또한 252,120km²에 달한다.

	국기	수도	면적 (단위: km²)	인구 (단위: 명)	언어	종교 (단위: %)	1인당 GDP (단위: 달러)
이집트		카이로	1,010,408	1억 1천만	아랍어	이슬람 90 콥트교 10	3,800
리비아		트리폴리	1,759,541	730만	아랍어	이슬람	6,000
알제리		알지에	2,381,741	4,600만	아랍어 베르베르어 (북아프리카 지역의 방언)	이슬람	5,000
튀니지		튀니스	163,610	1,200만	아랍어	이슬람	4,200
모로코		라바트	446,550 (서사하라 포함시 712,550)	3,800만	아랍어 베르베르어	이슬람	4,000

서아프리카

서아프리카 지역은 말 그대로 아프리카 서부에 위치한 나라들을 가리킨다. 그렇다고 모든 서부 아프리카를 가리키는 것은 아니고, 사하라 남부에서 아프리카 중부에 이르는 지역 가운데 서부에 있는 16개 나라를 가리킨다.

이 지역은 공통점이 있는데, 지리적인 요소 외에도 라이베리아를 제외하고는 프랑스와 영국, 포르투갈의 식민지로 있다가 1960년대에 들어 독립했다는 것, 그리고 길이 4,180km, 유역면적이 189만 600km²에 이르는 아프리카 제3의 강인 나이저강(니제르강) 유역에 위치한다는 점 등이다.

나이저강은 기니, 말리, 부르키나파소, 니제르, 베냉, 나이지리아 등 이 지역 여섯 나라를 지날 뿐 아니라 니제르와 나이지리아, 두 나라 명칭 역시 이 강에서 유래할 만큼 지역에서 차지하는 비중이 크다.

서아프리카는 고대부터 유럽과 교류가 있던 북아프리카 지방을 제외하면 유럽인들이 가장 먼저 상륙한 곳이다. 그런 만큼 유럽의 침략으로 큰 고통을 겪었다. 이곳 해안가에 붙은 '노예해안', '상아해안', '곡물해안,' '황금해안'이라는 명칭이 그 역사를 말해 준다.

아메리카 대륙에 진출한 유럽인들은 플랜테이션 농업으로 큰 수익을 거두기 시작했다. 그런데 플랜테이션 농업에는 엄청난 노동력이 필요하다. 유럽인들은 강제노역에 동원한 아메리카 원주민들이 질병과 학대에 못 이겨 절멸하자, 부족한 노동력을 메우려고 아프리카로 눈을 돌렸다.

서아프리카에 속한 여러 나라들

앞서 살펴본 모로코와 서사하라는 북아프리카로 분류하기도 하고, 서아프리카로 분류하기도 한다.

유럽인들은 서아프리카 해안에 들어가 그곳 부족장들에게서 노예를 구입하기 시작했다. 노예라는 상품이 부족하면 직접 다니며 아프리카인들을 잡아들이기도 하였다. 그렇게 구한 아프리카 노예들을 노예선에 싣고 아메리카 대륙으로 '수송'했다.

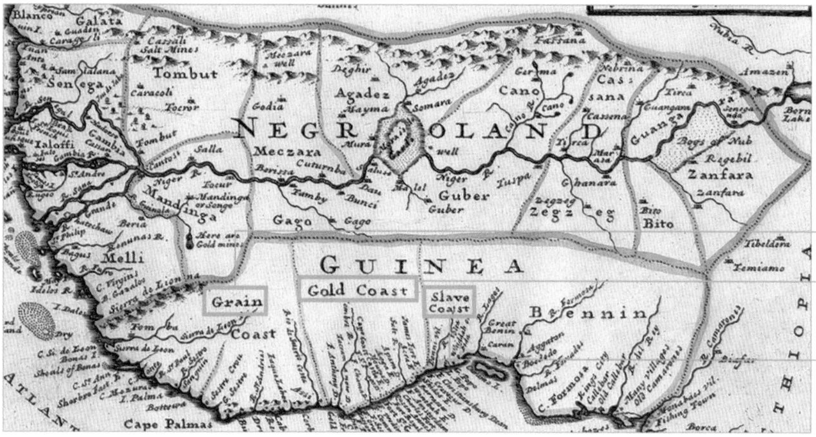

서아프리카 해안 지도

곡물해안(Grain coast), 황금해안(Gold coast), 노예해안(Slave coast)이라는 명칭이 선명한 1729년도 유럽 지도.

삼각무역

유럽의 무기를 들고 아프리카에 가서 상품(노예)과 교환한 다음, 아메리카 대륙에 가서 노예를 판매한 수익으로 설탕 등 그곳 특산물을 사서 유럽에 판매하는 무역을 삼각무역이라고 한다.

그 후에는 아프리카 특산물인 상아, 황금, 곡물까지 유럽으로 들여왔다. 지금은 독립국인 코트디부아르는 나라 이름이 프랑스어로 '상아해안'이다. 오늘날에도 영어권 국가에서는 이 나라를 '아이보리코스트(Ivory Coast)'라고 부르니, 이 역시 '상아해안'이라는 뜻이다.

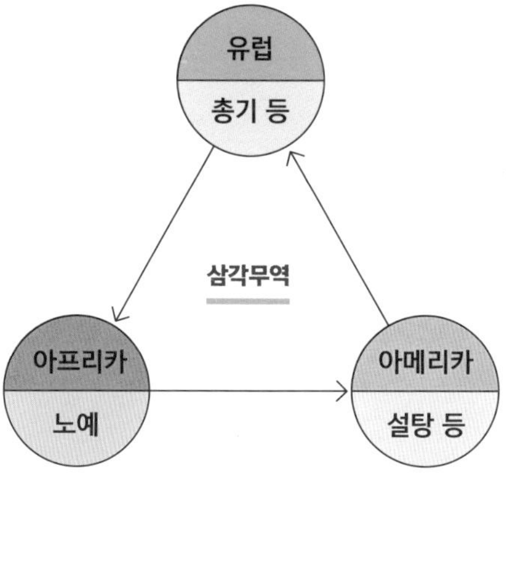

그런 아프리카 착취의 역사가 고스란히 남은 지역이 서아프리카다.

한편 서아프리카에 위치한 16개국 가운데 모리타니를 제외한 15개국은 서아프리카 경제협력체(Economic Community Of West African States)를 설립하여 역내 국가들 간에 비관세 제도 및 경제 협력을 통해 경제 발전과 통합을 목적으로 활동 중이다. 이들은 자체 화폐 프로젝트까지 추진하고 있으니, 유럽연합을 모델로 한 것이 분명하다.

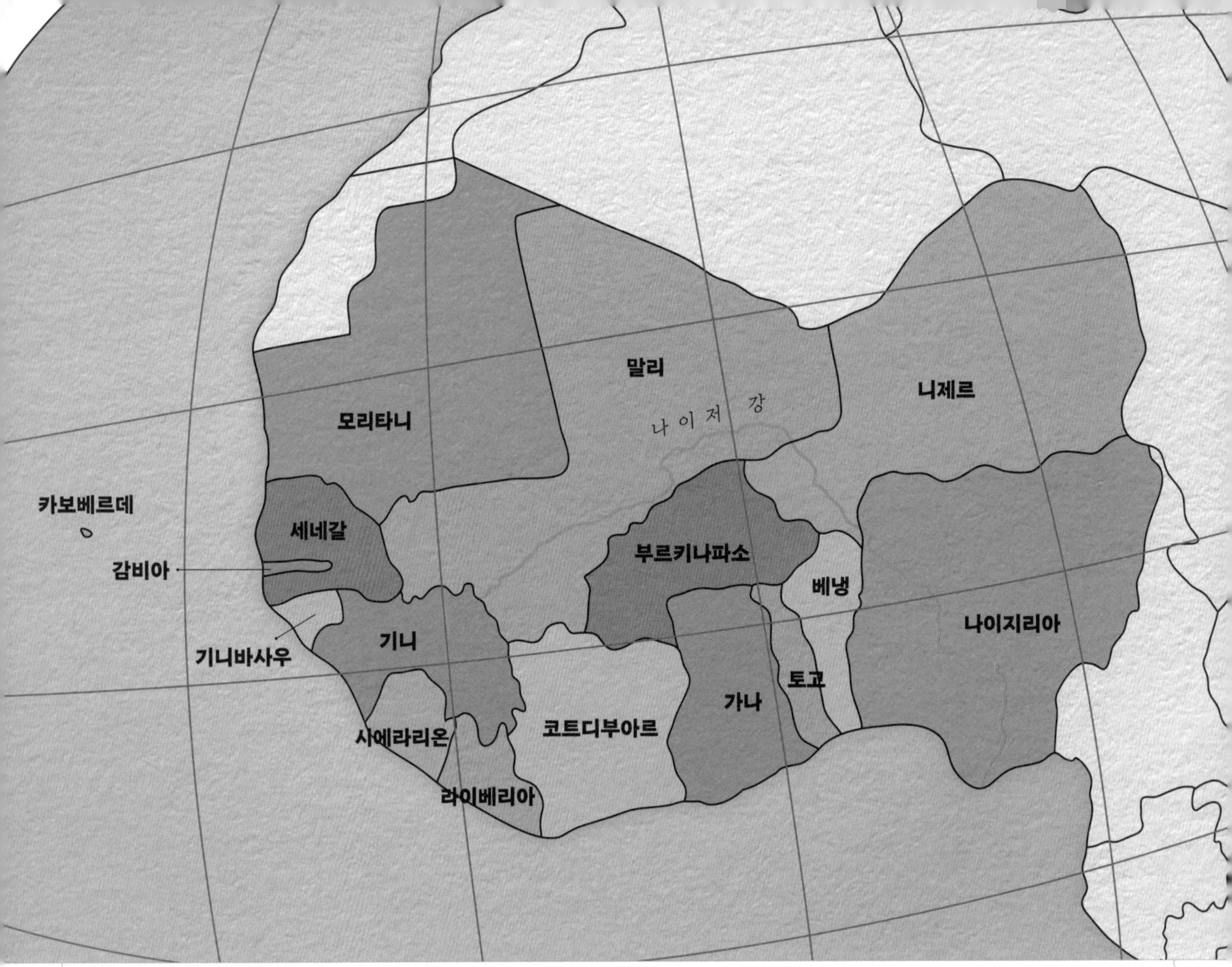

서아프리카

유럽에서 희망봉을 지나 아시아로 가거나, 대서양 건너 아메리카 대륙으로 가기 위해 해류를 따라 항해하면 가장 먼저 만나는 곳이 서아프리카다. 결국 서아프리카는 자원 수탈, 노예 무역 등 유럽인들의 손길이 가장 먼저 닿는 아프리카 땅이었다. 그런 지리적 여건은 오늘날까지 이어지는 서아프리카의 비극을 낳았다.

프랑스 식민지에서 독립한 나라들

서아프리카 16개국은 크게 프랑스어를 사용하는 나라와 포르투갈어를 사용하는 나라, 그리고 영어를 사용하는 나라로 나눌 수 있다. 물론 대부분 나라에서 토착어도 함께 사용한다.

프랑스어를 사용하는 나라는 당연히 프랑스 식민지를 거친 나라들인데, 그 외에 여러 나라의 지배를 거친 경우도 있다.

프랑스 식민지로부터 독립한 나라들의 종교는 대부분 이슬람교인데, 토착신앙을 유지하는 나라도 여럿 있다. 대부분 나라가 경제적으로 어려움을 겪고 있다.

서아프리카 각국을 지배하던 나라들

서아프리카 대부분 나라는 프랑스와 영국, 포르투갈의 지배를 받다가 독립하였다. 그러한 역사는 오늘날까지 영향을 끼쳐 지배국의 언어, 종교를 수용하고 있다.

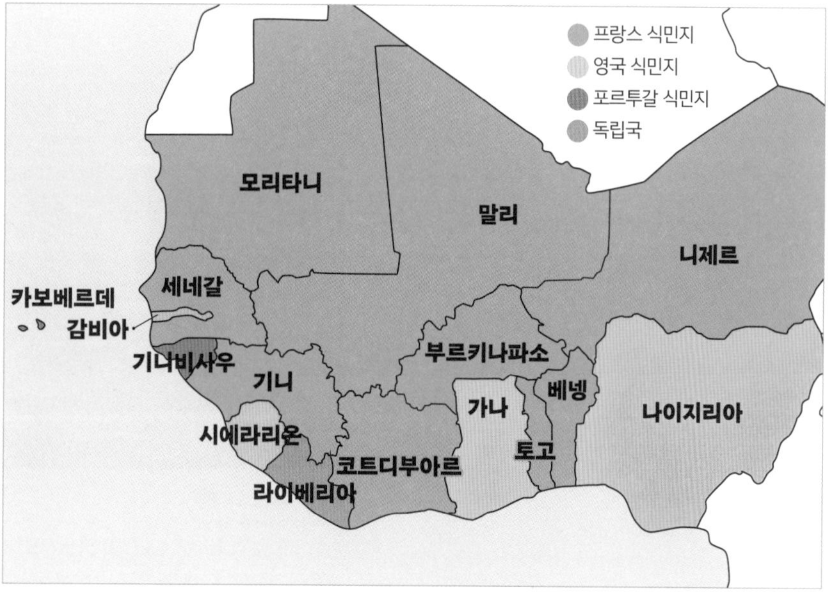

	국기	수도	면적 (단위: km²)	인구 (단위: 명)	언어	종교 (단위: %)	1인당 GDP (단위: 달러)	비고
니제르		니아메	1,267,000	2,600만	프랑스어	이슬람	650	1960년, 프랑스로부터 독립
말리		바마코	1,241,238	2,200만	프랑스어	이슬람	1,000	1960년, 프랑스로부터 독립
모리타니		누악쇼트	1,030,700	430만	아랍어	이슬람	2,400	1960년, 프랑스로부터 독립
세네갈		다카르	196,722	1,800만	프랑스어	이슬람	1,750	1960년, 프랑스로부터 독립
기니		코나크리	245,857	1,400만	프랑스어	이슬람 87 토착신앙 10	1,600	1958년, 프랑스로부터 독립. 세계 최대의 보크사이트 산지
베냉		포르토노보	114,763	1,400만	프랑스어	이슬람 25 기독교 50 토착신앙 18	1,500	1960년, 프랑스로부터 독립
토고		로메	57,000	900만	프랑스어	토착신앙 33 기독교 48 이슬람 19	1,000	프러시아→프랑스 식민지
코트디부아르		야무수크로	322,463	3,100만	프랑스어	이슬람 43 기독교 40 토착신앙 10	2,800	세계 1위의 코코아 생산지
부르키나파소		와가두구	274,000	2,300만	프랑스어 토착어	이슬람교 64 기독교 26 토착신앙 10	900	1960년 프랑스로부터 독립. 독립 때 나라 이름은 오트볼타 공화국

니제르

프랑스 식민지에서 독립한 나라 가운데 가장 넓은 나라가 니제르다. 내륙국가인 니제르는 나이저강이 흐르는 서남쪽을 제외하면 국토 대부분이 사막과, 사막에 가까운 스텝 지역이다. 그런 까닭에 약 2천만 명에 달하는 인구 대부분이 경제적 어려움에 처해 있는데, 국민소득이 아프리카에서도 가장 낮은 나라에 속한다.

니제르 수도 니아메

인구가 100만에 가까운 수도 니아메는 니제르 경제 중심이기도 한데, 사진에서 볼 수 있듯 여전히 아프리카 전통 모습을 유지하고 있다.

코트디부아르

나라 이름 코트디부아르는 프랑스어로 상아해안을 뜻한다. 나라 이름이 상하해안이라는 사실 하나만 보아도, 코트디부아르가 역사적으로 어떤 길을 걸어왔는지 알 수 있다.

유럽 침략을 받기 전 코트디부아르 현황

유럽인의 침략을 받기 전 아프리카는 지역적·문화적 영향으로 인해 나라라는 개념보다는 부족이라는 개념이 강했다. 코트디부아르 역시 16세기 무렵 유럽인이 침략하기 전에는, 그림에서 볼 수 있듯이 여러 부족이 각 지역에 산재해 살아가고 있었다.

말리 젠느에 있는 그레이트 모스크

아프리카 고유 건축물은 우리에게 낯설다. 인구도 적고 대규모 교역이나 행정 체제를 갖추지 않은 사하라사막 남부 국가들은 높고 큰 건물을 지을 필요가 없었다. 사진은 말리 젠느에 서 있는 그레이트 모스크 모습인데, 진흙으로 지었다. 본래 있던 건물이 사라진 후 1907년에 새로 지은 것으로, 진흙으로 지은 건물 가운데 높고 웅장한 것으로 유명하다. 1988년 유네스코 세계문화유산으로 지정하였다.

영어를 주로 사용하는 나라들

지구본을 보면 나이저강의 물줄기가 가장 넓게 흐르는 나라가 나이지리아다. 나이지리아는 영토도 923,769km²에 달하고 인구는 2억 4천 만 명에 가까운 아프리카 최강대국 가운데 하나다.

굶주리는 아프리카인 소식을 자주 접하는 까닭에 아프리카의 인구밀도가 높다고 생각하는데, 사실은 그리 높지 않다. 아프리카는 6대주 가운데 유일하게 적도가 대륙 중심부를 관통한다. 게다가 사막도 많다. 그래서 사람이 거주하는 데 적당한 땅이 생각보다 적다. 이것이 아프리카 인구밀도가 낮은 이유다.

아프리카에서는 모리셔스가 1km²당 약 620명으로 인구밀도가 가장 높은데, 국토가 2,040km²밖에 안 되는 섬나라이기 때문이다.

아프리카 2위 인구밀도 국가인 르완다 역시 면적이 26,338km²로 작은 나라지만, 우리나라보다 훨씬 낮아 1km²당 320명 선이다.

	국기	수도	면적 (단위: km²)	인구 (단위: 명)	언어	종교 (단위: %)	1인당 GDP (단위: 달러)	비고
감비아		반줄	11,300	200만	영어	이슬람	1,000	영국 최초의 아프리카 식민지로, 1965년 영연방 자치령으로 독립
시에라리온		프리타운	71,740	900만	영어	이슬람 80 기독교 20	500	1787년 영국에서 이송된 351명의 북아메리카 해방노예와 60명의 영국 매춘여성이 상륙해 사회 구성. 1792년, 캐나다에서 1,100명의 해방노예가 이주하여 수도인 프리타운을 건설. 1961년, 영국으로부터 독립
라이베리아		몬로비아	111,369	550만	영어	기독교 87 이슬람 12	800	1821년 미국 남부의 해방된 노예들이 미국식민협회의 도움으로 이주하여 나라를 건설. 1847년 7월 26일 미국의 후원 아래 정식으로 독립하여 아프리카 최초의 공화국 수립
가나		아크라	239,567	3,500만	영어	기독교 43 토착신앙 38 이슬람 12	2,400	1957년, 영국으로부터 독립
나이지리아	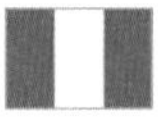	아부자	923,769	2억 3천만	영어	이슬람 56 기독교 44	1,800	–

나이지리아

아프리카에서 한반도보다 넓은 땅을 가진 나라 가운데 인구밀도가 가장 높은 나라가 나이지리아로, 1km²에 약 140명이다. 게다가 국내총생산은 아프리카 나라 가운데 1위다. 그러니 나이지리아야말로 아프리카 최강대국이라고 할 만하다.

포르투갈이 처음 발을 디딘 나이지리아는 그 후 영국 수중에 들어갔고, 1960년 영연방의 하나로 독립하였다.

나이지리아도 내부 문제점이 여럿 있는데, 그 가운데 하나는 도시의 인구 집중이다. 나이지리아 최대 도시 라고스는 아프리카에서 인구가 가장 많은 도시로, 2,500만 명이 넘는다. 특히 최근 인구의 집중이 가팔라져 여러 문제를 일으키고 있다.

또 나이지리아에는 200개가 넘는 부족이 있어, 부족 간에 발생하는 갈등이 가장 큰 문제다. 언어 역시 공용어인 영어 외에 200개가 넘는 부족어가 쓰이고 있다. 그 외에도 나이지리아인들의 종교 분포를 보면, 기독교도와 이슬람교도가 각각 절반 정도를 차지하는데, 이는 여러 종교를 믿는 부족 간 갈등까지 더해져 잠재적인 문제가 되고 있다.

나이지리아는 아프리카 최대 석유 생산국이기도 한데, 유가 변동에 따라 나라의 재정이 들쭉날쭉하므로 나이지리아 경제에 부담 요인이 되고 있다.

나이지리아 수도 라고스

나이지리아 수도 라고스는 첨단과 낙후, 부유와 빈곤이 공존하는 아프리카 최대 도시다. 라고스에 거주하는 인구는 나이지리아 곳곳에서 매일 유입되는 사람들 때문에 정확한 숫자를 알 수 없을 정도인데, 2023년 조사 때는 2600만 명이 넘는 것으로 확인했다.

아프리카는 물론 세계적으로도 가장 빠르게 성장하는 도시 가운데 하나인 라고스에는 선진국이 버린 산업폐기물을 처리하는 낙후된 산업이 존재하기도 하고, 오티그바 컴퓨터시장에서는 수천만 명의 젊은이들을 대상으로 한 첨단 전자기기 산업이 기지개를 켜고 있기도 하다. 선진 여러 나라들도 나이지리아의 잠재력을 높게 평가하여 이곳에 투자를 게을리하지 않는다. 그뿐이 아니다. 할리우드보다 더 많은 영화를 만들어, 발리우드라고 불리는 인도 영화산업에 버금갈 정도로 놀리우드(나이지리아 영화산업)가 세계 두 번째 규모를 자랑한다.

그러다 보니 항구도시인 라고스는 부유층의 상징인 호화 요트와 빈곤층의 상징인 폐기물 처리장, 수많은 노점상이 공존하는 기묘한 도시다. 그러나 아프리카, 나아가 세계적으로도 가장 큰 성장 잠재력을 품은 도시라는 데는 아무도 이의를 제기하지 않는다.

나이지리아 출신 노벨문학상 수상 작가 월레 소잉카

1986년 아프리카인으로는 최초로 노벨문학상을 수상하였다. 노벨문학상이 모든 것을 대변하는 것은 아니지만, 나이지리아 문화 전통의 깊이를 말해 준다.

라고스에 위치한 오티그바 컴퓨터 시장

라고스 마코코의 수상도시

아프리카 최부유층과 최빈곤층이 공존하는 도시가 라고스임을 여실히 보여 준다.

기묘한 공통점의 나라, 라이베리아와 시에라리온

영어 사용 국가 가운데 눈여겨볼 나라가 라이베리아와 시에라리온이다. 두 나라 모두 인위적으로 태어난 국가인데, 모두 오늘날 북아메리카 대륙과 관계가 있다.

시에라리온

북아메리카에 식민지를 건설한 영국은 그때부터 본국의 죄수와 매춘부, 부랑아들을 식민지로 보냈다. 유배를 보낸 것이다. 그런데 1776년, 미국은 독립을 선언하면서 더 이상 영국의 범죄자들을 수용하지 않았다.

결국 영국은 그 무렵 막 발견한 호주와, 영국에서 가까운 아프리카 시에라리온을 새로운 유배지로 개척했다. 시에라리온의 역사가 시작하는 순간이다. 이후 시에라리온에는 미국과 캐나다에서 해방된 노예가 건너와 합세했다. 그러나 처음부터 독립국가가 된 라이베리아와 달리 시에라리온은 200년 가까이 영국 식민지로 있다가 1961년, 독립하였다.

18세기 노예무역상 존 앤더슨 경과 그의 형제 알렉산더 앤더슨이 운영하던 노예공장 모습

시에라리온은 노예무역의 중심지로 출발해서 해방 노예들의 공간으로 변모하였다. 노예무역상에게도 귀족을 칭하는 경(卿) 칭호를 부여한 나라가 해가 지지 않는 제국, 영국이었다.

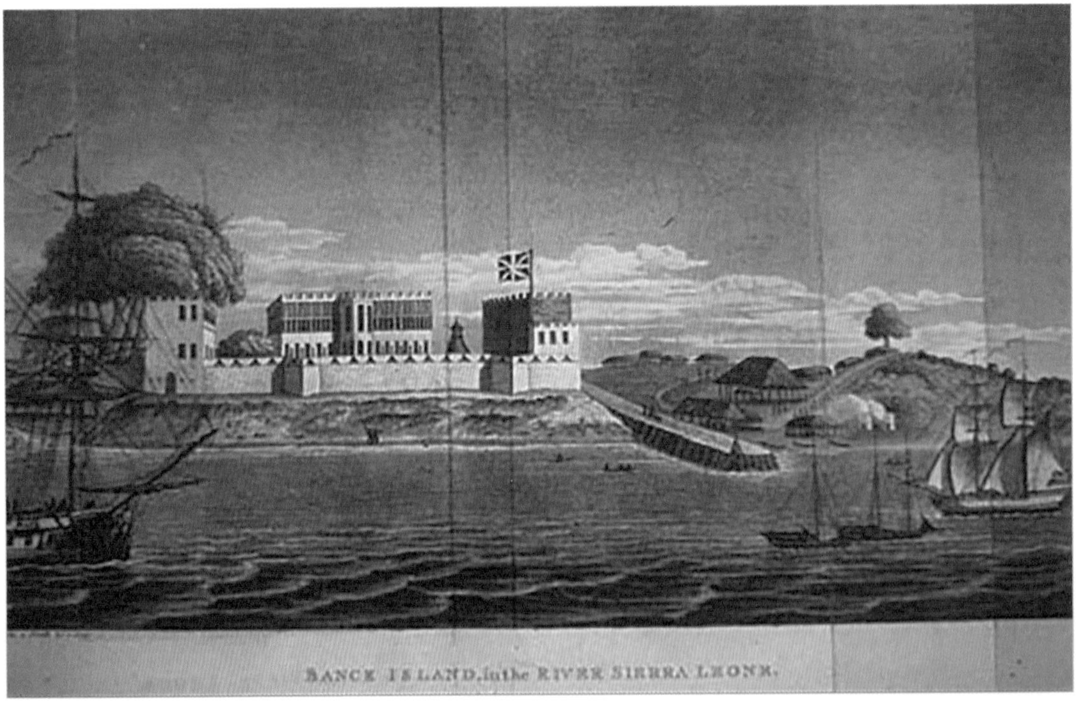

라이베리아

미국에서 일어난 남북 전쟁(1861~1865)의 결과 노예들이 해방되었다. 그 이전에는 아프리카에서 온 노예들을 어떻게 대우해야 할지를 놓고 미국 내에서도 갑론을박이 벌어졌다. 인도주의적 입장에서 노예를 해방시켜야 한다고 주장한 사람들이 있는가 하면, 노예들이 폭동을 일으켜 사회가 혼란에 빠질 것을 우려한 이들 역시 노예를 해방시켜야 한다고 주장했다. 이런 여러 사람과 단체들이 모여 결성한 단체가 미국식민협회(American Colonization Society)다.

미국식민협회는 1822년부터 기부를 받아 협회를 결성했고, 자금을 모아 원주민들과 협상 끝에 아프리카 서부 해안에 넓은 땅을 구입한 후 그곳으로 해방 노예들을 보냈다. 그렇게 아프리카로 돌아간 노예 숫자가 10만 명이 넘었으며, 그때 건국한 나라가 라이베리아다. 이때 나라 이름도 '자유Liberty'라는 뜻을 넣어 '라이베리아Liberia'라고 했다. 수도 몬로비아라는 명칭은 미국식민협회 창립 회원인 미국 제5대 대통령 제임스 먼로의 이름을 따와서 지었다.

그러나 자유를 누린 이들은 미국에서 건너온 소수의 해방 노예들뿐이었다. 반면에 본래 이곳에 살던 원주민들은 침략자의 물을 먹고 돌아온 해방 노예들에게 지배를 받는 기이한 현상이 벌어진다. 그뿐이 아니었다. 탄생부터 미국의 강력한 영향을 받은 이 나라는, 그 후에도 미국 기업 또는 미국과 영국의 영향에서 벗어나지 못하였다. 게다가 경제적으로도 일정 수준을 유지하지 못해 오늘날에도 세계 최빈국 신세를 못 면하고 있다. '자유의 국가'라는 나라 이름이 안타깝다.

미국식민협회 회원증

1840년 사무엘 로즈 엘리라는 사람에게 발급한 것이다.

라이베리아 국기

미국 국기와 흡사하다.

포르투갈 식민지 출신 나라들

그 외에 서아프리카에 위치한 나라로는 기니비사우와 카보베르데가 있다.

기니비사우와 카보베르데는 아프리카 최초의 포르투갈 식민지였다. 포르투갈인들은, 근거지는 기니비사우 서북쪽 섬 카보베르데에 두고 육지인 기니비사우를 통치하였다. 그 후 포르투갈은 카보베르데와 기니비사우를 분리해 통치하였는데, 1974년 기니비사우 독립을 승인하였다. 이에 카보베르데 역시 독립을 추진하였고, 이듬해인 1975년 독립하였다. 이러한 이유로 두 나라 모두 포르투갈어를 공용어로 사용하고 있다.

그러나 인구 구성은 두 나라가 매우 다르다. 포르투갈 당국이 카보베르데를 통치 중심으로 삼았기 때문이다. 기니비사우는 인구의 99%가 아프리카인이며, 종교 또한 이슬람이 50%, 토착신앙이 40%를 차지하고 기독교는 10%에 불과하다. 반면에 카보베르데는 유럽과 아프리카 혼혈인 크레올이 약 70%, 아프리카인이 약 28%를 차지하며, 종교 역시 포르투갈과 같이 국민 대부분이 가톨릭을 믿는다.

기니비사우는 36,125km^2 면적에 인구는 2백만 명이 조금 넘는다. 대서양의 섬나라 카보베르데는 15개 섬으로 구성되어 있는데, 4,033km^2 면적에 인구는 60만 명에 가깝다.

한편 문화의 힘을 보여 주는 놀라운 사례가 카보베르데에 있다. 우리나라에서 카보베르데를 아는 사람은 거의 없을 것이다. 아프리카 서쪽 섬나라이기에 방문하기도 어렵다. 그런데 이 신생 독립국이 세계적으로 이름을 날린 계기가 있으니 이곳 출신 가수인 세자리아 에보라 때문이다. 오늘날 세계에서 음악을 좋아하는 분 가운데 세자리아 에보라를 아는 사람은 꽤 많다. 덕분에 그녀 고국 카보베르데가 세계적으로 알려졌고. 카보베르데에서도 그녀를 기려 그녀 모습을 넣은 우표와 화폐를 제작하기도 했고, 동상을 세우기도 하였다.

	국기	수도	면적 (단위: km^2)	인구 (단위: 명)	언어	종교 (단위: %)	1인당 GDP (단위: 달러)
기니비사우		비사우	36,125	210만	포르투갈어	이슬람 45 기독교 18 토착신앙 30	1,050
카보베르데		프라이아	4,033	56만	포르투갈어	가톨릭 72	4,500

가수 세자리아 에보라 초상이 들어간 카보베르데 화폐

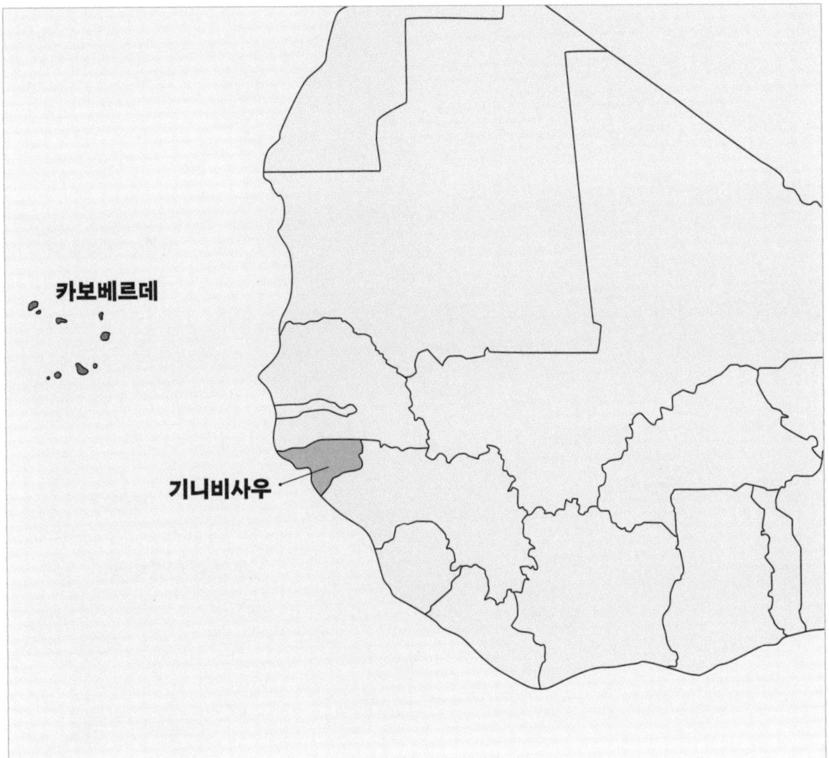

기니비사우와 카보베르데

카보베르데는 육지에서 약 600km 떨어진 곳에 자리하고 있다.

중앙아프리카

중앙아프리카 지역은 말 그대로 아프리카 중앙부에 위치한다.

나라로는 중앙아프리카 공화국을 비롯하여 콩고 민주공화국, 차드, 가봉, 카메룬, 콩고 공화국, 적도기니, 상투메 프린시페, 앙골라, 르완다, 부룬디 등이 속하

중앙아프리카 현황

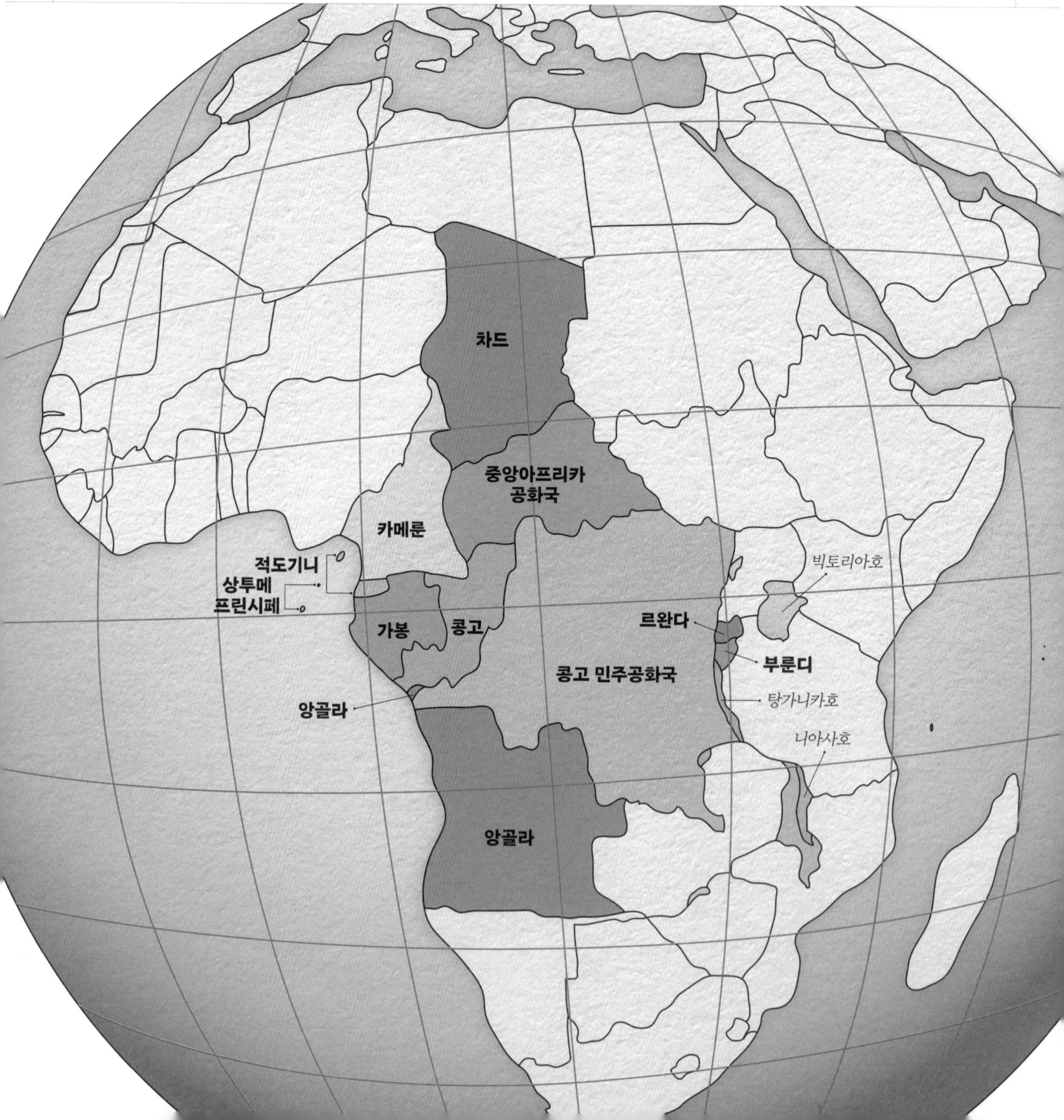

는데, 대부분 나라가 낯설다. 또 콩고 민주공화국과 콩고 공화국은 이름도 비슷해서 많이 헷갈린다.

중앙아프리카에 속하는 여러 나라들은 중앙아프리카 경제공동체(Economic Community of Central African States, ECCAS), 그리고 중앙아프리카 경제통화공동체(Economic and Monetary Community of Central Africa, CEMAC)를 조직하여 공동으로 경제적 문제를 해결하고자 하는데, 이는 유럽연합 사례를 참조한 것이다.

	국기	수도	면적 (단위: km²)	인구 (단위: 명)	언어	종교 (단위: %)	1인당 GDP (단위: 달러)	비고
중앙아프리카 공화국		방기	622,984	560만	프랑스어	토착신앙 12 기독교 73 이슬람 15	540	1960년, 프랑스로부터 독립. 세계 최빈국 가운데 하나. 열대 기후에 사막화 진행 중
콩고 민주공화국		킨샤사	2,345,409	11,200만	프랑스어 토착어	기독교 95	700	1960년, 벨기에로부터 독립. 아프리카에서 3번째로 면적이 넓은 나라
차드		은자메나	1,284,000	1,800만	프랑스어 아랍어	이슬람 55 기독교 41	700	북부는 이슬람교, 남부는 기독교 세력이 강함
가봉		리브르빌	267,667	240만	프랑스어	기독교 76 이슬람 12	8,900	아프리카에서 소득 수준이 가장 높은 나라 가운데 하나. 풍부한 지하자원
카메룬		야운데	475,440	3,010만	프랑스어 영어	토착신앙 19 기독교 60 이슬람 20	2,300	독일 → 영국, 프랑스 → 독립 국명인 카메룬 또한 독일인이 지은 것
콩고 공화국		브라자빌	342,000	570만	프랑스어 토착어	기독교 87 토착신앙 3	3,000	1960년, 프랑스로부터 독립
적도기니	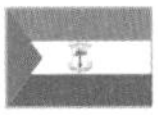	말라보	28,051	170만	스페인어 프랑스어 포르투갈어	가톨릭 90 이슬람 4	7,000	1996년 유전 발견 이후 부국으로 전환. 대륙 소속 영토와 섬으로 구성된 나라
상투메 프린시페		상투메	964	22만	포르투갈어	기독교 81 토착신앙 3	3,000	1975년, 포르투갈로부터 독립. 화산섬인 상투메 섬과 프린시페 섬으로 구성된, 아프리카 최소 국가
르완다		키갈리	26,338	1,300만	반투어 영어 프랑스어 스와힐리어	기독교 94	1,050	1990년대에 후투족과 투치족의 내전으로 수많은 사람이 학살당한 '르완다 대학살'이 일어난 곳
부룬디		기테가 (행정수도) 부줌부라 (경제수도)	27,834	1,350만	키룬디어 프랑스어 영어	기독교 94 토착신앙 4	300	르완다와 함께 독일의 지배, 벨기에의 지배를 거쳐 1962년, 르완다와 함께 독립
앙골라		루안다	1,246,700	3,800만	포르투갈어 토착어	기독교 93 토착신앙 5	2,600	1975년, 포르투갈로부터 독립. 그 후 내전을 거쳤음

콩고 민주공화국

중앙아프리카에 있는 나라 가운데 주목할 곳이 콩고 민주공화국이다. 콩고 민주공화국은 면적이나 인구 면에서 보면 아프리카 주요 국가인데, 경제적으로는 낙후되어 있다.

200여 개 부족으로 구성된 콩고 민주공화국은 1960년 벨기에로부터 독립하였을 때는 콩고 공화국이었는데, 1971년 국명을 자이르로 변경했다가 1997년 다시 콩고 민주공화국으로 바꾸었다.

콩고의 역사는 국명이 여러 번 바뀐 만큼이나 파란만장했다. 그리고 그 첫 단추는 벨기에 국왕 레오폴드 2세가 끼웠다.

19세기 무렵, 유럽 여러 나라가 아프리카에 식민지를 가지고 있는데 벨기에만 식민지가 없었다. 이 사실을 안타까이 여긴 벨기에 국왕 레오폴드는, 미국 출신 기자이자 탐험가 헨리 스탠리에게 아프리카 식민지 개척을 의뢰했고, 의뢰를 받은 스탠리가 찾은 땅이 콩고였다. 레오폴드 2세는 스탠리를 대리인으로 세워 이곳 지배권을 토착 원주민들로부터 사들인 후 콩고 자유국이라는 개인 소유 나라를 세웠다. 세계 역사상 유례가 없는, 개인이 땅을 구입해(사실 돈을 주고 산 것도 아니다. 계약상 지배권을 구입한 것이다) 만든 나라인 셈이다.

헨리 스탠리(Henry Morton Stanley, 1841~1904)

영국에서 태어나 미국으로 건너간 뒤 기자로 활동하였다. 그는 영국 출신 선교사인 리빙스턴(David Livingstone, 1813~1873)이 아프리카에서 실종되자, 그에 관한 기사를 쓰기로 〈뉴욕헤럴드〉와 계약을 맺고, 아프리카로 들어가 8개월에 걸친 수색 끝에 그를 만났다.

이 사건으로 유명세를 탄 그는 벨기에 국왕 레오폴드 2세가 세운 국제아프리카협회의 후원을 받아 아프리카 탐험에 나섰고, 그 과정에서 알게 된 원주민 족장들에게 레오폴드 2세의 보호를 받도록 설득했다. 이렇게 벨기에의 콩고 진출이 시작되었고, 리빙스턴과 스탠리의 탐험을 계기로 중앙아프리카 지역은 서구 열강의 식민지로 전락하였다.

이로써 두 사람은 유럽인들에게 위대한 인물로 각인되었다. 리빙스턴은 '암흑대륙의 아버지'라는 별칭과 함께, 아프리카를 유럽에 소개한 선구자로 높은 평가를 받았다. 스탠리는 영국으로 돌아온 뒤 하원의원으로 활동하면서 기사 작위를 받았으니, 식민지 주민들과 점령국 주민들의 시각이 얼마나 다른지 보여 주는 사례다.

레오폴드빌에서 바라본 스탠리 호수

레오폴드빌은 레오폴드 2세(1835~1909)의 이름을 따서 지은 마을로, 오늘날 콩고 민주공화국 수도인 킨샤사다. 스탠리는 콩고강 유역에서 커다란 호수를 발견하고는 자신의 이름을 따 '스탠리 호수'라 명명했는데, 오늘날에는 말레보 호수로 바뀌었다.

그 무렵 유럽에서는 막 발명한 자전거 타이어 때문에 이곳에서 자라는 고무나무에서 채취한 고무 수요가 급속히 늘어났다. 이 기회를 놓치지 않고 이익을 챙기기 위해 레오폴드 2세는 인류 역사에 길이 남을 짓을 저질렀다.

남자는 물론 여성, 어린이까지 노동을 시킨 것은 물론, 이들에게 고무 채취 할당량을 배정한 뒤 이를 못 채우면 팔을 자르고, 그다음에는 목을 잘랐다. 그래도 실적이 좋지 못한 마을은 아예 없애버리는 만행을 저질렀다.

이렇게 죽어간 콩고 원주민들의 숫자가 얼마인지는 정확하지 않은데, 벨기에 정부 발표치는 전 국민의 15%이다. 1천만 명이 넘는 것은 확실하고, 학자에 따라서는 3천만 명이 사망했다고 보기도 한다.

결국 이러한 무자비한 학살을 세상이 알게 되었고, 국제 사회의 압력에 레오폴드 2세는 콩고 자유국을 벨기에 정부에 넘겼다. 벨기에 국왕의 사유지가 벨기에 식민지로 바뀐 것이다. 당연히 벨기에가 콩고를 통치하였고, 1960년에 가서야 콩고 민주공화국은 독립할 수 있었다.

콩고 민주공화국은 수많은 부족으로 이루어진 까닭에 오늘날에도 내전이 끊이질 않고, 그 결과 나라의 안정은 물론 경제적 어려움도 해소되지 않고 있다.

한편 콩고 공화국은 콩고 민주공화국과는 달리 프랑스 지배를 받던 지역이다. 콩고 공화국과 콩고 민주공화국은 국경을 맞대고 있지만, 두 나라는 명칭만 비슷할 뿐, 전혀 다른 나라다.

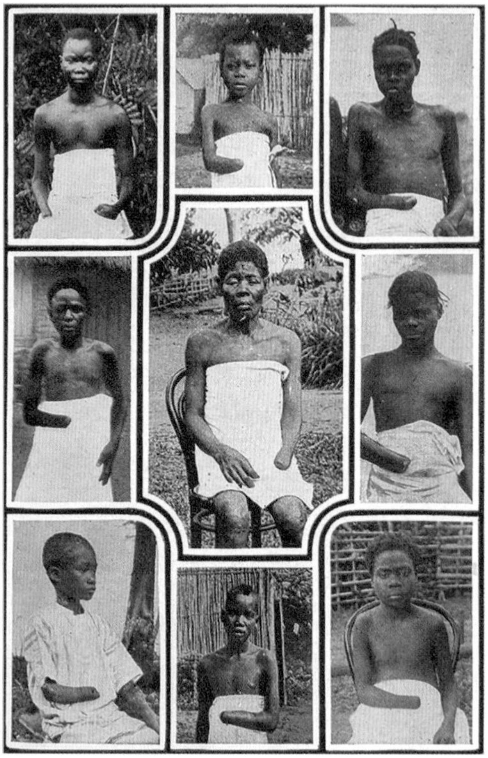

콩고 자유국에서 벌어진 대학살의 증거

손목이 잘린 사람은 부지기수였고, 천만 명이 넘는 사람이 목숨을 잃었다.

레오폴드 2세 동상

벨기에에서는 현재도 레오폴드 2세를 기리는 동상을 쉽게 볼 수 있다. 양심적인 시민과 정치인들은 레오폴드 2세의 만행을 기억하며 그의 동상을 훼손하기도 하고 철거를 요구하기도 한다. 그 결과 몇 개의 동상과 기념물은 철거되었으나 아직도 남아 있는 게 많다. 사진은 벨기에 수도 브뤼셀에 있는 레오폴드 2세 동상인데, 이 역시 여러 번 훼손을 겪었지만 여전히 그 자리에 있다.

딸아이 몸에서 잘린 손목과 발목을 바라보는, 팔목이 잘린 콩고 아버지

벨기에는 단 한 번도 이러한 콩고인 대학살에 대해 사과하거나 책임을 인정한 적이 없다. 오히려 레오폴드 2세를 벨기에가 낳은 영웅으로 묘사하고 있다.

적도기니

면적 면에서 아프리카의 작은 나라 가운데 하나인 적도기니는, 아프리카 대륙에서는 드물게 스페인어를 사용한다. 1995년에 적도기니는 비오코섬 부근에서 유전을 발견한 후 극적인 변화를 겪게 되는데, 총 수출의 95%, 국가 수입의 80% 정도를 원유가 차지할 정도다.

나라가 적도 부근에 위치해 적도기니라는 명칭이 붙었는데, 실제로는 적도가 영토를 지나지는 않는다. 수도는 비오코섬에 있는 말라보인데, 비오코섬은 대륙 영토보다 카메룬에서 더 가깝다. 1968년에 독립하였다.

적도기니

지도에서 볼 수 있듯이 적도기니는 적도 위쪽에 자리하고 있다. 수도는 대륙 영토에서 상당히 떨어진 비오코섬에 있는 말라보다.

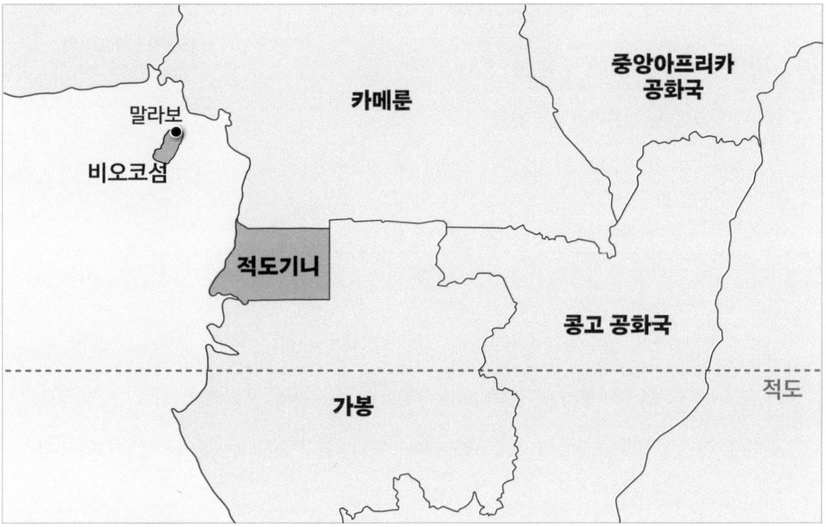

아프리카분할

놀라운 일이지만, '아프리카분할'이라는 단어가《표준국어대사전》에 다음과 같이 수록되어 있다.

아프리카분할: 19세기 말에서 20세기 초에 걸쳐 서유럽 열강에 의하여 이루어진 아프리카 대륙의 식민지화 과정. 영국의 종단 정책과 프랑스의 횡단 정책이 교차되고 다시 독일, 이탈리아, 벨기에 등이 가담하여 더욱 격화되었다.

'아프리카분할'이라는 단어는 우리나라에서만 사용하는 것이 아니다. 본래 이 단어는 영어로 'Scramble for Africa(아프리카 쟁탈)', 'the Partition of Africa(아프리카분할)', 'Conquest of Africa(아프리카 정복)', 'the Rape of Africa(아프리카 강간)' 등으로 불린다. 그러니 우리나라 사전은 영어 가운데 가장 순화된 표현을 수록한 셈이다.

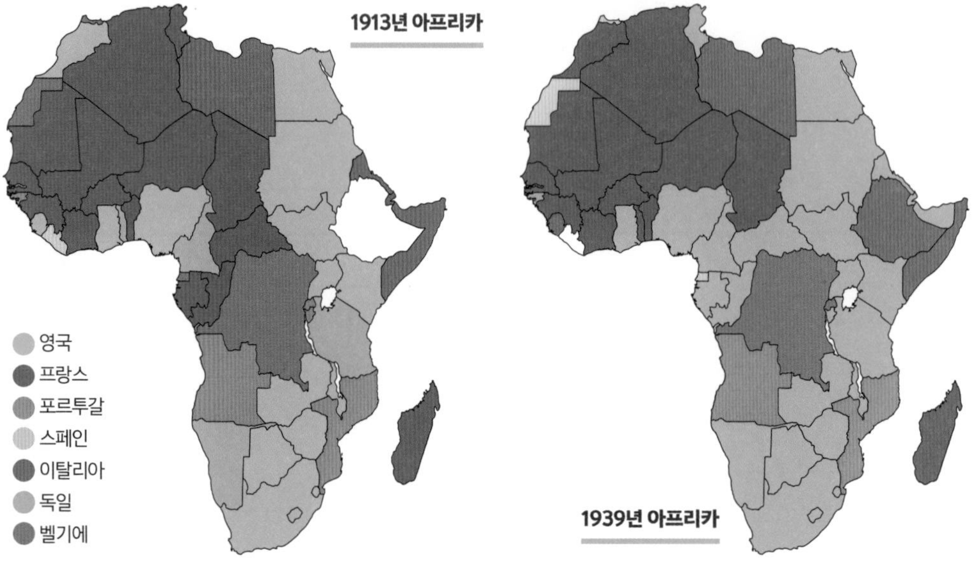

1913년과 1939년 아프리카 현황 변화

1913년에도 이미 서양의 아프리카 침략은 본격화한 상태였다. 한편 1939년, 아프리카 대륙에서 독립을 유지한 곳은 미국 해방 노예의 땅 라이베리아가 유일하다. 1913년에 아프리카 곳곳에 식민지를 갖고 있던 독일은 1차 세계대전 패배로 모든 식민지를 상실하고 말았다.

아프리카 쟁탈전은 영국의 종단정책과 프랑스의 횡단정책이 교차하는 과정에서 확대되었다. 영국 종단정책은 이른바 3C 정책이라고 부르는데, 3C란 남아프리카 케이프타운, 이집트 카이로, 인도 콜카타(그 무렵 영국인들은 캘커타라고 불렀다)를 연결한다는 것으로, 전형적인 세계 제국주의적 정책이었다.

반면에 프랑스 횡단정책은 아프리카를 가로질러 철도를 부설하여 자신들의 영향력 아래 두려는 것이었다.

두 세력은 결국 수단 중부에 있는 파쇼다에서 부딪혔다. 그렇지만 두 나라는 이곳에서 열전을 펼치는 대신 협상을 통해 문제를 해결하였고, 프랑스는 횡단정책을 중단하였다.

1939년 지도를 보아도 알 수 있듯이 제2차 세계대전이 발발할 무렵 아프리카에서 가장 세력을 키운 것은 영국과 프랑스였다. 그렇다고 다른 나라가 가만히 있었던 것은 아니었으니, 라이베리아를 제외한 모든 나라가 유럽의 손아귀에 들어갔다.

이 참담한 상황이 아프리카 분할이다.

중앙아프리카 공화국

"행복은 돈으로 살 수 없다."

이 말은 맞는 말이기도 하지만, 누군가에게는 공허한 메아리일 뿐이다. 행복은 돈으로 살 수 없을 뿐, 돈 없이는 성립할 수 없는 것이 현실이다.

아프리카 중앙에 있는 중앙아프리카 공화국은 아프리카의 모든 아픔을 집약하고 있는 나라라고 해도 지나치지 않다. 넓은 영토(아프리카 입장에서 보자면 그리 넓은 것도 아니겠지만 한반도의 3배다)와 적은 인구, 그리고 제국주의 침략에 따른 고유문화 상실과 바닥을 모르는 가난 등이 그러하다.

중앙아프리카 공화국은 넓은 면적에 인구는 적다. 그러니 웬만하면 먹고사는 문제는 해결될 듯싶은데, 그렇지 못하다. 다이아몬드와 금, 우라늄 등이 생산되지만 서구 기업에 의해 개발되어 국민 몫은 크지 않다. 게다가 넓은 국토 가운데 경작이 가능한 곳은 고작해야 3% 남짓이다.

나머지는 대부분 열대우림과 건조한 분지여서, 수출품 대부분은 열대우림에서 생산하는 목재다. 그러나 이 목재를 수출하기 위해서는 내륙에서 강을 통해 운반한 후 다시 철도를 통해 대서양 연안으로 운반해야 하는 까닭에 큰 수입도 올리지 못한다. 거기에 정치적 불안까지 겹쳐 있으니 이 나라가 돈으로 살 수 없는 '행복'을 갖기까지는 더 오랜 세월이 필요할 듯하다.

중앙아프리카 공화국 수도 방기

한 나라의 수도라고 하기에는 고즈넉하고 평화로우면서도 삭막한 모습이다. 방기 인구는 65만 명 정도이다. 1인당 국내총생산이 500달러 남짓한 나라를 둘러싸고 싸우는 무장 집단이 수없이 많다는 사실이 놀랍다.

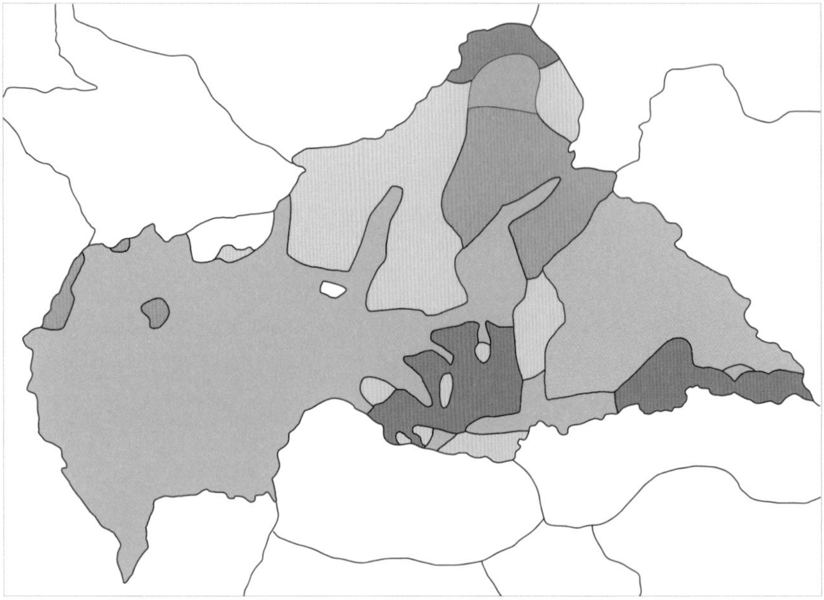

- 정부 관리 지역
- 기독교 민병대 통제 지역
- UPC(중앙아프리카공화국평화) 통제 지역
- 중앙아프리카 애국운동 통제 지역
- 중앙아프리카정의자유운동 통제 지역
- 3R운동 통제 지역

중앙아프리카 공화국 내전 상황(2022년)

중앙아프리카 공화국은 '공화국'이라는 국체가 무색하게 오늘날에도 수많은 세력이 영토 전역에서 각기 힘을 내세우며 발호하고 있다. 남부와 북부로 나뉜 지역 갈등, 농촌과 유목민으로 나뉜 생활 터전의 차이, 기독교와 이슬람교도 사이 갈등, 그리고 국가보다 더 강력한 군부 영향력 등이 얽히고설켜 나라 전체가 내전 상황에서 벗어나지 못하고 있다. 이러한 현상은 오랜 식민지 생활로 인한 갈등 외에도 아프리카 고유의 부족 문화로 인해 국가보다는 부족 중심 사고가 가져온 측면도 크다.

동아프리카

동아프리카는 서아프리카와 달리, 많은 나라가 영국 영향력 아래 있었다. 그래서 동아프리카에는 영어를 공용어로 사용하는 나라가 많다. 동아프리카는 대서양에 접한 서아프리카와 달리 인도양에 접해 있어, 서아프리카와는 다른 역사를 걸어왔다.

동아프리카에는 아프리카를 대표하는 자연 명소가 많은데, 아프리카 최고봉인 킬리만자로산, 아프리카 최대 호수인 빅토리아호, 그리고 세계적인 자연보호지역인 세렝게티 초원 등이 모두 이곳에 있다.

동아프리카에 위치한 나라들

동아프리카는 북으로는 사하라 사막부터 남으로는 아프리카 남단의 섬 마다가스카르까지 남북으로 긴 지역을 가리킨다.

케냐

케냐는 최근 들어 육상 강국으로 부상했는데, 야생동물의 천국 세렝게티 초원으로도 유명하다. 물론 세렝게티 초원의 3/4은 케냐 남부에 국경을 맞대고 있는 탄자니아 소속이고, 1/4만이 케냐에 속해 있지만. 또한 케냐에서는 호모 하빌리스나 호모 에렉투스 같은 인류 조상들의 두개골이 많이 발견되었다. 한편 케냐와 탄자니아에 걸쳐 있는 킬리만자로산은 아프리카에서 가장 높은 산일 뿐만 아니라 세계 최대, 최고(最高) 휴화산이다.

이렇게 역사·환경 면에서 중요한 케냐는 15세기 포르투갈인들이 처음 상륙한 뒤 19세기 말, 독일 보호령을 거쳐 영국 지배 아래 있다가 1963년에야 비로소 독립국가로 출범하였다. 그런 까닭에 케냐에서는 영어가 스와힐리어*와 함께 공용어로 쓰이는데, 공식적으로는 영어가 주를 이루고 있다. 종교 역시 기독교가 80% 이상을 차지한다.

스와힐리어를 사용하는 지역

아프리카에서는 오래전부터 다양한 고유 언어를 사용해 왔다. 유럽의 침략 과정에서 고유 언어는 사회 기층으로 스며들었고, 지도층을 중심으로 한 공용어 지위는 침략국의 모국어가 차지하였다. 스와힐리어는 그런 와중에 탄생한 언어로, 토착어로 출발해 그 지역에 침투한 여러 세력의 언어가 혼합된 모습으로 변했다.

* 탄자니아와 케냐를 중심으로 한 동아프리카 지역에서 공통어로 사용하는 언어. 약 10여 개국에서 사용하고 있다.

케냐와 우간다 사이의 철도 건설(1899)

독일로부터 케냐 지방에 대한 지배권을 넘겨받으면서 시작한 영국의 식민지 건설은, 내륙지방으로 진출하기 위해 건설한 철도를 통해 확장하였다.

전통춤을 추고 있는 마사이족

케냐와 탄자니아에 거주하는 마사이족은 큰 키와 강인한 체력으로 유명하다. 소를 신성시하며, 농사보다는 수렵과 목축을 중시하는 마사이족은 현재 약 120만 명이 거주하고 있다.

소말리아

동아프리카에서 빼놓을 수 없는 나라가 '아프리카의 뿔'로 불리는 소말리아다. 소말리아는 빈곤, 내전, 해적 같은 단어를 떠올리는 취약한 나라로 인식되지만, 지구본을 보면 알 수 있듯이 면적도 꽤 넓고, 지정학적으로도 홍해 입구에 있는 주요한 나라다. 그런데도 좋지 않은 나라, 취약한 나라로 인식되는 데에는 역시 서구 열강에게 약탈당한 아픈 역사가 한몫한다.

오래전부터 아랍인들이 소말리아에 들어와 영향력을 행사하고 있었다. 그런 소말리아가 서구 열강의 지배 아래 들어간 것은 19세기 중후반이다. 먼저 영국이 현재 소말리아 북부를 차지하고, 뒤를 이어 이탈리아가 에티오피아 일부, 오늘날 에리트레아 일부, 그리고 소말리아 남부를 식민지화하였다. 이에 질세라 프랑스 역시 오늘날 지부티 북쪽부터 차지하고, 1896년에는 프랑스령 소말릴란드를 세운 후 총독을 파견하였다.

한편 영국은 아덴만 연안까지 영국령 소말릴란드로 만들었으며, 이탈리아는 소말리아 남부를 차지했다. 이렇게 해서 소말리아는 영국, 프랑스, 이탈리아 세 나라에 의해 3등분되었다.

그렇게 외세의 침략으로 고통을 겪던 소말리아가 가까스로 독립에 나선 것은 1960년의 일이었다. 한편 프랑스가 지배하던 곳은 1975년에 지부티로 따로 독립하였다.

그 후에도 소말리아는 끊임없는 내전에 시달렸고, 1990년대부터 시작된 소말리아 내전은 세계적인 관심사가 되었다.

오늘날에는 소강상태로 접어들었지만, 소말리아 내전은 아직도 완전히 해결된 것은 아니어서 잠재적 위험요소를 품고 있다.

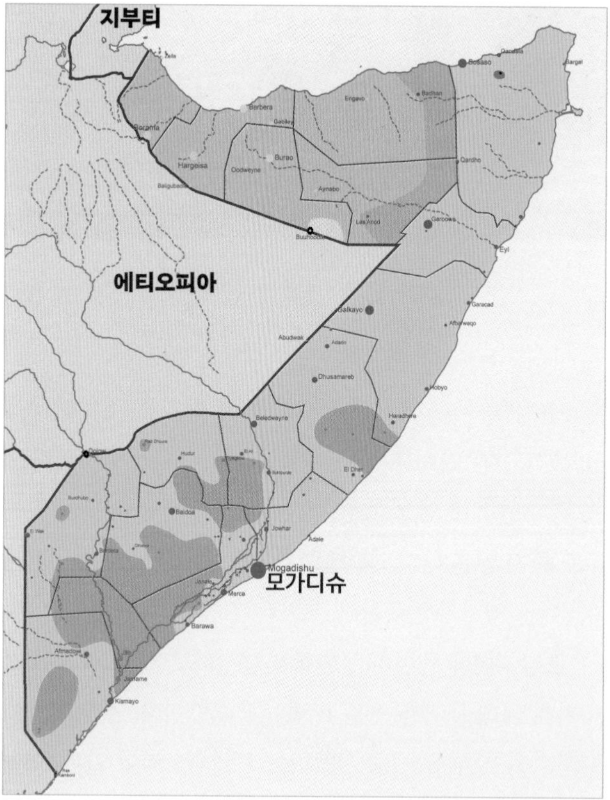

소말리아를 분할·통치하고 있는 다양한 세력들

특히 북부 소말리아는 이른바 소말릴란드 공화국이라는 국호로 독립을 선언하였다. 그렇지만 국제사회로부터 승인받지 못하고 있다. 소말리아 정부는 이곳을 연방으로 편입시켰지만, 이 지역을 통치하고 있는 소말릴란드 정부는 부정하고 있다. 소말릴란드 정부가 정한 국가(國歌) 제목은 〈평화롭게 오래 살자(Long life with peace)〉인데, 아무리 생각해도 현실과 국가 제목 사이에 괴리가 너무 크다.

- 소말리아 정부 관할 지역
- 소말릴란드 공화국 선언 지역
- 알 샤바브 통제 지역
- IS 통제 지역
- 주요 도시

소말리아 해적의 탄생

지구상에 존재하는 모든 국제문제를 깊이 이해하기에는 시간과 노력이 부족한 탓에, 우리는 국제문제를 간단히 이해하는 데 길들어 있다. 특별히 문제가 발생했을 때야 비로소 보도하는 언론의 영향을 받기 때문이기도 하다.

그러나 막상 우리나라나 민족의 문제를 국제사회가 겉만 보고 단순하게 이해한다면 어떨까? 그래서 언론에서 주요하게 다루는 국제문제를 바라볼 때 절대 드러난 상황만 가지고 함부로 판단해서는 안 된다.

소말리아 해적 이야기도 마찬가지다. 우리는 소말리아 해역에 출몰하는 해적들이야말로 평화롭게 항해하는 배들을 공격하는 무식하고 난폭한 아프리카인들이라고 여긴다. 그러나 사실을 알고 나면 그 누구도 그렇게 말하기 어렵다.

소말리아는 지도에서 보듯이 인도양을 따라 해안이 길게 이어지는 나라다. 당연히 어업을 통해 살아가는 주민이 많을 수밖에 없다. 그런데 이 나라 어부들은 가난한 까닭에 대형 어선이나 싹쓸이 어업에 필요한 어구가 없다. 작은 배를 타고 근해에 나가 소량의 고기만을 잡으면서 오랫동안 살아왔다.

그런데 소말리아가 내전으로 공권력이 약화되자, 전 세계 원양어선들이 소말리아 앞바다로 들어오기 시작했다. 이들은 첨단 어구를 갖추고 저인망(바다 밑바닥으로 끌고 다니면서 깊은 바닷속 물고기를 잡는 그물)을 이용해 물고기를 싹쓸이하기 시작했다. 게다가 이들은 온갖 유해 폐기물까지 이곳 바다에 버렸다. 선진국들이 배출한 폐기물을 싸게 처리할 곳을 찾아 이곳까지 싣고 온 것이다. 화가 난 소말리아 어부들은 자신들의 바다를 지키기 위해 스스로 나설 수밖에 없었고, 이들이 소말리아 해적의 시작이었다.

처음에는 큰 배에 저항하다 목숨을 잃는 사람이 늘어나자 점차 난폭해졌고, 급기야 큰 배를 타고 온 이들을 붙잡아 몸값을 요구하였다. 그리고 몸값을 받게 되자, 어업보다 그 일이 더 효과적이라는 사실을 깨달았다.

아무리 다른 나라가 불법 행위를 했다고 해서 소말리아 출신 해적들의 행위가 정당한 것은 아니다. 그러나 문제의 본질 대신 드러난 현상만 해결한다면 시간이 지나서 다시 그 문제가 불거진다.

다행히 국제사회의 공조 활동 덕분에 최근에는 소말리아 해적행위가 사라져 가고 있다. 그렇다고 소말리아가 안고 있는 문제가 해결된 것은 아니다.

에티오피아

면적과 인구 면에서 아프리카 대국 가운데 하나인 에티오피아는 이집트와 더불어 아프리카에서 자신들만의 고유 문명과 문자를 형성해 온 드문 나라다.

특히 에티오피아는 보기 드물게 아프리카에서 공식적으로 식민지가 된 적이 없다. 물론 16세기에 십여 년간(이슬람 세력), 20세기에 들어 5년간(이탈리아) 외부의 지배를 받았지만 이내 물리쳤으니, 역사적으로도 보기 드문 국가다.

한편 에티오피아의 한 주였던 에리트레아가 1993년 독립해 나간 후 바다가 사라진 내륙국가가 되었다.

에티오피아 역사는 오래전부터 시작되었으며, 4세기 무렵 기독교를 받아들여 오늘날에도 기독교인이 다수를 차지하고 있다. 에티오피아는 한국 전쟁 때 UN군의 일원으로 우리 땅에 군대를 파견하였다.

에티오피아 현대사에서 가장 가슴 아픈 것은 에리트레아의 독립이다.

에티오피아 북부에서 홍해에 접한 에리트레아 지역에 눈독을 들이고 있던 이탈리아는 1882년 에리트레아 지역을 확보했고, 뒤이어 에티오피아까지 점령하려고 하였으며, 소기의 성과를 거두었다. 그러나 제2차 세계대전에서 패하면서 이 지역 모두를 포기해야 했다. 이때 패전국으로서 에리트레아에 대한 통치권 역시 포기했다.

에티오피아 성가브리엘수도원에 서 있는 안내판

영어와 에티오피아 고유어가 쓰여 있다.

그 후 UN은 에리트레아를 에티오피아의 한 주로 인정했다. 그러나 에티오피아와는 다른 세계를 꿈꾸고 있던 에리트레아 주민들은 에리트레아해방전선을 결성하여 독립국가 건설을 추진하였다. 그리고 1993년, 새롭게 에티오피아를 통치하게 된 과도정부와 협상을 통해 완전한 독립을 달성하였다. 그 결과 에티오피아는 내륙국가가 되었으니 참으로 뼈아픈 결과인 셈이다.

그 외에도 에티오피아는 국내의 여러 문제를 안고 있다. 가장 큰 것은 역시 에티오피아 내의 주요 부족 간 갈등인데, 이는 아프리카 대부분 나라가 겪고 있는 문제이기도 하다.

에티오피아는 오로모족(35%), 암하라족(27%), 소말리족(6%), 티그러웨이족(6%) 등으로 구성되어 있는데, 이들은 지속적으로 갈등을 겪고 있다.

마다가스카르

세계에서 네 번째로 큰 섬이자 독립국가인 마다가스카르는 면적이 한반도의 약 3배에 달한다.

마다가스카르에 처음 인간이 상륙한 것은 철기시대로 알려져 있다. 섬 주변에 살던 동남아시아인이나 아프리카인이 처음 발을 들여놓은 후 독자적으로 살아가다, 차츰 주변 사람들이 이주해 온 것으로 보인다.

1500년경 포르투갈 출신 디오고 디아스가 이 섬의 존재를 유럽에 알렸고, 그 후 프랑스와 영국이 진출하여 섬의 권리를 놓고 싸우다가 결국 프랑스 손에 넘어갔다. 그러다 1960년 프랑스로부터 독립하여 오늘에 이르렀다.

마다가스카르는 세계적인 생태계의 보고로 알려져 있는데, 마다가스카르에 서

마다가스카르의 변화하는 환경

열대우림이 인간을 위한 계단식 경작지로 바뀌면서, 수많은 동식물이 자취를 감추고 있다.

식하는 종의 약 90%가 고유종일 만큼 독자적인 환경을 보유하고 있다.

그러나 최근 들어 농경지 확보와 거주지 확대를 위해 숲이 사라지면서 많은 동식물이 멸종 위기에 놓여 있다. 이러한 환경 파괴는 마다가스카르만의 문제는 아니지만, 특히 마다가스카르에는 다른 곳에서 찾을 수 없는 멸종 위기의 동식물이 많기 때문에 세계적인 관심 지역이 되고 있다.

고유종(endemic species)

특정 지역에만 분포하는 생물 종을 고유종이라고 한다. 고유종은 대륙과 멀리 떨어진 지역에 주로 분포하는데, 우연히 그곳에 정착한 생물들이 그곳 환경에 맞추어 독자적으로 진화하면서 다른 지역과 교류하지 않았기 때문이다.

대표적인 곳이 호주 대륙이다. 호주에는 다른 지역에서는 찾을 수 없는 다양한 유대류(有袋類), 즉 캥거루처럼 새끼를 주머니에 안고 다니는 종류가 많다. 그 외에도 호주를 비롯해 뉴기니 등 남태평양 섬들에는 고유종이 많다. 마다가스카르 역시 고유종이 무척 많은 섬인데, 고립된 자연환경 덕에 오랫동안 독자적으로 진화했기 때문이다.

오늘날 마다가스카르에 서식하는 15,000종에 가까운 식물 가운데 약 80%가 고유종이다. 또 100종이 넘는 여우원숭이과 동물들, 200종 가까운 조류, 200종 이상의 파충류 등 수많은 동물들이 마다가스카르 고유종이다. 즉, 세계 어느 곳에서도 찾아볼 수 없는 수천 종의 생물이 오직 마다가스카르에만 존재하는 셈이다.

마다가스카르 고유종인 알락꼬리원숭이

마다가스카르에는 이 외에도 100종이 넘는 꼬리원숭이가 서식하고 있다.

'진화의 야외 실험장' 갈라파고스제도

수많은 고유종을 품고 있는 또 하나의 생태계 보고는, 찰스 다윈이 비글호를 타고 항해하다가 상륙해 탐사한 후 진화론의 영감을 떠올린 것으로 유명한 갈라파고스제도이다. 남아메리카 옆 동태평양에 있는 에콰도르령 갈라파고스제도는 총면적이 7,850km²에 이르는데, 모두 19개 섬과 여러 개의 암초로 이루어져 있다.

이곳에는 코끼리거북, 바다이구아나, 갈라파고스펭귄, 다윈핀치새 등 많은 고유종이 서식하고 있으며, 다윈에게 진화론의 영감을 주었다고 해서 '진화의 야외 실험장'이라고 부를 정도다.

그 외에도 지구 곳곳에는 고유종을 품고 있는 귀한 지역이 많은데, 시간이 흐르면서 인간과 경제의 논리에 밀려 수많은 고유종들이 사라지고 있다.

갈라파고스제도

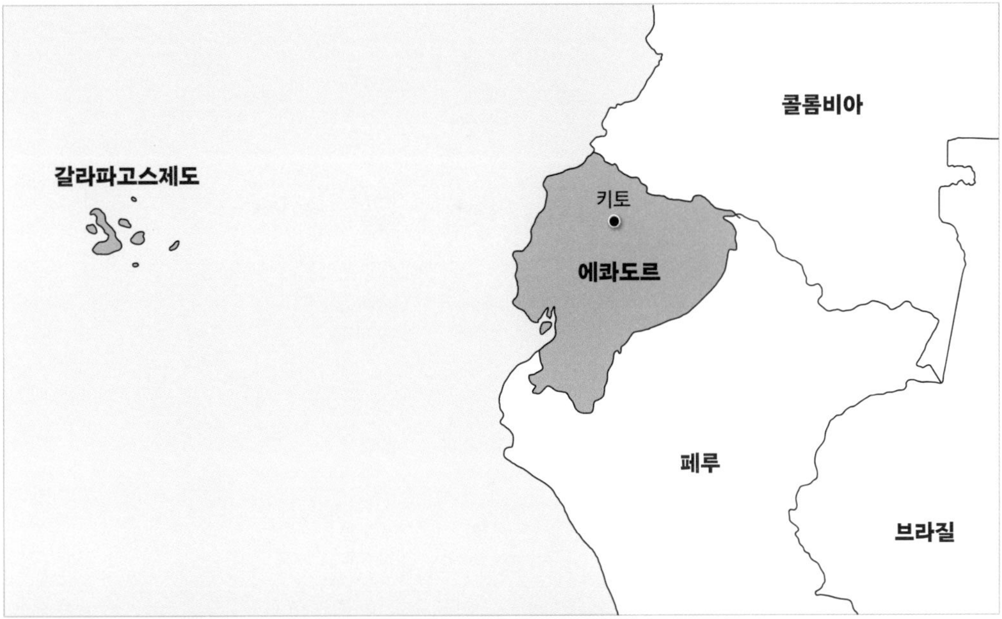

갈라파고스제도와 바다이구아나

갈라파고스제도는 남아메리카 대륙 서쪽에 있는 태평양 상의 섬이다. 갈라파고스제도에 속한 산타크루즈섬에서 포착한 고유종 바다이구아나.

	국기	수도	면적 (단위: km²)	인구 (단위: 명)	언어	종교 (단위: %)	1인당 GDP (단위: 달러)
수단		카르툼	1,886,068	5,000만	아랍어 영어	이슬람 97	550
에리트레아		아스마라	117,600	600만 내외	토착어 아랍어 영어	기독교 50 이슬람 50	600
지부티		지부티	23,200	100만	토착어 아랍어 프랑스어	이슬람 94 기독교 6	4,000
에티오피아		아디스아바바	1,112,000	1억 3천만	토착어	기독교 67 이슬람 31	1,500
남수단		주바	644,329	1,300만	영어 토착어	기독교 60 토착신앙 33	350
우간다		캄팔라	241,038	5,000만	영어 스와힐리어	기독교 82 이슬람 14	1,200
케냐	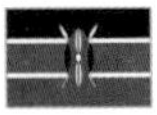	나이로비	580,367	5,200만	영어 스와힐리어	기독교 86 이슬람 11	2,200
소말리아		모가디슈	637,657	1,300만	소말리어 아랍어	이슬람 99	750
탄자니아		도도마	947,303	6,200만	영어 스와힐리어	기독교 64 이슬람 34	1,400
말라위		릴롱궤	118,484	2,100만	영어 토착어	기독교 82 이슬람 14	600
마다가스카르		안타나나리보	587,041	3,000만	말라가시어 프랑스어	기독교 85 토착신앙 5	550
세이셸		빅토리아	457	10만	프랑스어 영어 세이셸어	기독교 95	21,000
코모로		모로니	2,235	100만	토착어 프랑스어 아랍어	이슬람	1,400

남아프리카

남아프리카 지역

수에즈 운하가 개통되기 전 유럽에서 아시아로 가기 위해서는 아프리카 남단을 돌아가야 했다. 오늘날 남아프리카에 백인들이 많이 거주하는 것은, 그 무렵 아시아로 가는 경유지인 이곳에 자리를 잡았기 때문이다. 남아프리카 공화국과 나미비아의 백인 비율은 약 8% 남짓으로, 아프리카뿐 아니라 비서구 국가 가운데 가장 높다.

아프리카 남부를 가리키는 남아프리카에는 앙골라, 나미비아, 보츠와나, 짐바브웨, 잠비아, 모잠비크, 에스와티니, 남아프리카 공화국, 레소토, 모리셔스 등이 있다. 앞서 살펴본 인도양의 섬나라 마다가스카르는 동아프리카로도, 남아프리카로도 분류한다.

반면에 마다가스카르보다 더 동쪽에 위치한 작은 섬나라 모리셔스는 남아프리카로 분류한다.

남아프리카 여러 나라는 멀리 떨어져 있는 섬나라 모리셔스를 제외하면 대부분 기독교 국가다. 이곳을 점령했던 서구 기독교 국가들의 영향을 받았기 때문인데, 북아프리카가 이슬람 문화권임을 고려하면 두 지역 사이에 역사적 차이가 있다.

	국기	수도	면적 (단위: km²)	인구 (단위: 명)	언어	종교 (단위: %)	1인당 GDP (단위: 달러)	비고
잠비아		루사카	752,618	2,050만	영어	기독교	1,500	영국남아프리카회사가 지배하던 로디지아를 남·북로디지아로 분리한 후 북로디지아를 보호령으로 삼음. 1964년, 북로디지아가 영국으로부터 잠비아로 독립
짐바브웨		하라레	390,757	1,700만	토착어	기독교 85	2,000	남로디지아 보호령으로 영국의 지배를 받다가 1980년, 합법적 선거에 의해 영국으로부터 독립
보츠와나		가보로네	581,730	270만	영어 토착어	기독교 80 토착신앙 4	8,000	영국 지배를 거쳐 1966년 독립. 내륙국가로 남아프리카 항구를 이용
나미비아		빈트후크	825,615	280만	영어 토착어	기독교 88 토착신앙 10	4,800	나미브 사막으로부터 국명이 유래
에스와티니		음바바네(행정수도) 로밤바(입법수도)	17,364	125만	영어 토착어	기독교 90	4,000	영국 식민지에서 1968년, 스와질란드 왕국으로 독립. 2018년, 국명을 에스와티니로 변경
모리셔스		포트루이스	2,040	140만	영어 프랑스어 토착어	힌두교 50 기독교 30 이슬람 18	12,000	본래 무인도였던 이곳에 프랑스가 들어와 아프리카 노예를 들여오고, 인도에서 이민이 들어옴. 1810년부터 영국 식민지가 되었다가 1968년, 독립
남아프리카 공화국	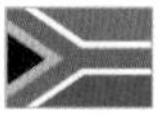	프리토리아(행정수도) 케이프타운(입법수도) 블룸폰테인(사법수도)	1,221,037	6,200만	영어 토착어	기독교 80	6,500	—
레소토		마세루	30,355	220만	영어 토착어	기독교 92 토착신앙 7	1,500	영국 식민지로 있다가 1966년 독립
모잠비크		마푸토	801,590	3,500만	포르투갈어	기독교 56 토착신앙 27	700	바스코 다가마에 의해 유럽에 알려짐. 포르투갈 식민지를 거쳐 1975년, 독립

나미비아

대서양 연안에 위치한 나미비아는 식민지 대륙 아프리카에서도 보기 드문 침탈의 역사를 품고 있다.

나미비아는 19세기에, 해외 식민지가 거의 없던 독일 보호령이 되었다. 그러나 제1차 세계대전에서 독일이 패하자 이 땅은 남아프리카연방(오늘날 남아프리카 공화국)에 점령당했고, 제2차 세계대전 이후에는 남아프리카 공화국에 병합되었다. 그 무렵 아파르트헤이트(인종차별 정책)로 악명 높았던 남아프리카 공화국은 나미비아에 대해서도 같은 정책을 펼쳤다. 그 후 이 지역에 거주하던 최대 부족의 독립 투쟁을 계기로 UN은 남아프리카 공화국 통치가 불법임을 확인하고 철수를 권했다. 그러나 남아프리카 공화국은 이를 거부하였고, 결국 20여 년이 지난 1989년에 이르러서야 UN 감시 하에 총선거를 실시하여 독립하였다. 그런데도 이곳에 전파된 아파르트헤이트의 영향력은 오늘날까지 이어지고 있다.

나미비아는 한반도의 4배 가까운 드넓은 땅에 풍부한 광물(다이아몬드, 우라늄, 구리 등) 덕분에 아프리카 국가들 가운데 부유한 편이다. 게다가 인구는 고작 260만 명 정도니 못사는 것이 어려울 정도다.

그러나 자세히 들여다보면 그렇지 않다. 광산은 대부분 다국적기업 몫이고, 넓은 나미브 사막을 제외하면 얼마 되지 않는 농경지의 80% 이상을 백인들이 차지하고 있다. 인구에서 백인 비율은 고작 7%에 불과한데 말이다. 그런 까닭에 빈부격차는 매우 크며 20%가 넘는 주민이 극빈층의 삶을 이어가고 있다.

나미비아 제2의 도시, 룬두

한반도 4배 가까운 825,615 km² 면적에 300만 명도 안 되는 인구를 보유한 나미비아는 아프리카 지형의 전형을 보여 준다. 사진은 나미비아 제2의 도시 룬두 모습으로, 최근 룬두 인구는 급격히 증가하고 있지만 10만 명이 되려면 한참을 기다려야 할 정도다.

남아프리카 공화국

남아프리카 공화국의 파란만장한 역사를 이해하기 위해서는 먼저 지구본을 잘 살펴보아야 한다.

'희망봉'이라는 이름을 모르는 분은 없을 것이다. 1488년 유럽에서 출발해 이곳을 돌아 에티오피아로 가려던 포르투갈 출신 바르톨로메우 디아스가 발견하였는데, 당시에는 '폭풍의 곶(Cape of Storms)'이라고 불렀다. 이곳을 지나는 사나운 파도 때문에 그랬을 것이다. 그 후 역시 포르투갈 출신 바스쿠 다 가마가 이곳을 통과하여 인도로 가는 항로를 개척하였다. 그때부터 '희망의 곶'이라고 불렸는데, '희망봉'에 대해 기억해야 할 두 가지가 있다.

하나는, 희망봉은 산봉우리를 가리키는 '봉(峰)'이 아니고 바다로 돌출되어 나온 뾰족한 땅을 가리키는 '곶'이라는 사실이다. 다른 하나는, 희망봉이 아프리카 대륙 최남단이 아니라는 것이다. 아프리카 대륙 최남단은 이곳에서 남동쪽으로 160km 떨어져 있는 아굴라스 곶이다.

오늘날 희망봉은 유명 관광지가 되었다. 그러나 수에즈 운하가 개통되기 전에는 희망봉을 돌지 않고는 유럽에서 아시아, 특히 그 무렵 유럽인들의 꿈인 인도로 갈 수 없었다. 그만큼 이곳은 통상 면에서나 지정학적으로 매우 중요한 지역이었다.

처음 이곳을 발견한 포르투갈인들에게 이곳은 아시아로 가는 길목이었다. 그 후 네덜란드 동인도회사에서 이곳을 동양 무역의 전초기지로 삼기 위해 상륙했고, 그때부터 네덜란드인들의 이주가 시작되었다. 이들은 자신들을 보어인이라고 불렀는데, '보어'는 네덜란드어로 '농부'를 뜻한다.

이곳에 살던 원주민들은 당연히 그들에게 저항을 시작했지만, 별 소득 없이 100여 년이 지났다. 그 후 네덜란드를 물리친 영국이 이 땅에 눈독을 들였고, 1815년 식민지로 만들었다. 이에 보어인들은 해안가에서 물러나 내륙으로 쫓겨났고, 도미노처럼 내륙에 살던 원주민들을 쫓아내고 트란스발 공화국과 오렌지 자유국을 세웠다. 여기까지 보면 영국은 남아프리카 땅을 지배하고, 네덜란드 출신 보어인들은 두 나라를 세웠으니, 남의 나라 땅에 들어와 상생하는 듯하다. 물론 그 땅에 살던 원주민들은 수천 년 동안 살아오던 터전을 잃었지만.

그러나 비극은 풍요로움에서 시작한다. 얼마 후 트란스발 공화국에서는 금광이, 오렌지 자유국에서는 다이아몬드가 발견되면서 영국은 두 나라에 대한 탐욕을 버리지 못했다. 그 결과 영국은 트란스발 공화국과 오렌지 자유국을 침략하는 보어 전쟁을 벌이는데, 1881년에서 3년에 걸쳐 제1차 보어 전쟁, 1899년부터 1902년에 걸쳐 제2차 보어 전쟁이 발발한다.

보어 전쟁 전후 남아프리카 지역 현황

보어 전쟁 결과 남아프리카 지역에서 네덜란드계 보어인을 몰아내고 영국의 영향력이 커졌다. 그러나 이는 역설적으로 오히려 영국 식민지가 독립해서 나가는 결과로 이어졌다.

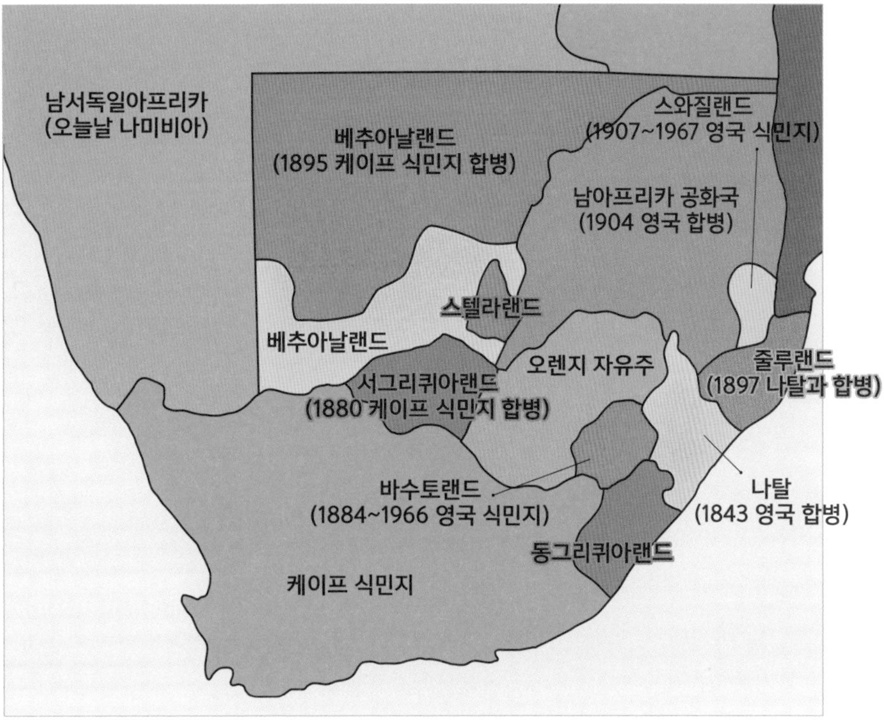

제2차 보어 전쟁은 그때까지 지구상에서 일어난 전쟁 가운데 가장 규모가 컸다. 그런데 고작 9만 명의 군사를 보유하고 있던 보어인들이 45만 명의 영국군을 상대로 예상외로 선전하여 오랜 기간 저항한 것은 놀랍다.

예상치 못한 보어인들의 저항에 영국인들은 보어인 농장을 초토화해 그들이 머물 곳을 없앴고, 오갈 데 없게 된 보어인들을 강제수용소에 넣어 굶어 죽을 정도로 학대하였다. 결국 보어인들은 항복하였고, 그로써 남아프리카 일대는 영국 수중에 들어갔다.

그 후 보어인들의 나라와 영국 식민지를 합병하여 영국연방의 일원으로 만들었다.

그러나 이는 남아프리카 공화국에 거주하던 흑인들에게는 고통의 시작이었다.

제1차 세계대전 때 영국 편에서 싸운 남아프리카공화국은 그 후 인종차별법을 제정하였고, 제2차 세계대전 때 연합군 편에 서서 승리한 후에는 더욱 강화된 인종차별 정책을 시행하였다. 그래서 1950년 인종별로 분류, 등록하는 인종분류법을 제정하여 노골적이며 정책적인 인종차별을 시행하였다. 이에 대해 영국이 비판하자 남아프리카공화국 지도부는 영연방에서 탈퇴한 후 1961년, 남아프리카공화국으로 독립을 선언했다.

그 후 남아프리카 공화국, 하면 정책적 인종차별, 즉 아파르트헤이트가 떠오를 만큼 전 세계적인 비판을 감수해야 했고, 국제사회는 남아프리카 공화국과의 교역 제한, 무기의 금수 조치, 스포츠 교류의 제약 등 다양한 압력을 가했다.

결국 국제사회의 압력을 견디지 못한 남아프리카 공화국은 1990년 흑백분리법을 폐지하고 남아프리카 공화국 흑인운동의 상징인 넬슨 만델라를 석방했을 뿐 아니라, 이듬해인 1991년에는 인구등록법마저 폐지하였다. 그리고 1994년 최초의 자유선거를 실시하여 넬슨 만델라가 대통령에 당선됨으로써 아파르트헤이트는 역사 속으로 자취를 감추었다.

아파르트헤이트를 시행하던 시기 남아프리카 공화국 해변에 세운 경고문

법률에 의거하여 이 해변은 백인만이 사용할 수 있다는 내용이 영어, 아프리카어, 줄루어(원주민들이 사용하는 언어)로 적혀 있다.

그렇다고 흑인들의 고통까지 사라진 것은 아니다. 남아프리카 공화국 흑인들은 오늘도 정치·경제·사회적인 어려움에서 벗어나지 못하고 있다.

백인 거주지역 바로 옆에 있는 흑인 거주지역

오늘날 남아프리카 공화국은 여전히 소수 부유한 백인과 다수 흑인 사이에 눈에 보이지 않는 정치·경제·사회적 차별, 그리고 눈에 보이는 일상의 차별이 존재한다. 이러한 차별이 존재하는 사회에 평화가 유지되는 사실이 놀랍다.

이제까지 우리는 아프리카를 살펴보았다. 인류가 태어난 탯줄과 같은 지역이지만, 근대에 들어서면서 유럽 제국주의자들의 식민지로 온갖 풍상을 겪어온 비극의 땅. 그리하여 지금은 공용어는 유럽 언어, 종교 또한 타국의 신을 신봉하면서 정작 전통을 지키는 이들은 시대에 뒤떨어졌다는 평가를 받으며 살아가는 땅, 아프리카.

등대에서 바라본 아굴라스곶 주변

곶은 바다를 향해 부리 모양으로 뾰족하게 뻗은 육지를 가리킨다. 아프리카 최남단은 희망봉이 아니라, 이곳 아굴라스곶이다.

찾아보기 (권-쪽 순서)

나라

지도

본문 상세 설명